BURCHTEN EN FORTEN
EN ANDERE VERSTERKINGEN IN VLAANDEREN

Burchten en forten
en andere versterkingen in Vlaanderen

LUC DE VOS (RED.)

Michel Aerts
Marc Beyaert
Julien Cannaerts
Hugo Casaer
Kjell Corens
Johan Declercq
Lode Declercq
Edward de Maesschalck
Stéphane Demeter
Johnny de Meulemeester
Aleks Deseyne
Philippe Despriet
Frans Doperé
Robert Gils,
Daniël Jannes
Marie Christine Laleman
Marc Lodewijckx
Piet Lombaerde
Pieter Martens
Jos Notermans
Etienne Rooms
Marc Ryckaert
Frank Ryon
Paul E.M. Stockman
Aimé Stroobants
William Ubregts
Johan Veeckman
Ruben Verbist
Lode Wils

Davidsfonds/Leuven

De Vos, Luc
Burchten en forten en andere versterkingen in Vlaanderen

Blijde-Inkomststraat 79-81, 3000 Leuven
Omslagfoto en -ontwerp: B2

D/2002/0240/37
ISBN: 90-5826-195-6
NUR: 680

INHOUD

WOORD VOORAF

Luc de Vos

Het voorbije jaar mochten we u vergasten op het evenement *Langs Vlaamse begijnhoven*. Onze Vlaamse begijnhoven, door de Unesco erkend als cultureel werelderfgoed, zijn eigen aan één bepaalde tijd. Dat ligt anders voor fortificaties: zij zijn van alle tijden. Vluchtheuvels, mottes, omwallingen, kastelen, alleenstaande torens, citadels, forten, bunkers, sinds mensenheugenis trachtte men zich af te schermen van wilde dieren, natuurelementen, maar vooral van de begerige medemens. In tijden waar het recht van de sterkste heerste, waren versterkingen broodnodig. Dat was des te noodzakelijker in onze gewesten die, op enige waterlopen na, ontdaan zijn van defensief terrein. Niet voor niets voor niets waren de Lage Landen, samen met Noord-Italië en Polen, het slagveld van Europa. De relatieve rijkdom, vooral in de vorm van vruchtbare gronden en handelscontacten, maakte bepaalde lapjes grond en steden tot een uitgelezen doelwit. Om een onzeker bestaan meer continuïteit te geven, door de kans op overleven te verhogen, werden naast andere middelen ook versterkingen ingeschakeld.

In deze gids, die fungeert als leidraad bij en aandenken aan het *Burchten- en fortenweekend*, schetsen we een historisch overzicht van de verschillende versterkingen die onze gewesten rijk zijn. Een goed begrip van chronologie is hierbij zeer belangrijk. Niet elke fortificatie kwam in om het even welke periode voor. Samenstelling en conjunctuur van de maatschappij beslisten hierover. Vandaar het belang dat we hechten aan de inleidende teksten bij elke periode – Oudheid, Middeleeuwen, Nieuwe Tijd, Hedendaagse of Nieuwste Tijd – en haar typische militaire bouwwerken. Hierin schetsen we de maatschappelijke achtergronden en de evolutie van het militaire gebeuren, met de nadruk op de vestingbouwkunde.

We kozen bewust voor een multidisciplinaire benadering, rijk aan diverse invalshoeken, de louter typologische beschrijving achter zich latend. Niet alleen het bouwwerk, ook de bouwheer, bouwvakker, bouwmaterialen en -technieken, geschut, politieke strubbelingen en de impact van een fortificatie op haar omgeving komen aan bod. Elke bijdrage in dit werk werd, voor zover mogelijk, door specialisten in hun vakgebied geschreven. Van diverse aard zijn de auteurs, hetzelfde geldt voor hun pennenvruchten. De diversiteit inzake herkomstmilieu maakt dat elke tekst volgens een eigen stramien werd opgebouwd. Als lezer bent u bijgevolg genoodzaakt respect op te brengen voor de uiteenlopende manieren van presentatie, ook al lijkt de rode draad op sommige momenten minder voor de hand te liggen.

Dat de gekozen geografische afbakening, het huidige 'Vlaanderen' en de onmiddellijk aangrenzende gebieden, artificieel is, beseffen wij ten volle. Het is evenwel een tegemoetkoming aan de nieuwsgierigheid van de bezoeker. Welke begrenzing is immers bevredigend, te meer als we rekening houden met het constant verschuiven van grenzen in het verleden?

Het werk dat u nu ter hand neemt, is niet zomaar een kijk- en leesboek. Bovenal is het een doeboek. De uitgelezen selectie van artikels zal u aanzetten in het kleurrijke verleden van onze militaire versterkingen te duiken en de restanten ervan zelf te bezoeken. Voor de geïnteresseerde lezer werd een beknopte bibliografie opgenomen. Een index moet het zoekwerk vergemakkelijken. Vanuit iconografisch oogpunt streefden we naar een evenwichtige selectie van hedendaagse foto's, historische afbeeldingen en kaartmateriaal, waar het nodig en mogelijk was.

Het Davidsfonds wenst u een aangename reis in de tijd. Wellicht steekt u nieuwe dingen op en komt u in nog niet verkende hoekjes van het Vlaamse land terecht. Onvermijdelijk zal u fortificaties voortaan in een ander daglicht zien. Het verleden verkennen staat immers borg voor het overpeinzen van het heden.

OUDHEID

3000 V.CHR. - 476 N.CHR.

INLEIDING
EEN VERSTERKING UIT DE OUDHEID

MARC LODEWIJCKX

Het land van de Eburonen

Het was in de herfst van het jaar 54 v.Chr. dat Julius Caesar besloot om het 14de legioen en vijf bijkomende cohortes – alles samen zowat achtduizend soldaten – in winterkwartier onder te brengen bij de stam der Eburonen. De Romeinse troepen stonden onder bevel van Quintus Titurius Sabinus en Lucius Aurunculeius Cotta. Het kamp was waarschijnlijk gelegen op een goed verdedigbare hoogte – nog steeds bekend onder het toponiem *Castert* (*castrum*?) – aan de samenvloeiing van de Jeker en de Maas op het grondgebied van de gemeente Kanne (Belgisch Limburg).

De Eburonen, onder leiding van Ambiorix, konden de Romeinse troepen met een list verleiden om het kamp te verlaten en brachten hen een vernietigende nederlaag toe (*De Bello Gallico*, boek V, 26-37). De strijd speelde zich waarschijnlijk af in de Jekervallei ten oosten van Tongeren, waar al eens verspreide Romeinse voorwerpen worden aangetroffen. Julius Caesar tilde vanzelfsprekend heel zwaar aan het verlies van zoveel manschappen en hoewel hij Ambiorix zelf nooit te pakken kon krijgen, verwoestte hij de streek gedurende herhaalde strafexpedities zo grondig dat er van de Eburonen – volgens Caesar – nagenoeg niemand meer overbleef. Bij de raids legerde Caesar opnieuw troepen in het vroegere Romeinse legerkamp dat door de lokale bevolking *Atuatuca* werd genoemd (*De Bello Gallico*, boek VI, 32), waarschijnlijk de inlandse naam voor 'versterking'.

In het voorjaar van 51 v.Chr. trok Caesar nog eens plunderend en moordend door het land van de Eburonen in de (ijdele) hoop Ambiorix te vinden; daarna bleef hij in Italië, waar hem de burgeroorlog wachtte. In de loop van de volgende decennia werden bevolkingsgroepen van de Tungeren (*Tungri*) overgebracht naar het grondgebied van de Eburonen. Over de Eburonen mocht niet meer gesproken worden.

De consolidatie van de Romeinse almacht

De Romeinse bezettingsmacht had nood aan snelle verbindingswegen, in de eerste plaats voor troepen- en materiaalverplaatsingen maar ook voor berichtgeving. Naast snelheid was ook de veiligheid langs die wegen van groot belang. Ze werden aangelegd door het Romeinse leger, vermoedelijk door gespecialiseerde eenheden die voor de zware handenarbeid werden bijgestaan door niet-militaire elementen, waarschijnlijk onder dwang (krijgsgevangenen).

Bij de aanleg van de Romeinse wegen werden er verschillende stappen gevolgd. Eerst werd een strook van dertig tot veertig meter breed volledig vrijgemaakt. Deze zone werd geflankeerd door twee parallelle grachten van ongeveer 1,20 meter diep. In een centrale strook van vijf tot zeven meter breed (d.i. vijftien tot twintig voet) werd een uitgraving gemaakt, waarin een stevige fundering werd gelegd, bestaande uit grove stenen en eventueel heipalen en houten balken, die vooral in drassig gebied het schuiven van het wegdek moesten beletten. Daarna werd het wegtracé opgehoogd met zand en daar bovenop een deklaag van kiezel of van onregelmatige breuksteen of gekapte stenen, afhankelijk van de grondstof die in het gebied beschikbaar was. De weg had meestal een licht bol oppervlak, waardoor een goede afwatering in de grachten langs de weg verzekerd was.

De wegen waren zo rechtlijnig mogelijk aangelegd, meestal hoog in het landschap. Zo volgt de weg van Bavai (nu: Bavay) naar Tongeren grotendeels de waterscheidingskam tussen het Schelde- en het Maasbekken. Op regelmatige plaatsen langs de wegen werden kampen en controleposten opgericht, in eerste instantie bedoeld voor het militaire verkeer. In een latere fase werden nederzettingen opgericht die geconcipieerd waren voor het burgerlijk bestuur van de regio (*civitas*). Zo waren de *civitas*-hoofdplaatsen steeds langs belangrijke wegen aangelegd en werd er een hooggelegen plateau voor uitgekozen.

De topografie van Tongeren is wat dat betreft erg karakteristiek. Tongeren is namelijk gelegen op een hoge rug met steile wanden, ten oosten naar de Jekervallei, ten westen naar het brongebied van de Demer. Het maakt dat alle wegen hier min of meer dienden samen te komen om de drassige valleigebieden te vermijden: een ideale plaats om een stad te stichten, de provinciehoofdplaats van de *Civitas Tungrorum*. De stad werd *Atuatuca Tungrorum* genoemd, waarschijnlijk omdat de lokale naam voor versterking *atuatuca* of *atuaca* was (zoals op de *Tabula Peutingeriana*), en *Tungrorum* de naam voor de plaatselijke bevolking. *Atuatuca Tungrorum* vormde de zetel van het Romeinse bestuur van de *Civitas Tungrorum*, dat verantwoordelijk was voor de interne orde, de belastingsinning, de uitvoering van werken enzovoort, binnen het territorium van de stad dat zich uitstrekte over Belgisch en Nederlands Limburg, delen van Vlaams- en Waals-Brabant, Noord-Brabant, Luik en grote delen van het aangrenzende gebied in Duitsland. Tongeren werd meteen de belangrijkste plaats in dit gebied.

Historiek van de Romeinse grootstad

De vroegste geschiedenis van de stad is nog niet helemaal duidelijk omdat de oudste grondsporen niet erg diep waren aangelegd en meestal door de latere monumentale bouwwerken binnen de stad werden verstoord. Op basis van het archeologisch materiaal denkt men dat op het einde van het tweede decennium vóór Christus (ca. 15-12 v.Chr.) een Romeinse legereenheid was gevestigd op het grondgebied van het huidige Tongeren. Doordat de soldaten in tenten logeerden bleven er weinig sporen van hun verblijf bewaard. Enkel wat afgedankt militair materiaal en wat gebroken potten werden in de oudste lagen van de stad gevonden.

Voor de aanleg van de nieuwe stad werd er op de hoogte tussen Jeker en Demervallei over een oppervlakte van meer dan vijftig hectare een dambordpatroon van straten aangelegd, die aldus vierkante woonblokken vormden variërend in grootte van 100 x 116 meter en 140 x 152 meter. Een bijkomend areaal van 35 hectare ten zuidwesten van de dambordzone hoorde blijkbaar ook bij de nederzetting. Rond dit areaal werd op diverse plaatsen een V-vormige gracht aangesneden die plaatselijk over een afstand van meer dan tweehonderd meter te volgen was. De gracht heeft een maximale diepte van 3,60 meter en een breedte van 7,50 meter. Ze wordt plaatselijk langs de binnenzijde, op zes meter van de grachtrand, begeleid door een rij paalkuilen, waarin dikke vierkante palen hebben gestaan, vermoedelijk afkomstig van een houten palissade. De grond uit de gracht was mogelijk langs de binnenzijde van de palissade opgeworpen tot een wal. Nog drie meter meer binnenwaarts liep een kleine greppel die waarschijnlijk het andere uiteinde van de wal afbakende. Andere grote paalkuilen wijzen mogelijk op de aanwezigheid van een toren.

Intussen werd ook het omringende land systematisch verkaveld en in cultuur gebracht. De producten van het vruchtbare Haspengouwse leemgebied werden bijeengebracht in grote pakhuizen in Tongeren en in de directe omgeving, waardoor de stad als logistiek centrum voor het leger fungeerde. Dat verklaart ook meteen de rijkdom van Tongeren in de bloeiperiode van het Romeinse rijk. Op de grote kavels in de omgeving van Tongeren verschenen eerst grote inheemse boerderijen en later majestatische villadomeinen, waarvan de eigenaars onder grote grafheuvels (tumuli) begraven werden. De Romeinse villadomeinen en de bijhorende tumuli zijn nog steeds karakteristieke elementen in het glooiende Haspengouwse landschap en ook in de directe omgeving van Tongeren vinden we ze terug, onder meer in Koninksem langs de weg naar Bavai.

Kort na de aanleg van het dambordpatroon trekken de Romeinse troepen voor het grootste deel weg uit Tongeren. De oudste burgerlijke bewoning bestond uit tweeschepige huizen met een centrale rij van zware palen naar inheems model. Ze dateren uit het eerste decennium na Christus. Merkwaardig is dat enkel rijk aardewerk van Romeinse oorsprong met deze eerste bouwfase kan worden geassocieerd. Inheems materiaal ontbreekt nagenoeg volledig, waaruit blijkt dat de bewoners werden geselecteerd en een bevoorrecht statuut genoten. In de volgende decennia worden deze huizen vervangen door houten huizen van een meer complex en eerder uitheems model. De wanden waren meestal gefundeerd op horizontaal liggende palen en niet door middel van vertikale ingeplante 'staanders'. De eerste verharding van de wegen van het dambordpatroon met kiezel dateert waarschijnlijk uit het midden van de 1ste eeuw na Christus.

In de daaropvolgende decennia kreeg de hoofdstructuur van de stad stilaan meer vorm. Op het hoogste deel van de stad werd het administratieve, economische en religieuze centrum aangelegd, met het *forum* (marktplaats), de *basilica* (overdekte marktplaats en administratief centrum), de *curia* (raadhuis) en de officiële tempels. Hoewel de interne structuur van Tongeren nauwelijks bekend is wegens de huidige bewoning ter plaatse, kunnen we ervan uitgaan dat er elders in de stad luxueuze woonhuizen, badgebouwen, winkels, taveernen en andere constructies werden opgericht. Mogelijk was er zelfs een theater ingericht op de hellingen naar de Jekervallei toe. Ambachtelijke wijken waren voornamelijk gelegen aan de rand van het stadscentrum en in de Jekervallei. Het belangrijkste aquaduct van Tongeren was gelegen op de langwerpige Beukenberg, die langs het zuidwesten de stad bereikt en daar op het hoogste punt de stad binnenkwam; vandaar werd het water verdeeld via openbare fonteinen en badgebouwen. De doden werden begraven in uitgestrekte grafvelden langs de toegangswegen naar de stad.

DE ROMEINSE STADSMUUR VAN TONGEREN

MARC LODEWIJCKX

De bouw

De belangrijkste 'officiële' steden van het Romeinse rijk hadden het statuut van *colonia* of van *municipium*. Steden met het statuut van *colonia* waren onder andere *Colonia Claudia Ara Agrippinensium* (Keulen), *Colonia Augusta Treverorum* (Trier) en *Colonia Ulpia Traiana* (Xanten). Ze waren in principe gesticht door Romeinse burgers, meestal veteranen uit het leger die na hun diensttijd in de streek bleven omdat ze er getrouwd waren en kinderen hadden gekregen. Het statuut van *municipium* was een voorrecht dat gegeven werd aan steden van veeleer inheemse oorsprong; de inwoners kregen collectief de Romeinse burgerrechten. Sinds kort weten we, door de vondst van een votiefaltaar, dat Tongeren het *municipium*-statuut bezat. Andere steden met dit statuut waren *Ulpia Noviomagus Batavorum* (Nijmegen) en *Forum Hadriani* (in de huidige provincie Zuid-Holland), twee steden in militair gebied ten zuiden van de rijksgrens. Wanneer en waarom deze steden het statuut van *municipium* kregen is niet duidelijk. Mogelijk gebeurde dat pas in de 2de eeuw.

Een aantal van deze steden kregen pas laat in de 2de eeuw een stadsmuur. De muren betekenden een enorme investering aan mankracht en materiaal en waren blijkbaar in eerste instantie bedoeld als statussymbool. In Tongeren werd een begin gemaakt met de bouw van de stadsmuur omstreeks het midden van de 2de eeuw. De muur had een totale lengte van 4544 meter en is nog over ongeveer één derde van die lengte bewaard gebleven.

Op een relatief droge ondergrond bestond de fundering eenvoudig uit silexbrokken en breuksteen die op enigszins regelmatige wijze maar zonder mortel in een sleuf van ongeveer 1,20 meter diep werden geplaatst. Omdat de bewoning aan de Jeker blijkbaar een belangrijk onderdeel van de stedelijke infrastructuur vormde, was men genoodzaakt de stadsmuur over een lengte van zowat achthonderd meter door de valleibodem te leiden. Hier stond de muur op ingeheide houten palen met een doormeter van 25 tot 30 centimeter en een lengte van vijf meter. Ze stonden in vier rijen breed onder de muur. Bovenop de palen werd een dik bed van beton uitgestort zodat een vlak ont-

Deze luchtfoto van de Romeinse muur uit de 2de eeuw n.Chr. is genomen ten zuidwesten van het huidige Tongeren ('Paspoel'). De muur is hier slechts tot op een hoogte van 1 à 2 meter bewaard gebleven.

stond, waarop grote en zeer regelmatig bekapte kalksteenblokken werden geplaatst met een lengte van 140 en een breedte van 70 centimeter. Ze stonden afwisselend in de lengte en de breedte opgesteld zodat de muur hier in opstand slechts 1,40 meter breed was.

Elders had de muur een dikte van 2,10 meter (zeven voet). De kern bestond weerom uit silexbrokken en breuksteen die in een harde witte mortel werden gebed. Aan de buitenkant was de muur oorspronkelijk afgewerkt met lagen van regelmatig bekapte silexblokken met een vierkanten buitenparement van circa 12 x 12 centimeter. De voegen werden keurig afgewerkt met witte mortel. Onderaan was de muur meestal wat breder en over een aantal rijen schuin afgewerkt. Op sommige plaatsen is de muur nog zo'n vijf meter hoog bewaard. De oorspronkelijke muur had een hoogte van circa zes meter en was bovenaan waarschijnlijk voorzien van kantelen en een weergang. Op het terrein kan men vaststellen dat de muur in kleine afzonderlijke stukken werd gebouwd. Het is echter niet mogelijk om de juiste fasering van de bouw na te trekken.

Op regelmatige afstanden werd de muur voorzien van ronde torens met een buitendiameter van negen meter. Het totale aantal schat men op ongeveer vijftien. De torens zijn binnenin hol maar de muur is aan de buitenzijde dikker dan aan de binnenzijde. Een ingang is er niet en mogelijk werd het inwendige van de toren niet gebruikt. Aan de toegangswegen waren monumentale poortgebouwen opgericht. Er zijn momenteel zes poorten bekend maar mogelijk waren er oorspronkelijk meer doorgangen. Enkel de poort richting Tienen werd goed onderzocht. Ze bezat een dubbele doorgang met een breedte van twintig meter en was geflankeerd door rechthoekige torens. Anders dan in andere steden (bv. Trier, *Porta Nigra*) is geen van de Tongerense poorten bewaard gebleven.

Langs de veldzijde lagen drie V-vormige grachten. Ze waren zó aangelegd dat er vanop de muur kon worden ingekeken. Waar de hellingen voldoende steil waren, bleef het aantal grachten beperkt tot één of twee. De eerste gracht, gelegen op bijna zes meter (in de as gemeten) van de muur, was ongeveer vier meter breed en 3,5 meter diep en volgde getrouw het verloop van de muur, met een boog om de torens. De tweede gracht, op achttien meter van de muur, was 8,50 meter breed en circa vier meter diep. De derde gracht, op 33-34 meter van de muur, was negen meter breed en bijna zes meter diep. Beide laatste grachten hadden een rechtlijnig verloop en bezaten onderaan een verdiept stuk met een rechthoekige doorsnede (*ankle-breaker*).

De inkrimping van de stad in de laat-Romeinse periode

Als gevolg van de voortdurende Frankische invallen vanaf het midden van de 3de eeuw ontstond er een onveilige situatie die een meer defensieve opstelling dringend noodzakelijk maakte.

Daartoe werd de Romeinse stadsmuur van Tongeren, naar het voorbeeld van andere steden, in het laatste kwart van de 3de eeuw ingekort. De bouw van deze kleine stadsmuren was in de laat-Romeinse periode niet meer gelieerd aan het bevoorrecht statuut van de stad maar aan de pure noodzaak van een efficiënte verdediging. Afhankelijk van de lokale financiële en logistieke mogelijkheden werden ook elders stadswallen en bijbehorende grachten aangelegd rond stedelijke nederzettingen die

De toren op het Vrijthof in Tongeren is een element van de ingekorte verdedigingsmuur uit de laat-Romeinse periode. De Onze-Lieve-Vrouwbasiliek werd gebouwd aan de rand van het vroegere laat-Romeinse stadscentrum.

voordien niet het recht bezaten om een stadsmuur te bouwen. We stellen vast dat hier veeleer improvisatorisch te werk werd gegaan, waarbij zoveel mogelijk stevige constructies in de stad in de verdedigingswerken werden geïntegreerd. De bevolking leek gedeeltelijk gevlucht te zijn zodat hele wijken in de randzone van de steden waarschijnlijk ontvolkt waren.

In Tongeren werd de oorspronkelijke stadsmuur in het laatste kwart van de 3de eeuw ingekort tot een lengte van 2604 meter. Het beperkte areaal omvatte het hoogste deel van de stad met de belangrijkste gebouwen in het centrum en liet de Jekervallei en andere laaggelegen stadsgedeelten onbeschermd. Langs de westzijde hernam de laat-Romeinse muur, vanaf het aquaduct op de Beukenberg tot de tempel, het verloop van de vroegere omwalling die daar beschermd werd door de steile helling naar het brongebied van de Demer. Elders werd de nieuwe omwalling dwars door de stad aangelegd, waarbij vele gebouwen werden gesloopt of geïntegreerd in de nieuwe verdedigingslinie.

Hoewel de laat-Romeinse muur slechts op enkele plaatsen in de huidige stad aan de oppervlakte komt, kan het verloop toch grotendeels gereconstrueerd worden. De muur is gemiddeld 3,80 meter dik en voorzien van een parement van regelmatige blokjes in silex, zand- en tufsteen die met de karakteristieke laat-Romeinse roze mortel zijn verbonden. Ongeveer om de 25 meter was de muur voorzien van ronde torens met een buitendiameter van circa negen meter. Binnenin zijn de torens hol en hebben een interne diameter van 4,20 meter. Ook bij deze laat-Romeinse torens vallen de middelpunten van de buiten- en binnendiameter niet samen en is de buitenmuur dikker dan de muur aan de stadszijde. Op de onstabiele ondergrond werd de fundering soms verankerd met een aantal aangepunte en zowat één meter lange eiken palen. Binnenin waren de torens hol en voorzien van een toegangsdeur langs de stadszijde. Op het Vrijthof langs de basiliek bevindt zich een goed bewaarde toren die voor het publiek toegankelijk is. Op het hergebruikte deel van de oorspronkelijke wal werden een aantal torens toegevoegd – duidelijk omdat de toren in twee helften aan weerszijden van de muur was gebouwd.

Bewaringstoestand van de stadswallen

Wegens de ligging buiten het huidige stadscentrum is het verloop van de oorspronkelijke Romeinse muur nog gedeeltelijk bewaard gebleven. De regelmatige parementstenen zijn op vele plaatsen in de loop der tijden weggebroken zodat enkel nog de kern van de muur overeind is gebleven. De resten – beschermd als monument bij Koninklijk Besluit van 21 september 1962 (Staatsblad, 6 december 1962) – ondergingen een conservatiebehandeling. De ingekorte laat-Romeinse muur is door de huidige bebouwing nagenoeg volledig verdwenen. De toren op het

Vrijthof werd een aantal jaren geleden opnieuw vrijgelegd en toeristisch toegankelijk gemaakt. Hij is nu beschermd als monument bij Koninklijk Besluit van 23 juni 1999 (Staatsblad, 27 augustus 1999). De middeleeuwse omwallingen van Tongeren zijn gelegen langs de huidige ringlaan en werden gedeeltelijk gebouwd met Romeins puinmateriaal.

Bibliografie

Mertens, J., *Belgica Antiqua. De stempel van Rome*, Antwerpen, 1980.

Mertens, J., 'De laat-Romeinse stadsmuur van Tongeren', in *Archaeologia Belgica*, 196 (Conspectus MCMLXXVI), 1997, p. 49-54.

Nouwen, R., 'Het Municipium Tungrorum en de cohors II Tungrorum milliaria equitata c.l.', in *Limburg – Het Oude Land van Loon*, 76, 1997, p. 299-348.

Vanvinckenroye, W., 'Een Romeins votiefaltaar te Tongeren', in *Limburg*, 73, 1994, p. 225-237.

MIDDELEEUWEN

476 - 1453

INLEIDING
DE MILITAIRE ARCHITECTUUR IN DE MIDDELEEUWEN

JOHNNY DE MEULEMEESTER

Wanneer men op een onderwerp als militaire architectuur van de Middeleeuwen ingaat, denkt men automatisch aan kastelen. We moeten er echter op wijzen dat vele versterkingen slechts in een tweede fase naar een kasteel evolueren. Om dat uit te leggen, dient men de definitie van een kasteel als de (1) versterkte (2) private (3) residentie van de (4) adel voor ogen te houden. Men moet er namelijk terdege rekening mee houden dat de structuur van de maatschappij in deze periode fundamenteel veranderde, wat duidelijk zijn weerslag had op de castellologie. De ontwikkeling van de feodaliteit leidde ertoe dat er zich bij de aanleg van versterkingen een andere bouwfilosofie manifesteerde. Immers, in de prefeodale periode waren de versterkingen erop gericht de bevolking als geheel te beschermen en zij hadden in de eerste plaats een functie als vluchtburcht; het oprichten van versterkingen is overigens een regaal recht en in het Edict van Pître (864) wees koning Karel de Kale er zijn onderdanen nog op dat alleen hij versterkingen mocht bouwen.

De feodale opdeling van de territoria en de eruit voortvloeiende nieuwe politieke en sociale hiërarchie, die een groot aantal adellijke families aan de macht bracht, leidde er op zijn beurt toe dat deze families hun woningen gingen versterken om in de eerste plaats zichzelf te beschutten. Het is vanuit de archeologie duidelijk geworden dat de beperkte oppervlakte, die een meerderheid van deze kastelen slechts beslaat, niet toelaat om in geval van gevaar de lokale dorpsbevolking met hebben en houden op te vangen en te beschermen. Zeker wanneer men de periode tussen de 10de en de 12de eeuw wil bestuderen, kan men op het vlak van de castellologie niet omheen de aarden versterkingen; niet alleen om de militaire aspecten en de sociale en institutionele achtergronden van de versterkingen te begrijpen, maar tevens om die versterkingen, die uit steen zijn opgebouwd, in een juist perspectief te plaatsen.

De vroegste versterkingen en de vluchtburchten van de 9de-10de eeuw

Na de Germaanse invallen en de periode van stabilisatie van het Frankische rijk die erop volgde, blijft het rustig op het vlak van het versterkingswezen in onze streken. Naast enkele elementaire omheiningen rond adellijke residenties schijnen in het Frankische rijk vooral de muren van de oude Romeinse steden enige bescherming te hebben geboden. En zelfs dié werden nog vaak verwaarloosd en zelfs gebruikt om stenen te winnen voor de bouw van onder meer kerken en paleizen. Toen in de 9de eeuw de Noormannen onze streken binnenvielen, beschikte het land omzeggens over geen enkel verdedigingssysteem. Men moet zelfs de tweede helft van de 9de eeuw afwachten vooraleer er een reactie komt vanwege de overheid.

Er werden dan ook een reeks nieuwe versterkingen aangelegd, waaronder die langs de kust, opgericht door Boudewijn II, graaf van Vlaanderen. Ze hadden een dubbel karakter: enerzijds dienden ze als vluchtplaats voor de her en der verspreid levende bevolking van het kustgebied, anderzijds vormden ze de uitvalsbasis voor een actieve verdediging van de streek. Ze werden kort vóór 891 opgetrokken uit aarde en hout. Door archeologisch onderzoek kennen we er een aantal van: aan de Belgische kust betreft het Veurne, Diksmuide, Gistel en Brugge, maar ze worden aangevuld door soortgenoten in Noord-Frankrijk en in Zeeland.

Men construeerde hier een speciaal type versterking, namelijk grote ronde burchten met een gracht en een aarden wal met palissade; ze werden vaak in vier gelijke kwadranten verdeeld door twee in het centrum van de cirkel haaks kruisende straten, die van de vier ingangen vertrokken. Ze zijn te herkennen in het rond stratenpatroon, met een doormeter tussen twee- en driehonderd meter, dat men aantreft in een aantal Vlaamse en Zeeuwse historische steden, waarvan ze de oudste kernen vormen.

In Vlaanderen werd vooral de ronde burcht in de stadskern van Veurne onderzocht. Het stratenpatroon vormt er een cirkel van ongeveer 240 meter. De gracht was er vijftien meter breed en één meter diep. Van de vier kruisvormig ingeplante ingangen zijn er nog twee bewaard; de derde en de vierde kunnen uit een aantal topografische gegevens worden afgeleid. Het kamp diende als wijkplaats voor de bevolking die in de omgeving van de westelijke IJzermonding woonde. Uit opgravingen blijkt dat deze vluchtburchten eigenlijk niet dienden te worden gebruikt. In Veurne werd het ronde kamp pas vanaf de 10de-11de eeuw bewoond en diende toen als privé-burcht van de graaf van Vlaanderen. Maar Veurne vormt geen uitzondering. Vanaf de 10de eeuw werden verschillende van deze versterkingen enkel nog door het centrale gezag gebruikt. In Veurne werd de ronde burcht opgedeeld in twee min of meer gelijke zones: één voor de grafelijke residentie en één met een religieuze functie – namelijk rond de castrale kapel, die later tot parochiekerk zou evolueren. Dezelfde structurele opdeling vinden we overigens ook terug in de residenties van de Vlaamse graaf in Gent en in Brugge, maar evenzeer in de Loonse grafelijke residentie in Borgloon.

De residenties van de topadel in de 11de en de 12de eeuw

Onze streken waren in de Middeleeuwen ingedeeld in een aantal feodale gebieden, geregeerd door graven, hertogen, prins-bisschoppen. Niet elk territorium beschikte echter over een hoofdstad. De graaf van Vlaanderen bijvoorbeeld had een residentie in verschillende steden, maar geen van alle gold als hoofdplaats. De heren en hun gevolg verplaatsten zich dan ook van kasteel naar kasteel of naar een abdij, waarover zij het voogdijschap bezaten, om er te leven van de opgeslagen voorraden.

In Brabant was Leuven de oorspronkelijke hoofdplaats, maar later kreeg ook Brussel die rol toebedeeld, terwijl verschillende graven of hertogen van Brabant bij voorkeur residentie hielden in Tervuren. De graaf van Loon resideerde eerst in Borgloon, maar verplaatste zijn residentie later naar Kuringen en maakte van het nabijgelegen Hasselt de *caput comitatus*; als graaf van Chiny verbleef hij zelden in zijn residentie aldaar. Een echte hoofdstad was Luxemburg, dat van bij zijn ontwikkeling als centrale hoofdplaats van het graafschap door de graven uit het huis van Ardennen-Verdun werd bevoordeeld, onder meer door de creatie van een huisabdij.

In de 11de eeuw ontstonden een aantal stamburchten, als permanente residenties van de eerste dynastieën, opgericht te midden van hun feodale eigendommen. Hun morfologie was relatief eenvoudig: een aula en/of woontoren, beschermd door een omheining bestaande uit een aarden wal met palissade of uit een muur en beschut door een gracht. We vinden dergelijke inplantingen terug in de burchten van de Vlaamse graaf in Brugge of Gent, in Tervuren voor de Brabantse hertogen, in de grafelijke burchten van Borgloon en Chiny of in de hertogelijke residentie van Bouillon.

De aula en de *camera* vormen wezenlijke onderdelen van het civiele deel van de residenties. Daarbij hoort echter ook de *capella*, die het essentieel gebouwenbestand van een residentie vervolledigt.

De archeologische datering van de eerste bouwwerken in het Gravensteen verwijst naar het begin van de 10de eeuw, op basis van een dendrochronologische datering van hout uit de jaren 901-902. De teksten vermelden het Gravensteen pas in de tweede helft van de 10de eeuw. Het hout is afkomstig van een eenschepig hoofdgebouw van minstens dertien meter lengte en een breedte van 3,50 meter, dat de voorloper vormt van de stenen aula. Uit dezelfde periode dateren een aantal houten bijgebouwen.

Dankzij opgravingen kennen we de verdere evolutie van het opperhof. In de 11de eeuw werd het houten hoofdgebouw dus vervangen door een groot stenen zaalgebouw en een toren, beide opgetrokken uit Doornikse kalksteen. Het ietwat trapezoïde gebouw dat als basis van de nog bestaande donjon grotendeels bewaard bleef, meet buitenwerks 30 à 32,80 meter bij 13,70 à 15,75 meter. Er waren drie bouwlagen, van elkaar gescheiden door een houten balkenzoldering. Het opschrift in een vierlob boven de grote toegangspoort en andere geschreven vermeldingen verwijzen naar een belangrijke bouwcampagne omstreeks 1180, uitgevoerd in opdracht van graaf Filips van de Elzas. De donjon werd hoger opgetrokken tot een torenconstructie van circa dertig meter en binnenin heringericht. De twee onderste bouwlagen van de oudste stenen residentie werden dan een kelder. Daarboven kwamen twee grote bovenzalen. De tweede bovenzaal had een meer uitgesproken residentiële functie, wat onder meer blijkt uit de aanwezigheid van vensters voorzien van banken. De uitbouw van een toegangspoort met een sterk uitspringende voorbouw en van een omheiningmuur met 24 uitkragende torentjes behoorde zeker tot dezelfde bouwperiode.

Op de site van Borgloon, hoofdplaats van het graafschap Loon, werd een met het Gravensteen te vergelijken aula opgegraven.

De kastelen of de residenties van de lagere adel in de 11de en de 12de eeuw

Voorbeelden zoals het Gravensteen vormen echter uitzonderingen in het kasteellandschap. De meest voorkomende vorm van burcht was eerst opgebouwd uit aarde om pas later een versteningsproces te ondergaan; hoewel de topadel evenzeer aarden versterkingen heeft aangelegd, moeten we de overvloedige verspreiding van dit kasteeltype toch veeleer bij de subtop en de lagere edelen zoeken.

Binnen de aarden versterkingen komt een type kasteel voor dat in onze streken alle andere types ver overvleugelde, namelijk het mottekasteel dat werd gebouwd 'naar de mode van het land', zoals Walter van Terwaan het rond 1130 in een tekst stelde.

De motteburcht heeft een bijzondere betekenis voor de burchtontwikkeling van de volle Middeleeuwen in West- en Centraal-Europa en delen van Noord- en Zuid-Europa. Uit archeologisch onderzoek blijkt dat dit kasteeltype van de 11de tot de 13de eeuw algemeen voorkwam in West-Europa.

Deze versterkingen ontstonden ergens rond het jaar 1000 in de landstreken tussen Rijn en Loire. Waar en wanneer precies de eerste motte werd aangeaard, blijft vooralsnog een onbeantwoorde vraag. In de loop van de 11de-12de eeuw veroverde deze bouwwijze Europa en tegen de 13de eeuw vond men ze terug van de Atlantische kust tot Polen en van Denemarken tot Italië. In Engeland en Wales, waar circa zevenhonderd mottes bekend zijn, werd ze vanaf de verovering in 1066 een algemeen verschijnsel.

Het succes ervan lag meer dan waarschijnlijk in de volgende factoren. Enerzijds de relatief gemakkelijke uitvoerbaarheid van de werken door niet-gekwalificeerde arbeiders, de snelheid waarmee de bouw kon worden gerealiseerd, maar ook de lage kostprijs, zodat zelfs de lagere adel zich de aanleg van een motte kon veroorloven. Anderzijds haar militaire efficiëntie: ze bood voldoende veiligheid en lijfelijke bescherming. Eenmaal aangelegd was de heuvel vrijwel onverwoestbaar: vandaar het Europees succes.

De archeologische dateringen van mottekastelen in België schuiven het midden van de 11de eeuw naar voor als opkomstperiode van dergelijke sites.

Een motte is een geheel of gedeeltelijk kunstmatig aangeaarde heuvel, van de rest van het omliggend terrein op natuurlijke en/of kunstmatige manier gescheiden door een gracht. Om van een mottekasteel te kunnen spreken dient, naast de motteheuvel zelf (d.w.z. naast het opperhof), ook een al dan niet opgehoogd voor- of neerhof deel uit te maken van de site. De hele werking van een mottekasteel wordt door deze tweeledigheid bepaald: de motteheuvel met zijn toren vertegenwoordigt het adellijke, residentiële en militaire karakter van de site. Het opperhof werd gevormd door de aarden heuvel in de vorm van een afgeknotte kegel met daaromheen een gracht. Mottes waren rond tot licht ovaal. Hun afmetingen varieerden gemiddeld tussen twintig en honderd meter doormeter en in hoogte tussen drie en twintig meter. Het neerhof verzamelt dié functies die de

Reconstructie van een motte met opperhof en neerhof. (tekening: Matthys)

klemtoon leggen op het dagelijkse domaniale leven. Meestal sloot het min of meer hoefijzervormig aan op de eigenlijke motte, ervan gescheiden door de mottegracht. Zelf was het neerhof veelal ook opgehoogd en tevens omgracht en beschermd door een wal en/of palissade. Binnen de gesloten ruimte aan de voet van de motte bevonden zich de bedrijfsgebouwen, stallen, schuren, voorraadkamers, ambachtelijke gebouwen en verblijfplaatsen van de ondergeschikten, soms ook de eigenlijke woonplaats en de kapel van de heer en zijn familie. De economische functie van het voorhof leeft soms nog door tot in de huidige tijd: op tientallen plaatsen wordt het oude neerhof nog steeds ingenomen door een hoeve. In andere gevallen staat de parochiekerk, ontstaan uit de oorspronkelijke kasteelkapel, op het nog bewaarde neerhof.

De verdediging van een motte was doeltreffender dan men op het eerste zicht zou verwachten. De met doornstruiken begroeide scherpe mottehelling was voor een gewapend krijger haast onbeklimbaar zonder dat hij zich voortdurend aan de verdedigers bloot gaf; de palissade was niet zomaar te beklimmen en bovendien vlug herstelbaar; ten slotte bood ook de donjon op het heuvelplateau nog bescherming, ofwel diende men een motte te belegeren en de verdedigers uit te hongeren. Ofwel probeerde men het mottekasteel in brand te steken. Waarschijnlijk werden daarom de houten gebouwen en omheiningen geleidelijk vervangen door steenconstructies.

Wat de eigenlijke terreinkeuze betreft, stellen we vast dat de motteversterkingen van het laagland meestal in beekvalleien liggen of op drassige en waterrijke terreinen. Het is duidelijk dat militaire overwegingen de keuze van de plaats hebben bepaald en dat het zoeken naar waterrijke grachten de doorslag gaf. Maar soms werden er ook mottes aangelegd op hoger gelegen terreinen, die de omgeving domineerden. Soms vormde de motte slechts een stap in de evolutie van een site en werd ze aangelegd bovenop een oudere versterking, zoals in Veurne, Gent, Borgloon waar de aula werd ingemot en vervangen door een donjon op een motteheuvel.

Wat de gebruikte materialen betreft, is het in de eerste fase van de motteontwikkeling veelal zó dat aarde en hout de beide hoofdbestanddelen vormden. Grond kon men ter plaatse delven en veronderstelde geen aankoop. Hout bood het voordeel van een snelle verwerking. Een opmerkelijk verhaal uit Frans-Vlaanderen maakt duidelijk dat prefabricatie gangbaar was. De burggraaf van Broekburg (Bourbourg) liet op de motte van Ouderwijk (Audruicq) in één nacht een houten toren in elkaar zetten, waarvan de onderdelen door zijn timmerlieden vooraf waren klaargemaakt. Hout was veel goedkoper dan stenen, die doorgaans enkel door de territoriale prinsen konden worden verworven. Bij de motteconstructie volstond een groot aantal ongeschoolde grondwerkers en enkele gekwalificeerde timmerlieden. De adel kon bovendien profiteren van de *balfart*. Dit recht liet hen toe hun onderdanen ertoe te verplichten gratis te helpen bij de bouw en het onderhoud van de versterking van hun heer.

De werkelijke kostprijs voor de aanleg van een mottekasteel is moeilijk te berekenen. Hetzelfde geldt voor de duur van de werkzaamheden. Eigentijdse bronnen laten wel uitschijnen dat de constructie ervan nogal snel verliep, maar nauwkeurige inlichtingen ontbreken. Men heeft berekend dat een motte met een doormeter van dertig meter en een hoogte van twaalf tot vijftien meter, omgeven door een gracht van vier meter breed en drie meter diep, kon worden opgeworpen in een twintigtal dagen door een honderdtal werklieden, die acht uur per dag aan de slag waren. Het moet tevens zowat acht tot tien dagen hebben gevergd om een gemiddeld motteplateau met een doormeter van circa dertig meter te omgeven met een houten palissade.

Naast de stenen woontorens, ingeplant bovenop een motteheuvel, komen natuurlijk een aantal vrijstaande of in de omheining opgenomen torens voor. De bloeiperiode van de (geïsoleerde) woontoren start eigenlijk pas in de 13de eeuw. De volgende algemene definitie van de donjon is van toepassing op alle woontorens. Het gaat omzeggens altijd om een toren op vierkant, rechthoekig, cirkelvormig of polygonaal grondplan waar de vertrekken op elkaar zijn gestapeld. Vandaar de benaming 'toren', zelfs als het in onze ogen geen toren lijkt te zijn, maar door de middeleeuwer toch als dusdanig werd bestempeld. Dat betekent dat er per niveau slechts één enkel vertrek voorkomt. Ten hoogste kunnen de muren, indien voldoende dik, kleine secundaire ruimten bevatten (nissen, latrines, trappen...). De verticale circulatie werd eventueel opgetrokken naast de toren.

Zo'n toren vormt in de eerste plaats de woning van de plaatselijke edelman. Daarin moeten dus de nodige ruimte en voorzieningen aanwezig zijn om te voldoen aan de behoeften van het gewone dagelijkse leven. Van onder naar boven onderscheidt men een kelder, een ontvangstkamer-keuken, een residentieel niveau, een nachtelijk niveau en ten slotte een zolder of een defensief platform. De torens met vijf niveaus blijken als normale eenheden te moeten worden beschouwd; waar dat aantal verdiepingen niet werd gehaald, dienden de functies te worden gecombineerd – bijvoorbeeld woon- en slaapfunctie op één verdieping. In vergelijking met de gewone woonhuizen gaat het hier altijd om zeer stevige gebouwen, waarin de veiligheid als comfort wordt ervaren.

Hoewel in de 13de eeuw nog wel enkele mottekastelen van de lagere landadel verrijzen, vormen ze veeleer uitzondering dan regel. De uitbouw van de burchten rond een stenen donjon, opgenomen in een omheining en aangevuld met een aantal meer residentiële en nutsgebouwen ingeplant rond een binnenkoer, verving definitief de kastelen uit aarde en hout. De ontwikkeling van de artillerie heeft dat proces bovendien versneld.

Bibliografie

Baerten, J., *Het graafschap Loon (11de-14de eeuw)*, Assen, 1969.
De Meulemeester, J., 'Comment s'est-on défendu au IXe siècle...?', in **M. Lodewijckx** (ed.), *Archaeological and Historical Aspects of West-European Societies. Album Amicorum André Van Doorselaer*, Acta Archaeologica Lovaniensia Monographiae 8, Leuven, 1995, p. 371-387.
De Meulemeester, J., 'Quelques réflexions sur les résidences des princes territoriaux dans les anciens Pays-Bas méridionaux', in *Archéologie Médiévale*, XXV, Caen, 1995, p. 87-113.
De Meulemeester, J., 'Archeologie van de Middeleeuwen', in **J. Art** (red.), *Hoe schrijf ik de geschiedenis van mijn gemeente? Deel 4. Archeologie*, Gent, 1999, p. 349-450.
De Meulemeester, J. en **Matthys, A.**, 'Belgien und Niederlände', in **H.W. Böhme** e.a., *Burgen in Mitteleuropa. Ein Handbuch*, Stuttgart, 1999, p. 210-213.
De Meulemeester, J. en **Matthys, A.**, 'De militaire architectuur', in **L. Deléhouzée, J. de Meulemeester, M.C. Laleman, A. Lemeunier, A. Matthys** en **M. Piavaux**, *Romaanse Architectuur in België*, Tielt, 2000, p. 157-189.
De Meulemeester, J., 'Structures défensives et résidences princières: les châteaux à motte du comté de Looz au XIe siècle', in *Château Gaillard. Etudes de castellologie médiévale XV (Schwäbisch Hall – 1990)*, Caen, 1992, p. 101-111.
De Meulemeester, J., 'Mottekastelen in het graafschap Loon', in *Archeologie in Limburg*, 55, 1993, p. 8-14.

FORTIFICATIES IN DE LATE MIDDELEEUWEN

EDWARD DE MAESSCHALCK

De introductie van het kanon in de 14de eeuw zou de oorlogsvoering totaal veranderen. De eerste vermelding dateert van 1326 (in Firenze) en een halve eeuw later beschikten de meeste Vlaamse en Brabantse steden al over tientallen kanonnen. Het meest gevreesd bij een belegering was de grote bus of bombarde, waarmee kogels van steen of van gebakken klei van wel driehonderd kilogram nog doel troffen tot op een afstand van vijfhonderd meter. Het werd nu veel gemakkelijker om een bres in de muren te slaan, al gebruikten uiteraard ook de verdedigers kanonnen. In de muren verschenen rondvormige uitbouwsels of rondelen, waarin de kanonnen stonden opgesteld. De belegering bleef een zware klus, maar de middeleeuwse burchten begonnen toch geleidelijk hun militair overwicht te verliezen. Ze evolueerden stilaan naar een indrukwekkend woonpaleis.

Stadsomwallingen

De steden in het graafschap Vlaanderen kregen al een heuse stadswal in de loop van de 11de eeuw, de Brabantse steden in de loop van de 12de eeuw. Na 1200 kregen ook kleinere of nieuw-gestichte steden een omwalling of werden de bestaande wallen uitgebreid en verder versterkt. Wallen waren meestal nogal breed opgevat, zodat in de stad nog plaats was voor landbouw en veeteelt, wat vooral zijn nut bewees tijdens een lange belegering. De wal werd bijna altijd omgeven door een natte gracht, soms zelfs een dubbele gracht. Dan kwam een aarden wal, waarop eerst houten staketsels en pas later stenen muren gebouwd werden. Met uitzondering van de stenen poorten, bleven de omwallingen vaak beperkt tot houten en aarden muren (de omwalling van Brugge is vandaag nog altijd in aarde). Gemiddeld waren de muren wel een meter dik, vier tot acht meter hoog en enkele kilometers lang. Aan de buitenkant werden ze versterkt met steunberen, aan de binnenkant met bogen die de weergang moesten dragen waarover de wachtposten hun ronde deden.

De blikvangers in de omwalling waren de stadspoorten, zowel uit prestigieuze als uit militaire overwegingen. Tijdens een belegering waren de poorten immers erg kwetsbaar en dus groeiden ze uit tot indrukwekkende torengebouwen, die veelal ook dienst deden als stadsgevangenis (bijvoorbeeld de Gevangenenpoort in Lier). Toen in de 14de eeuw bij belegeringen het kanon werd ingezet, bleken die hoge torens eerder onpraktisch, zodat nieuwe stadspoorten minder opvallend werden of het gezelschap kregen van twee ronde zijtorens (zie de Broeltorens in Kortrijk), van waaruit de wachtposten de toegangsweg onder kruisvuur konden houden.

Bibliografie

Koch, H.W., *Over hellebaarden, donderbussen en huurlingen. Het krijgsbedrijf in de Middeleeuwen*, Antwerpen-Brussel, 1980.
De Vos, L., *Veldslagen in de Lage Landen*, Leuven, 1995.
Rottier, H., *Rondreis door middeleeuws Vlaanderen*, Leuven, 1996.

DE MOTTE VAN BRUSTEM (SINT-TRUIDEN)

JOHNNY DE MEULEMEESTER

Verdedigingsstructuren in het graafschap Loon in de 11de-12de eeuw

Historische situatie

De oorsprong van het graafschap Loon ligt rond het jaar 1000, toen stukken uit de verbrokkelde Karolingische graafschappen Avernas en Hocht werden gegroepeerd en er delen van de Maasgouw en van Taxandrië werden aan toegevoegd.

De politiek van de Loonse graven in de 11de-12de eeuw bestond erin de Loonse ontwikkeling en zelfstandigheid te beschermen door hun verbrokkeld territorium één te maken en te beschermen met beveiligde grenzen tegen zijn machtige buren: de prins-bisschoppen van Luik in het zuiden en na 1200 vooral de hertogen van Brabant in het westen. De graven van Loon verwierven een gebied dat in grote lijnen overeenstemt met de huidige Belgische provincie Limburg. De belangrijkste kernen ervan waren de domaniale centra van Borgloon (de oorspronkelijke residentie), Brustem, Hasselt, Montenaken en in de 12de eeuw eveneens Bilzen, Herk en Kolmont, wat Haspengouw betreft, en Maaseik en Stokkem in het Maasland.

Uit de eerste verdedigingsfase (11de-12de eeuw) dateert de burchtengordel die de zuidgrens en deels de westgrens beschermde met Brustem, Montenaken en na de verwerving van Kolmont en Duras, in de tweede helft van de 12de eeuw, ook deze laatste burchten. De oostgrens en de Maasvallei werden verdedigd door de burchten van Maaseik en Stokkem; de kern van het graafschap en de Demervallei, van oost naar west, door die van Bilzen, Hasselt, Kuringen en Herk. Het noorden en het noordwesten stelden minder verdedigingsproblemen, omdat de weinig toegankelijke Kempen daar een natuurlijke hindernis en beveiliging bood.

Vanaf de tweede helft van de 12de eeuw gebruikten de graven van Loon een aantal van de in hun eigen domein gelegen burchten om een proces van stedenvorming te starten en te stimuleren door aan de woonkernen bij de burcht een vrijheidskeure, steunend op het Luikse stadsrecht, toe te kennen. Dat proces vond plaats tussen 1170 en de 14de eeuw. De oudste vrijheidskeuren van Loon en de enige die met zekerheid in de 12de eeuw zijn te plaatsen, zijn die van Kolmont (1170), verleend door Lodewijk I, en die van Brustem (1175), verleend door Gerard I. Borgloon bezat als *caput comitatus* waarschijnlijk ook reeds stadsrecht in de tweede helft van de 12de eeuw. Terwijl dezelfde veronderstelling mogelijk ook opgaat voor Herk en Bilzen (in vergelijking met Kolmont) en voor Montenaken (in vergelijking met Brustem). Het stadsrecht van Hasselt werd in 1232 door Arnold IV bevestigd, maar het is duidelijk dat Hasselt dit recht reeds rond 1200 of nog vroeger bezat. In de loop van de 13de eeuw verwierven ook de allodiale centra van Kuringen

(1240), Maaseik (1244) en Stokkem (1244) het Luikse stadsrecht. Beide laatste dankten die ontwikkeling aan hun zowel economisch als militair zeer strategische ligging langs de weg Maastricht-Roermond, als aan de opkomst van een nieuwe machtsfactor aan de overzijde van de Maas, namelijk Gelre en Gullik.

Archeologische situatie

Het aantal allodiale centra en grafelijke domeinen, waar de 11de-12de-eeuwse versterking bewaard bleef of nog herkenbaar is in het terrein, is uiteraard beperkt: Rummen, Halle-Booienhove, Corswarem (Korsworm), Brustem, Montenaken, Horpmaal, Borgloon, Millen, Gellik en Stokkem.

Ook in het domein van Duras en van Kolmont-Bilzen, die pas in de tweede helft van de 12de eeuw in Loonse handen overgingen, vinden we in de gelijknamige plaatsen sporen terug van een versterking die duidelijk op een ouder 11de-eeuws patroon teruggaat. In Kolmont en in Bilzen gaat het om een hoogteburcht.

De inlijving van Kolmont-Bilzen vormt een bijzonder hoofdstuk in de Loonse geschiedenis. Het is typerend voor de Loonse politiek van eenmaking van het verbrokkeld territorium. Toen het huis van Kolmont tussen 1150 en 1170 was uitgestorven, lieten de graven van Loon rechten gelden op dit allodium en ondanks verzet van het gravenhuis van Dabo-Moha, eveneens verwant aan de heren van Kolmont, lijfden zij het domein in bij het graafschap Loon. Teneinde ook de bewoners op zijn hand te krijgen, schonk Lodewijk I aan de bewoners van Kolmont in 1171 een vrijheidskeure, de oudst bekende in Loon. In 1175 werd in de burcht van Kolmont een kastelein geïnstalleerd. Deze versterking betreft een imposante motteburcht bekroond met een polygonale toren (tienzijdig met zijden van 4,70 meter lengte). De structuur van de toren is sterk vergelijkbaar met de in 1171 te dateren donjon van Brustem. Het lijkt erop dat de toren van Kolmont in dezelfde periode te dateren is, mogelijk kort na de inlijving bij Loon rond 1170, waarbij men dan Gerard van Loon als bouwheer kan vooropstellen. Toch is het duidelijk dat de toren, zoals die van Brustem, een oudere voorloper heeft.

De hier vermelde reeks sites binnen het grafelijk domein van Loon hebben wat het versterkingstype betreft één zaak duidelijk gemeen: in alle gevallen vinden we er een motteburcht terug of kunnen we er een veronderstellen, veeleer dan dat er een andere vorm van versterking in aanmerking komt. Dat hoeft eigenlijk niet te verwonderen, omdat de ontstaans- en groeiperiode van het graafschap Loon vooral in de 11de eeuw ligt; de aanhechting van Duras en Kolmont-Bilzen vond weliswaar plaats in de 12de eeuw, maar deze sites gaan zelf terug op een 11de-eeuwse situatie.

In deze periode begint het mottekasteel zich als dé versterkingsvorm bij uitstek over heel Europa te verspreiden. Ook in Vlaanderen is het de meest voorkomende vorm van burcht. In beginsel opgebouwd uit aarde en hout, ondergingen veel mottekastelen in een latere fase een versteningsproces. Om van een mottekasteel te kunnen spreken dient naast de motteheuvel zelf – dat wil zeggen naast het geheel of gedeeltelijk kunstmatig aangeaarde opperhof – ook een al dan niet opgehoogd voor- of neerhof deel uit te maken van de site. De hele werking van een mottekasteel wordt door die tweeledigheid bepaald.

Een tweede fenomeen is het feit dat vanaf de tweede helft van de 12de eeuw de graven van Loon een aantal mottekastelen zijn gaan gebruiken als kern voor de start van een proces van stedenvorming. De oudste kern, Kolmont, en ook Brustem en Montenaken slaagden er niet in uit te groeien tot echte steden. Toen hun militair en strategisch karakter geen rol meer speelde, stokte ook hun stadsontwikkeling ten voordele van het nabijgelegen Sint-Truiden en Tongeren. Anderzijds gaven niet alle voorname Loonse burchten aanleiding tot stadsstichting: aan Duras bijvoorbeeld heeft de graaf dit statuut nooit verleend.

Het kan erop wijzen dat de politiek van stadsstichting volgens een welbepaald patroon verlopen moet zijn. Dat enerzijds militaire redenen een rol hebben gespeeld is duidelijk. Maar anderzijds hebben ook de inplanting van de burchten langs het Loonse wegennet, met vooral de as Brabant-Duitsland en in de Maasvallei, een fundamenteel bepalende rol gespeeld bij de keuze van de stadsstichting.

Een archeologische kijk op het mottekasteel: de burcht van Brustem

Een interessant voorbeeld van een motteburcht, dat tevens nog goed bewaard bleef, is het kasteel van Brustem bij Sint-Truiden. De oudste vermelding van Brustem dateert pas van 1114. De site van de burcht verkeert in een zeer goede bewaringstoestand. Motte en voorhof zijn duidelijk herkenbaar in het dorpsplan. De site sluit aan op een beekvallei. Het voorhof, met zijn deels bewaarde gracht, omvat een afgevlakt gedeelte met de parochiekerk van Sint-Laurentius. Het noordelijk deel van het voorhof is nog vrij goed bewaard en circa drie meter opgehoogd. De motte zelf bereikt een hoogte van ongeveer tien meter en heeft een basisdiameter van zowat vijftig meter. Het motteplateau met een doormeter van twintig meter wordt bekroond door de ruïne van een octogonale 12de-eeuwse donjon. De gracht is zo'n tien meter breed.

In 1175 kreeg Brustem een vrijheidskeure en begon de graaf van Loon met de aanleg van een stadsversterking. In hetzelfde jaar installeerde hij een kasteel in Brustem. Dat moet worden gezien in het kader van de Loonse strijd om het bezit van het graafschap Duras. In 1160 verwoestte de graaf van Duras Brustem en het omliggende gebied. Oorzaak en gevolgen van dit conflict zijn onbekend. Het allodium van Brustem nam een bijzonder strategische plaats in tegenover Duras en Sint-Truiden;

het vormde een Loonse vooruitgeschoven sterkte, die het hart van het graafschap Duras zelf bedreigde. Toen Lodewijk de sterkte van Brustem opnieuw inrichtte in 1171, protesteerde Egidius, graaf van Duras, omdat dat gebeurde zonder zijn toestemming en dat, zei hij, 'in andermans graafschap'. Hij beschouwde het Loonse allodium dus als een enclave binnen zijn graafschap Duras. Daarop verwoestte Lodewijk het domein van de abdij van Sint-Truiden, waarover de graaf van Duras de voogdij bezat. De Sint-Truidenaren sloten zich aan bij Duras en Egidius versloeg het Loonse leger. Lodewijk stierf in 1171.

De motte van Brustem.

Zijn zoon, Gerard I, zette het beleid van zijn vader voort. Om te beginnen verleende hij een stadskeure aan de inwoners van Brustem. In 1179, in een conflict met de prins-bisschop van Luik, werd Brustem nogmaals door de Truienaren belegerd en verwoest. De Loonse graaf liet de versterkingen rond Brustem opnieuw aanleggen, waarop een diplomatiek steekspel ontstond tussen Loon en Duras, waarin de Vlaamse graaf Filips van de Elzas voor Duras bemiddelde, en Godfried III van Brabant voor Loon. De volgende stap in de ontwikkeling was de strijd om de ondervoogdij van de abdij van Sint-Truiden (1189) tussen de graaf van Loon en zijn voormalig bondgenoot, de hertog van Brabant. Dankzij de steun van Boudewijn V van Henegouwen, die Brabant in het zuiden aanviel, wist Gerard van Loon Sint-Truiden en Duras te bezetten. Maar bij het daaropvolgend overlijden van de kinderloze graaf van Duras kreeg de hertog van Brabant het graafschap Duras in leen van de Luikse prins-bisschop. In 1193 aanvaardde Gerard van Loon het graafschap Duras in leen van Hendrik I van Brabant en werd het definitief bij Loon ingelijfd.

De gevolgen van de westwaartse uitbreiding waren determinerend voor de verdere ontwikkeling van Brustem. Immers, dit domein verloor zijn positie van voorpost en met het verlies van zijn strategische en militaire waarde ging de burcht sterk aan belang inboeten. Ook de ster van de tot stad gepromoveerde en verdedigde woonkern ten oosten van de burcht ging aan het tanen. In 1378 werd Brustem, samen met Kolmont trouwens, niet meer tot de Loonse steden gerekend. De stedelijke ontwikkeling werd dus duidelijk geremd door het wegvallen van de militaire factor: zonder militaire rol ging van deze beide 'steden' niet genoeg eigen dynamiek uit om de concurrentie met Sint-Truiden (vooral voor Brustem) en Tongeren (vooral voor Kolmont) aan te gaan. Zelfs Borgloon had onder die concurrentie te lijden en werd nooit een echt centrum; als hoofdplaats van het graafschap werd het zelfs vervangen door Hasselt.

De huidige torenruïne dateert volgens historische bronnen uit 1171. Ze beslaat bijna de hele oppervlakte van het motteplateau. In de 11de eeuw echter hadden de graven van Loon in Brustem reeds een motte opgeworpen van zes meter hoog – zowat 3,50 meter lager dan de nog bestaande heuvel. Ze werd niet in één tijd opgeworpen. Men begon met de constructie van een kernheuvel in de vorm van een croissant. Aan de top en op de flank van de kernheuvel werden occupatiesporen waargenomen; ze wijzen erop dat men niet onmiddellijk overging tot de volgende stap, namelijk het aanaarden van de motte tot de gewenste hoogte en oppervlakte.

Zodra de aangeaarde grond gestabiliseerd was, werden de gebouwen opgetrokken. Op het noordelijk deel van het motteplateau stond een toren, die meer dan waarschijnlijk uit een natuurstenen onderbouw bestond en waarvan de bovenverdiepingen uit vakwerk waren opgetrokken. De constructie had een oppervlakte van maximaal zes meter zijde. Op de zuidoosthoek van het gebouw werd een kleine uitspringende trapconstructie aangebracht die toegang verschafte tot de halfondergrondse kelderruimte. Dit staat in tegenstelling tot wat algemeen wordt aanvaard, namelijk dat mottetorens hun toegang op de eerste verdieping hebben.

Op ongeveer vijftig centimeter van de zuidgevel van de toren werd een waterput aangetroffen, die werd aangelegd tijdens het aanaarden van de motte zelf. Hij werd aangezet op zo'n vier meter diepte ten opzichte van de oorspronkelijke bodem. Men construeerde eerst een vierkante put bestaande uit houten balken. Daarop bouwde men in droog metselwerk een ronde waterput uit natuursteen. Zijn doormeter bedroeg binnenwerks tachtig centimeter, de totale diepte ongeveer elf meter.

Bij de noordoosthoek van de toren werd de keuken vrijgelegd: een houten gebouw met een grondplan van zes maal vier meter, bestaande uit zes palen, ingeplant op de langszijden. In de noordelijke helft van dit bijgebouw werden verschillende keukenhaarden aangetroffen.

Op de rand van het motteplateau werden op circa vijf meter van elkaar vijf paalkuilen van een palissade teruggevonden. Ze volgde de rand van het motteplateau; waar de motte tegenover het voorhof zelf gelegen is, stopte de omheining. De palissade daalde er meer dan waarschijnlijk de mottehelling af tot aan de hoek van het voorhof om op die manier de helling en de toegang tot de motte beter te beschermen. Op de plateaurand treffen we ze dus enkel aan op plaatsen waar de motte vrij en onbeschermd was ten opzichte van het omliggende.

Rond 1170 verdween het oudste torengebouw van het motteplateau. Hiertoe werd een ongeveer 3,50 meter brede funderingssleuf gegraven; de vrijgekomen grond werd gedeponeerd op de rand van het motteplateau en op de hellingen zodat een ongeveer vier meter hogere motte ontstond. Vervolgens begon men met de bouw van de huidige achthoekige toren. Hij had een cirkelvormig binnenparement over zijn vijf bouwlagen – af te leiden uit de aanwezige balkgaten. Zoals oorspronkelijk ook in Kolmont ging het meer om een militair dan om een residentieel bouwwerk. Aanduidingen hiervoor zijn het gebruik van lichtspleten veeleer dan van vensters, zowel op niveau 2 als op niveau 3, en het mogelijk ontbreken van andere comfortelementen. Nochtans moeten we er rekening mee houden dat de helft van de toren in de 19de eeuw instortte, en dat samen met de muren mogelijk ook een aantal elementen verdween, zoals de toegang die op woonniveau 2 te situeren is. De kelderverdieping stemde overeen met het blinde gelijkvloerse niveau 0. Centraal binnen de kelder lag de waterput uit de eerste fase. Uit de vulling van de put weten we dat hij in deze fase nog in gebruik was en vermoedelijk pas in het begin van de 13de eeuw in onbruik raakte. Dat gegeven stemt overeen met de historische werkelijkheid, die aangeeft dat begin 13de eeuw Brustem zijn militaire en strategische waarde voor de heren van Loon had verloren. Ook de eerste verdieping vormde zoals de kelderverdieping een blind niveau. De residentiële verdieping (niveau 2) was voorzien van een lavabo en een latrine, samen met een toegangsweg, uitgespaard in de dikte van de muur. In de nog resterende helft is slechts één lichtspleet bewaard. Op niveau 3 waren twee tegenovergestelde muren telkens voorzien van één lichtspleet. De vierde, bijna volledig verdwenen verdieping bevat geen duidbare elementen.

In de 17de of 18de eeuw werd de toren tot duiventil omgebouwd door het uithakken van tientallen nestgaten in het binnenparement.

Het is tevens duidelijk dat de waterput pas in de 17de of 18de eeuw werd uitgebroken. Mogelijk werd ook in die periode de kelderverdieping van de toren toegankelijk gemaakt vanaf het motteplateau. Hiertoe werd de gevelmuur doorbroken en werden houten omlijstingen in de opening aangebracht, zodat er een deur kon worden geplaatst. Om de toegang naar de toren te vergemakkelijken werd tevens de steile helling gedeeltelijk weggegraven, zodat een lichtere klim mogelijk werd.

DE STADSWALLEN VAN BRUGGE

MARC RYCKAERT

De historische binnenstad van Brugge wordt nog vrijwel geheel door de 'vesten' of 'vestingen' omsloten. Nu is het een groene parkgordel met wandelpaden, graspartijen, struikgewas en statige bomen die vaak meer dan honderd jaar oud zijn. De naam 'vestingen' en de aanwezigheid van vier stadspoorten en een verdedigingstoren (de Poertoren bij het Minnewater) herinneren eraan dat de gordel oorspronkelijk diende om de stad te beschermen tegen vijandelijke aanvallen. De aanleg ervan gebeurde in de overgang van de 13de naar de 14de eeuw, op het moment dat Brugge op het toppunt van zijn economische bloei stond – maar tegelijk ook in het brandpunt van zware politieke spanningen tussen de graaf van Vlaanderen en de koning van Frankrijk.

De voorloper: de omwalling van 1127

De huidige vestingen zijn evenwel niet de oudste stadsomwalling van Brugge. Honderdzeventig jaar voor de aanleg ervan werd de stad al eens omwald: in 1127, niet toevallig ook een moment van hevige politieke spanningen. Op 2 maart van dat jaar werd de populaire graaf Karel de Goede in koelen bloede vermoord in de Sint-Donaaskerk op de Burg. Het graafschap Vlaanderen werd in een diepe crisis gestort. In het machtsvacuüm dat toen tijdelijk ontstond, voelden de Bruggelingen zich bedreigd.

De kans dat de stad aangevallen of geplunderd zou worden, was niet denkbeeldig. Zij besloten dan ook al in de eerste dagen na de moord hun stad te omwallen. Hiertoe werd zowat iedereen gemobiliseerd, de geestelijkheid incluis. In een minimum van tijd werd de stad omringd door palissaden, houten verdedigingstorens en poorten. In de mate van het mogelijke werden de aanwezige waterlopen in de verdedigingsgordel ingeschakeld.

Ongetwijfeld zal het resultaat een erg voorlopig en geïmproviseerd uitzicht gehad hebben. Maar de basis was gelegd en in de daaropvolgende jaren kreeg de omwalling een duurzamer karakter. Waar geen waterlopen aanwezig waren, werden nieuwe walgrachten gegraven. De palissaden maakten geleidelijk plaats voor muren met halfronde verdedigingstorens, al is niet bekend of in de 12de eeuw de stad ooit volledig ommuurd geweest is. Ook de poorten werden in steen herbouwd: Noordzandpoort, Zuidzandpoort, Ezelpoort, Vlamingpoort, Oude Molenpoort en Mariapoort.

Deze poorten en muren zijn al lang volledig verdwenen uit het stadsbeeld. Toch kunnen we in het Brugge van vandaag de 12de-eeuwse omwalling nog steeds bijna helemaal volgen. Het grootste deel van de grachten bestaat immers nog. Ze heten nu Speelmansrei, Augustijnenrei, Sint-Annarei, Groene Rei en Dijver. Enkele bruggen dragen dezelfde naam als de poort waar ze vroeger bijhoorden: Ezelbrug, Vlamingbrug, Molenbrug, Mariabrug. En nabij de Pottenmakersstraat staat nog één authentieke halfronde verdedigingstoren, als laatste tastbare getuige van Brugges eerste omwalling.

De eerste omwalling wordt snel te krap

De eerste omwalling is niet erg lang functioneel geweest. Brugge kende immers precies in die periode – de 12de en 13de eeuw – een snelle bevolkingstoename en hiermee gepaard gaand een sterke uitbreiding van het bebouwde areaal. De groei was een gevolg van het ontstaan van het Zwin (1134) en van de steile opgang die de stad daarna maakte als internationaal handelscentrum. De beschikbare gronden binnen de eerste omwalling waren al gauw volgebouwd en nieuwe wijken ontwikkelden zich buiten de wallen. Om die wijken met de oude kern te verbinden, werden een tiental nieuwe bruggen over de walgrachten gelegd, die niet door stadspoorten verdedigd werden. Op het einde van de 13de eeuw was Brugge als geheel een onverdedigde stad.

En toen brak het conflict uit tussen graaf Gwijde van Dampierre en diens leenheer, de Franse koning Filips IV de Schone. De laatstgenoemde had een begerig oog laten vallen op het rijke graafschap Vlaanderen met zijn welvarende steden. Vlaanderen was weliswaar een leen van de Franse kroon, maar Filips wilde het bij zijn kroondomein inlijven zodat alle inkomsten rechtstreeks in de koninklijke schatkist zouden vloeien. De koning ging zich in toenemende mate bemoeien met de aangelegenheden van het graafschap en greep interne conflicten aan om de graaf, het stadspatriciaat en de volksklasse handig tegen elkaar uit te spelen. In 1297 was graaf Gwijde het gekonkel en geplaag zó beu dat hij Filips IV de Schone de leentrouw opzegde en een bondgenootschap sloot met diens vijand, de Engelse koning Edward I. Daarbij genoot hij alvast de steun van de volksklasse, want Engeland was belangrijk als wolleverancier voor de Vlaamse lakennijverheid: een sector waarin menig Vlaams arbeider zijn broodwinning had! Het stadspatriciaat, dat in het verleden meer dan één machtsconflict met de graaf uitgevochten had, was veeleer koningsgezind. Die tweespalt zou onder meer duidelijk tot uiting komen tijdens een van de hoogtepunten in het Frans-Vlaamse conflict, namelijk de Guldensporenslag (11 juli 1302). Maar ook bij het totstandkomen van Brugges tweede of grote omwalling speelde die tweespalt een rol.

De aanleg van de tweede of grote omwalling: een koninklijk initiatief

Toen de breuk tussen graaf Gwijde en Filips IV een feit was, haastte de Engelse koning zich eind augustus 1297 naar Vlaanderen om er de militaire situatie in ogenschouw te nemen en te onderzoeken welke acties hij tegen Frankrijk kon ondernemen. Even overwoog hij om van Brugge zijn hoofdkwartier en bevoorradingscentrum te maken. Een absolute voorwaarde was wel dat de stad zo vlug mogelijk een nieuwe omwalling zou krijgen. Het was immers ondenkbaar dat het koninklijke hoofdkwartier gevestigd werd in een stad die als geheel niet beschermd was. Koning Edward bood zelfs aan om de werken onder Engelse leiding te laten verrichten en de helft van de kosten voor zijn rekening te nemen.

Om diverse redenen is hier nooit iets van terechtgekomen. Het Brugse stadsbestuur was op dat ogenblik niet bepaald graafsgezind, de Engelse vorst moest al gauw wegens binnenlandse problemen terug naar Londen en bovendien rukte de Franse koning met een legermacht naar Vlaanderen op. De Bruggelingen begrepen dat verzet bieden in die situatie niet echt verstandig was en het koningsgezinde patriciaat droeg de stad over aan Filips IV. Een van de eerste opdrachten die Filips vervolgens gaf, was de aanleg van een omwalling. In tegenstelling tot de Engelse koning bood hij niét aan om een deel van de kosten op zich te nemen; de werken kwamen dus geheel ten laste van de Brugse stadskas. De vordering van de werkzaamheden kan dan ook vrij nauwkeurig gevolgd worden in de bewaarde stadsrekeningen.

In bijna drie jaar tijd was de 6800 meter lange omwalling met een dubbele gracht, een aarden berm en negen stenen stadspoorten gereed. De aanzienlijke lengte illustreert duidelijk de omvang die Brugge rond 1300 bereikt had. Bij de aanleg van de omwalling werd immers zo nauw mogelijk aangesloten bij de bestaande agglomeratie. Elke bijkomende meter kostte extra mankracht en tijd – en dus geld – en moest bovendien bij een eventuele belegering ook verdedigd worden. Toch waren ook schaars bewoonde zones mee omwald. De expansie van de stad had zich namelijk bij voorkeur langs de grote invalswegen voltrokken, waardoor het bebouwde gebied enigszins een stervorm had aangenomen. De omwalling verbond de punten van de ster. Tussen die punten lagen nog vrij veel akkers, weilanden, boomgaarden en tuinen. Men trof er ook de zogeheten raamlanden aan: laaggelegen graslanden waar de ramen van de lakenindustrie opgesteld stonden. Daar werd het vochtige laken na het vollen op houten ramen gespannen opdat het na het drogen niet vormeloos en gekreukt zou zijn.

Stadsmuren waren er aanvankelijk niet of nauwelijks. De stadspoorten waren door houten palissades en torens verbonden. Later in de 14de eeuw heeft men op sommige plaatsen wel muren en stenen verdedigingstorens opgetrokken. De gigantische hoeveelheden bakstenen die hiervoor nodig waren, betrok de stad uit haar eigen steenbakkerij in Ramskapelle bij Heist. De muren van de tweede omwalling waren haast uitsluitend in het zuiden van de stad te vinden: van Gentpoort over Katelijnepoort en Minnewater tot Boeveriepoort. Onder meer om financiële redenen heeft men daarna afgezien van de verdere bouw van stadsmuren.

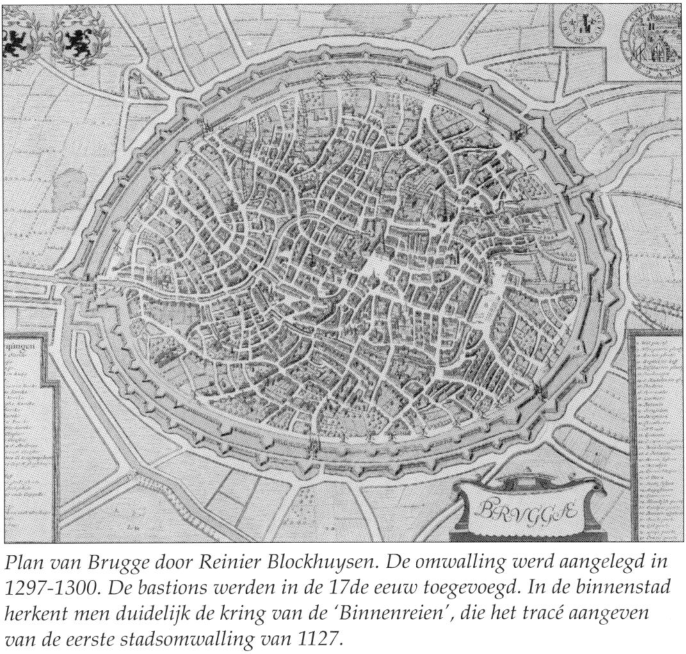

Plan van Brugge door Reinier Blockhuysen. De omwalling werd aangelegd in 1297-1300. De bastions werden in de 17de eeuw toegevoegd. In de binnenstad herkent men duidelijk de kring van de 'Binnenreien', die het tracé aangeven van de eerste stadsomwalling van 1127.
(Brugge, Stadsarchief, foto: Hugo Maertens)

De Gentpoort en een deel van de stadsmuur. Detail uit het plan van Brugge door Marcus Gerards (1562).
(Brugge, privé-verzameling, foto: Hugo Maertens)

Op twee plaatsen moest men bij de aanleg van de omwalling rekening houden met speciale topografische omstandigheden. In het zuiden dwarste de omwalling het Minnewater. Omdat men het Minnewater niet kon afsluiten, werd de toegang tot de stad hier gecontroleerd door twee zware verdedigingstorens, een op elke oever. Eén van beide staat nog overeind: de Poertoren, aldus genoemd omdat hij ooit diende als stedelijke opslagplaats voor buskruit (poer). In het noorden van de stad was de situatie bijzonder ingewikkeld. Hier sloten vier waterwegen op elkaar aan: de Lange Rei die uit de binnenstad kwam; de Leet of Ieperleet die naar Oudenburg en Nieuwpoort leidde; het Oude Zwin naar Koolkerke en Westkapelle; en ten slotte de waterweg naar Damme. Op dat knooppunt moest nu zowel vanuit het westen als vanuit het oosten de dubbele gracht van de omwalling aansluiten. Ter beveiliging van de plek werden niet alleen muren en torens, maar ook niet minder dan drie stadspoorten gebouwd. Om de zaak nog wat ingewikkelder te maken, heeft elk van die poorten in de loop van de geschiedenis meer dan één naam gehad. Gemakkelijkheidshalve omschrijft men het geheel vaak gewoon als 'het Dampoortcomplex'.

HET GRAVENSTEEN IN GENT

MARIE CHRISTINE LALEMAN

Het meest bezochte toeristische monument in Gent is het Gravensteen, de aloude burcht van de graven van Vlaanderen. Een Latijns opschrift boven de ingangspoort vertelt dat graaf Filips (1168-1191), bekend als Filips van de Elzas, het kasteel in 1180 bouwde. In feite wijzigde hij de burcht ingrijpend, als antwoord op de hoge stenen huizen die de Gentse patriciërs oprichtten.

Voor de oprichting van hun versterkte residentie kozen de graven van Vlaanderen een zandige opduiking te midden van Leie-armen met moerassige oevers. De plek kende al eerder een

De toegang tot het Gravensteen.
(Stad Gent, Dienst Stadsarcheologie)

kortstondige bewoning in de Romeinse tijd (1ste-2de eeuw), maar werd daarna opnieuw verlaten.

Boven een ophoging, versterkt met hout, ontwikkelde zich een eerste middeleeuwse bewoning. Rondom een groot centraal gebouw stonden verscheidene bijgebouwtjes voor onder meer de opslag van graan en andere levensmiddelen. Alle gebouwen waren van hout. Wellicht nam graaf Arnulf I (918-965) het initiatief voor die bouwcampagne. In de *Miracula Bavonis* uit het midden van de 10de eeuw wordt het gebied *novum castellum* (nieuwe versterking) genoemd. Er woonden lederbewerkers en mogelijk was er ook al een kapel. Of de omringende omgrachting voorzien was van aarden wallen of palissades valt nu niet meer uit te maken.

Een stenen zaalgebouw verving de centrale houtbouw – mogelijk omstreeks het jaar 1000. De constructie is in hoofdzaak opgebouwd met Doornikse kalksteen die heel spaarzaam werd gebruikt, wat onder meer tot uiting komt in de toepassing van het visgraatverband. Ook voor de omlijstingen van deuren en vensters werd nog niet het goed gehouwen steenmateriaal gebruikt. In de muren werd ook veel recuperatiemateriaal verwerkt. Men krijgt de indruk dat alles wat maar enigszins bruikbaar was, dienst deed bij de opbouw van het grote residentiegebouw. De drie grote zalen boven elkaar, de monumentale stenen trap, lichtopeningen, wandhaarden en latrines beklemtoonden de luxe en het comfort van die tijd. Het grote zaalgebouw of de aula had vooral een representatieve functie. De eigenlijke grafelijke leefruimte, de kamer of *camera*, sloot daarbij aan. Rondom stonden houten nutsgebouwen. Een toren en een omheining werkten het geheel af. Deze grafelijke residentie was het centrum van een gewestelijke eenheid of burggraafschap en vormde de basis voor het grafelijke leger binnen dat gewest.

Bij een volgende fase ontstond een mottekasteel met opperhof en voorhof. Met de aarde uit de rondom uitgediepte gracht werd rond het bestaande zaalgebouw een motteheuvel gevormd. De vroegere benedenzaal werd daardoor kelder. Allerlei houten bijgebouwen verrezen op het motteplateau. Een stenen poort en omheining bakenden het opperhof af van een voorhof dat met nutsgebouwen was bebouwd. Mottekastelen waren een algemeen verspreid fenomeen in de 11de en de 12de eeuw. Zo bevestigden edelen, en ook de graaf van Vlaanderen, hun aanwezigheid in een bepaald gebied tegenover de vorst, andere edelen en ondergeschikten, niet het minst de bewoners van het over de Leie gelegen Gent. Het verhaal van Galbert van Brugge over de moord op Karel de Goede in 1127 en de daaropvolgende strijd voor de opvolging in het graafschap Vlaanderen getuigt van een belegering van de Gentse burcht. Een grote brand teisterde in 1176 het mottekasteel en de gebouwen op het voorhof.

De nog bestaande burcht met uitspringend poortgebouw en een walmuur met uitkragende torentjes herinnert aan de ingrijpende verbouwing van graaf Filips van de Elzas in de late 12de eeuw. Waar de voorpoort aansluit bij de vierkante kern van het poortgebouw wijzen werpgaten en de gleuf van het valhek nog op de verdedigingsfunctie. Ook de kantelen en de werpgaten bij de 24 torens van de walmuur waren afgestemd op de verdediging van het grafelijk slot. Toen werd ook de motteheuvel verhoogd en verbreed, en verrezen er nieuwe houten bijgebouwen rondom de donjon. Door het optrekken van dit centrale gebouw tot een *Hall Keep* van zowat dertig meter bleef de grafelijke residentie uittorenen boven het stedelijke Gent. De stenen burchtdelen uit die periode werden voornamelijk opgetrokken uit Doornikse kalksteen, waarbij voor de hoeken en structuurelementen goed behouwen blokken werden aangewend. Het gebruik van diverse andere steensoorten, onder meer bij poort-

De westzijde van de donjon met de boog van de 16de-eeuwse toegang tot het trappenhuis. (Stad Gent, Dienst Stadsarcheologie)

gebouw en omwalling, gaf de militaire architectuur een rijkelijke uitstraling. De versiering bleef evenwel beperkt. Enkele kraagstenen van het poortgebouw, vervaardigd uit Franse kwartsiet, tonen een gestileerd bladmotief.

In dezelfde tijd onderging het hele voorhof, ongeveer op de plaats van het huidige Sint-Veerleplein, een grondige herinrichting. De nieuwe, stenen Sint-Veerlekerk verving de oude burchtkapel (zie vooral Declercq 1989). Ze werd gewijd op 30 juni 1216. Tussen 1190 en 1225 kwam de Sint-Veerleparochie tot stand en konden bewoners van het grafelijke gebied ter plaatse worden begraven. Ook de oudste vermelding van de grafelijke school stamt uit die tijd.

Korte tijd nadien verving men alle bijgebouwen rond de *Hall Keep* van het opperhof door stenen bouwsels. Overblijfselen daarvan zijn nu te zien in het oostelijke bijgebouw, eigenlijk een monumentaal trappenhuis, in de zogenoemde stallingen waarop het grafelijke kaatsspelplein lag en in het zogenoemde huis van de graaf, dat ook na de 13de eeuw nog ingrijpende wijzigingen kende. In de stallingen – of dat in de Middeleeuwen de functie was, blijft een nog niet opgeloste vraag – deelt een rij kolommen de overwelfde ruimte in. Zowel de kapitelen van de kolommen als de kraagstenen die de gewelven in de wanden opvangen, zijn met bladwerk versierd. Het is vandaag nog een van de fraaist bewaarde bijgebouwen binnen het Gravensteen.

De hele grafelijke site lag aanvankelijk ten noordwesten en buiten de middeleeuwse handelsstad. De overdracht van het voorhof aan het schependom, in 1274, maakte deel uit van een hele reeks stadsuitbreidingen die uiteindelijk in een nieuwe stadsomwalling werden opgenomen. De opvulling van de grachten aan zuid- en oostkant zorgde ervoor dat daar huizen verrezen die het grafelijke slot tot omstreeks 1900 grotendeels aan het zicht onttrokken.

Het opperhof bleef een grafelijke enclave binnen de uitgebreide stad. Ook toen graaf Lodewijk van Male (1346-1384) de residentiële functie verplaatste naar het Hof ten Walle, het latere Prinsenhof, behield het Gravensteen zijn algemene bestuursfunctie in het graafschap Vlaanderen. De grote ontvangsten en feesten vonden verder plaats in het oude slot, zoals de prestigieuze vergadering van de orde van het Gulden Vlies in 1445. Voorts was ook het grafelijke muntatelier daar gevestigd. Het neerhof van de Oudburg, de door graaf Filips ingestelde rechtbank, hield er verder zitting, evenals de overkoepelende hogere rechtbank, de Raad van Vlaanderen, die in 1407 naar Gent verhuisde. Voor het functioneren van de beide gerechtshoven trok men nieuwe gebouwen op met rechtszalen, griffies, kerkers en zo meer.

De bestuurlijke hervormingen van de Oostenrijkse tijd, met centralisatie in Brussel, leidden ertoe dat het Gravensteen aan zijn lot werd overgelaten. Uiteindelijk kocht Jean-Denis Brismaille het areaal van het voormalige opperhof en bouwde het om tot een industrieel complex. Een metaalconstructieatelier en katoenspinnerijen vonden onderdak in het kasselrijgebouw van de Oudburg en in de donjon. Andere gebouwen dienden als huisvesting voor vijftig arbeidersgezinnen. Bij de poort trok Brismaille een directeurswoning op. De omvorming van zo'n groot complex als het Gravensteen is kenmerkend voor de eerste industriële ontplooiing in Gent. Bij een tweede ontwikkeling verhuisden de bedrijven en de arbeidershuisvesting naar de rand van de stad. Een volledig verworden Gravensteen – voor heel wat Gentenaren een symbool van macht, feodale onderdrukking, gruwelijke foltermethodes en onverdraagzame vervolging – was klaar voor de sloop.

De herwaarderingsgeschiedenis van het Gravensteen ving aan in de late 19de eeuw. Het rijk en de stad kochten het geheel van het vroegere opperhof in diverse etappes uit particulier bezit terug. Bij de ontmantelingswerken – waarbij vrijwel alles wat niet van Doornikse steen was, verdween – kwamen de imposante resten van het middeleeuwse kasteel te voorschijn. Na jarenlange administratieve problemen en discussies startte een eerste grote restauratie. In de voetsporen van de grote Franse restaurateur Eugène Viollet-le-Duc (1814-1879) opteerde ook architect Joseph de Waele voor een romantische interpretatie van het kasteel ten tijde van graaf Filips van de Elzas.

Zo ziet het Gravensteen er nu uit, maar zo heeft het er nooit uitgezien. Heel wat details, zoals bijvoorbeeld de platte daken en de vensters van het oostelijke bijgebouw, zijn zeker niet gestoeld op een middeleeuwse situatie. Door de restauratie kreeg het Gravensteen evenwel een nieuwe betekenis: een toeristisch monument met wereldfaam.

Over het Gravensteen verschijnen heel wat publicaties, hoofdzakelijk vanuit toeristisch perspectief. Veel van die werken berusten evenwel op verouderde inzichten en zijn wetenschappelijk niet meer actueel. Hier worden enkel die werken opgenomen die wel degelijke wetenschappelijke informatie verstrekken. Een aantal gegevens zijn gebaseerd op nog niet gepubliceerd onderzoek van de Dienst Stadsarcheologie van de Stad Gent.

Bibliografie

Callebaut, D., 'Le Château des Comtes à Gand', in *Château Gaillard*, 11, 1983, p. 45-54.

Callebaut, D., Raveschot, P. en Vandewalle, R., 'Het Gravensteen te Gent', in *Conspectus* MCMLXXX. *Archaeologia Belgica*, 238, 1981, p. 67-71 en in *Conspectus* MCMLXXXI. *Archaeologia Belgica*, 247, 1982, p. 112-116.

Callebaut, D., 'Résidences fortifiées et centres administratifs dans la vallée de l'Escaut (IXe-XIe siècle)', in *Archéologie des villes dans le Nord-Ouest de l'Europe (VIIe-VIIIe siècle)*, Douai, 1994, p. 93-112.

Declercq, G., 'Nieuwe inzichten over de oorsprong van het Sint-Veerlekapittel in Gent', in *Handelingen der Maatschappij voor Geschiedenis en Oudheidkunde*, 1989, p. 49-102.
Vandenhoute, J., *800 jaar Gravensteen*, Gent, 1980.
Van Werveke, H. en **Verhulst, A.**, 'Castrum en Oudburg te Gent. Bijdrage tot de oudste geschiedenis van de Vlaamse steden', in *Handelingen der Maatschappij voor Geschiedenis en Oudheidkunde*, 14, 1960.

Praktische informatie

De auteur van deze bijdrage is verbonden aan de Stad Gent, Dienst Stadsarcheologie, Onderstraat 20, B-2000 Gent, tel. 09 266 57 60, fax 09 223 99 19. E-mail: stadsarcheologie@gent.be.

Voor het Gravensteen: zie website www.gent.be/gravensteen – Adres: Sint-Veerleplein 11, B-9000 Gent, tel. 09 225 93 06 – Openingsuren van 1 april tot 30 september alle dagen van 9 tot 18 uur; van 1 oktober tot 31 maart alle dagen van 9 tot 17 uur; gesloten op 25 en 26 december, 1 en 2 januari.

DE MAAGDENTOREN VAN ZICHEM

KJELL CORENS

Een vleugje romantiek

Wie Zichem zegt, denkt onmiddellijk aan de *De Witte* van Ernest Claes en aan nostalgische BRT-feuilletons zoals *Wij, Heren van Zichem*. Weinigen weten echter dat Zichem ooit een rijke middeleeuwse stad was, één van de belangrijkste in het grote hertogdom Brabant. De welvaart van Zichem en zijn heren wordt weerspiegeld in het kunsthistorisch en architecturaal patrimonium van de stad. De Maagdentoren is er ongetwijfeld één van de meest prestigieuze voorbeelden. De 14de-eeuwse donjon op de oever van de Demer is uniek in zijn soort. Menig deskundige heeft zich over de Maagdentoren gebogen, maar nooit heeft de Zichemse reus zijn geheimen volledig prijsgegeven. De toren blijft nog steeds een vat vol legendes, raadsels en mysteries.

Benaming van de toren

In de loop van de geschiedenis heeft Zichems bekendste bouwwerk verschillende benamingen gehad: Maagdentoren, Mariëntoren, Markentoren, Vat van Zichem en Lanteerntoren.

De naam Maagdentoren verwijst naar een oude Zichemse legende. De sage verhaalt dat de toren ooit bewoond werd door Don Juan, de landvoogd van de Nederlanden. (Voor alle duidelijkheid: het waarheidsgehalte van deze legende is vrijwel nihil. Don Juan is nooit in Zichem geweest en heeft nooit de toren bewoond.)

Don Juans beeldschone dochter Rosita was zijn oogappel. Geen aanbidder kon aanzienlijk genoeg zijn om bij hem in de gratie te vallen. Het lot wilde evenwel dat Rosita verliefd werd op een knappe soldaat van eenvoudige afkomst. Haar vader wist niet meer waar hij het had. Hij vloekte en smeekte om zijn kind van gedachte te doen veranderen, maar niets baatte. Zij zou haar wil doordrijven. Ten einde raad ontbood hij de twee kloosterzusters die Rosita hadden opgevoed. Ook hun argumenten bleven zonder resultaat. Don Juan verdacht hen er zelfs van dat zij zijn dochter in haar dwaze opzet steunden. Dus besloot hij tot de harde aanpak over te gaan.

De noordoostkant van de toren.

Hij sloot Rosita en de nonnen in de Maagdentoren op. Zij zouden hun vrijheid pas terugkrijgen als Rosita van haar trouwplannen afzag. Het drietal bracht maanden door in de toren, maar Rosita gaf niet toe. Op een vroege lentemorgen zag een inwoner van Zichem dat de twee kloosterlingen en Rosita, stevig aan elkaar samengebonden, schreeuwend en smekend uit de toren werden gebracht en naar de Demerboorden geleid. Hun hulpgeroep werd niet beantwoord. Er volgde een doffe plons en een akelige stilte.

De straf bleef voor Don Juan niet uit. 's Nachts zag men hem rond de toren dolen en in het donkere Demerwater turen. Op een avond zette de zon de toren in vuur en vlam. Don Juan meende toen het angstgeschrei van zijn kind te horen. De volgende dag vond men hem naast de toren terug. Hij was volkomen waanzinnig geworden.

Zelfs toen Jan Baptist Gramaye, hofhistoriograaf van de aartshertogen Albrecht en Isabella, in het begin van de 17de eeuw een bezoek bracht aan Zichem, werd deze legende al verteld.

De naam Mariëntoren is een afleiding van 'Mariatoren'. In de buitenmuur van de toren zijn verscheidene nissen aangebracht. In één ervan zou een Mariabeeld hebben gestaan, vandaar de Toren van Maria of Mariëntoren.

'Lanteerntoren' is een naam die verband houdt met de scheepvaart op de Demer. De rivier baant zich met vele meanders een weg naar de verschillende Demersteden, zoals Diest, Zichem en Aarschot. De schippers hadden nood aan lichtbakens om hen te leiden. Zo zou er ook op de Maagdentoren een vuurkorf hebben gestaan, die 's nachts werd aangestoken zodat de schippers zich daarop konden oriënteren.

'Vat van Zichem' was meer een spotnaam die de Kempenaars gebruikten voor het Zichemse bouwwerk. De Demer vormde de natuurlijke grens tussen Kempen en Hageland. De bewoners van beide streken konden het niet met elkaar vinden, wat vaak leidde tot scheld- en vechtpartijen.

Een laatste benaming voor de toren is 'Markentoren' – historisch de meest aanvaardbare, hoewel de officiële naam nog steeds 'Maagdentoren' luidt. Zichem lag niet enkel op de grens van Kempen en Hageland, maar ook in een uithoek van het hertogdom Brabant. Vandaar dat de toren ook beschouwd kon worden als een versterkte grens- en uitkijkpost.

Bouwheer Reinier II van Schoonvorst

De Maagdentoren werd op het einde van de 14de eeuw gebouwd door Reinier II van Schoonvorst, heer van Zichem.

Hij was afkomstig uit de onbeduidend kleine Duitse vorstendommen Schönau en Schoonvorst in de omgeving van Aken en was de achterkleinzoon van Raes I van Schönau, stamvader van de heerlijke familie. Toch slaagde de familie erin zich op te werken. Door hun onontbeerlijke kwaliteiten, zoals bedrog, afpersing, diplomatie en sluwheid, wisten zowel Reinier II als zijn vader Reinier I door te dringen tot de grafelijke, bisschoppelijke en hertogelijke hoven van Gelre, Gulik, Luik, Keulen en Brabant. Beiden zetelden in de Raad van Brabant en waren de persoonlijke raadgevers van Wenceslas en Johanna van Brabant. De familie van Schoonvorst had echter niet alleen vrienden in de hoogste kringen. Hun onstilbare dorst naar geld, macht en bezittingen resulteerde in vele vijanden en zou uiteindelijk hun ondergang worden.

In 1358 slaagde Reinier I van Schoonvorst erin Zichem en Sint-Agatha-Rode te bemachtigen. Hij kocht de heerlijkheden van Willem van Gulik voor een bedrag van 70 000 goudstukken. De goede relatie die Reinier II met zijn vader had, veranderde toen die besloot te hertrouwen met Isabella van Hamal, vrouwe van Louveral. De kinderen probeerden, uit angst hun erfenis te verliezen, de trouwpartij tot elke prijs te verhinderen. Om verdere familietwisten te vermijden, vluchtte Reinier I met zijn prille bruid naar Rhodos. Hij verbleef er tot zijn dood in 1375. Nog voor zijn vertrek besloot hij al zijn erflanden van de hand te doen. Zijn oudste zoon Reinier II kreeg in 1369 de heerlijkheid Schoonvorst met alle toebehoren en de ervan afhankelijke dorpen. Twee jaar later schonk Reinier I hem ook de heerlijkheid Zichem en een aantal gebieden in Brabant, waaronder Bekkevoort, Houwaart, Miskom, Molenbeek, Nieuwrode, Tielt, Waanrode, Wersbeek, delen van het Meerdaalwoud, het bos van Bercuit en Archennes.

De kersverse heer van Zichem wist naast een aantal gebieden van zijn vader ook nog de hand te leggen op Dalhem, Kerpen, Sint-Martens-Tielt en de tol in Nijmegen. Bovendien werd hij benoemd tot drossaard van Brabant. Reinier II van Schoonvorst was in zijn nopjes toen hij Zichem cadeau kreeg. Het was een welvarende, goed uitgebouwde stad aan de Demer. De lakenhandel zorgde er voor een ongekende welvaart. Bovendien beschikte Zichem over een waterburcht en was het voorzien van stadspoorten en wallen. Deze fortificaties uit het begin van de 14de eeuw dankte de stad aan Godevaart van Vierson, heer van Zichem en broer van hertog Jan I van Brabant. Door de economische hoogbloei van Brabant stroomde het geld bij Reinier II van Schoonvorst binnen. Hij besloot dan ook die middelen aan te wenden om de stad verder uit te bouwen en te verfraaien. De stadsvesten werden opgehoogd en voor de lakenweversgilde bouwde hij een lakenhalle. Bovendien gaf hij de opdracht voor de bouw van de prachtige Sint-Eustachiuskerk en verleende hij privileges aan het in 1382 gestichte begijnhof van de stad. De 14de eeuw was ongetwijfeld een gouden eeuw voor Zichem.

Maar mooie liedjes duren niet lang. Op 25 augustus 1386 werd Jan II van Gronsveld in Aken vermoord. Reinier II van Schoonvorst werd als één van de daders aangeduid. Hierop brak in de landen van Overmaas een periode van onrust en conflicten aan tussen aanhangers van beide kampen. Alle heren en inwoners uit de omgeving van Aken en Maastricht raakten bij onlusten betrokken. Reinier II werd prompt door hertogin Johanna van Brabant vervangen als drossaard door Jan II van Wittem. Bovendien werd hij beroofd van zijn slot en van gebieden in Schoonvorst door de hertog van Gulik. Door zijn vele oorlogen verarmde Reinier II en zag hij in 1398 geen andere uitweg meer dan de heerlijkheid Zichem te verkopen aan Thomas II van Diest. De hele 15de eeuw bleef ze onder het bestuur van de heren en vrouwen van Diest. In 1499 werden Zichem en Diest, samen met Zelem en het burggraafschap Antwerpen, geruild tegen Mille, Gangel en Vucht met Engelbert II van Nassau-Dillenburg. Zichem en Diest werden samengevoegd en belandden allebei onder het bestuur van de huizen van Oranje en Nassau. De heren van beide heerlijkheden waren vanaf 1499 de prinsen van Oranje, graven van Nassau en vaak ook stadhouders van Holland. De bekendste zijn ongetwijfeld Willem I de Zwijger, Filips-Willem van Oranje en Maurits van Nassau.

Ligging en gebruikte bouwmaterialen

Op het einde van de 14de eeuw gaf Reinier II van Schoonvorst de opdracht voor de bouw van de Maagdentoren. Met zijn vier niveaus, een buitendiameter van 14,80 meter en een muurdikte van 4,10 meter is hij ongetwijfeld het meest imposante bouwwerk van Zichem. De donjon werd niet in het centrum van de stad gebouwd, maar aan de samenvloeiing van de stadswal en de Demer. Een gracht omringde de toren, ze stond volledig los van de stadsomwalling en behoorde ook niet tot de omwalling van de nabijgelegen waterburcht. Via een ophaalbrug kon wellicht de ingang bereikt worden. De toren zelf werd waarschijnlijk nooit bewoond, aangezien hij behoorde tot het kasteeldomein. Enkel in tijden van nood vluchtten de bewoners van het slot naar de toren. Nochtans behoorde de Maagdentoren tot één van de best bewoonbare donjons van onze streken.

De buitenzijde van de cilindervormige toren is volledig in bruine ijzerzandsteen opgetrokken. Dit materiaal werd ontgonnen in de Hagelandse heuvels langs de Demervallei. In de Maagdentoren werd het gebruikt voor het vervaardigen van drempels, deurlijsten, nissen, hechtstenen, scharnieren, grendelgaten, gewelfribben, sluitstenen, consoles en trappen. Naast ijzerzandsteen werden ook delen opgetrokken in baksteen met natuurstenen parementen. Voorbeelden hiervan zijn de vensterkettingen op de derde verdieping en de treden van de traptoren in witte kalkzandsteen. Bakstenen werden onder andere voor de gewelfvlakken aangewend.

Interieur van de toren

De ruimte op de gelijkvloerse verdieping deed wellicht dienst als bergruimte. Een bakstenen koepelgewelf dekte de cirkelvormige ruimte af, maar het heeft de tand des tijds niet doorstaan

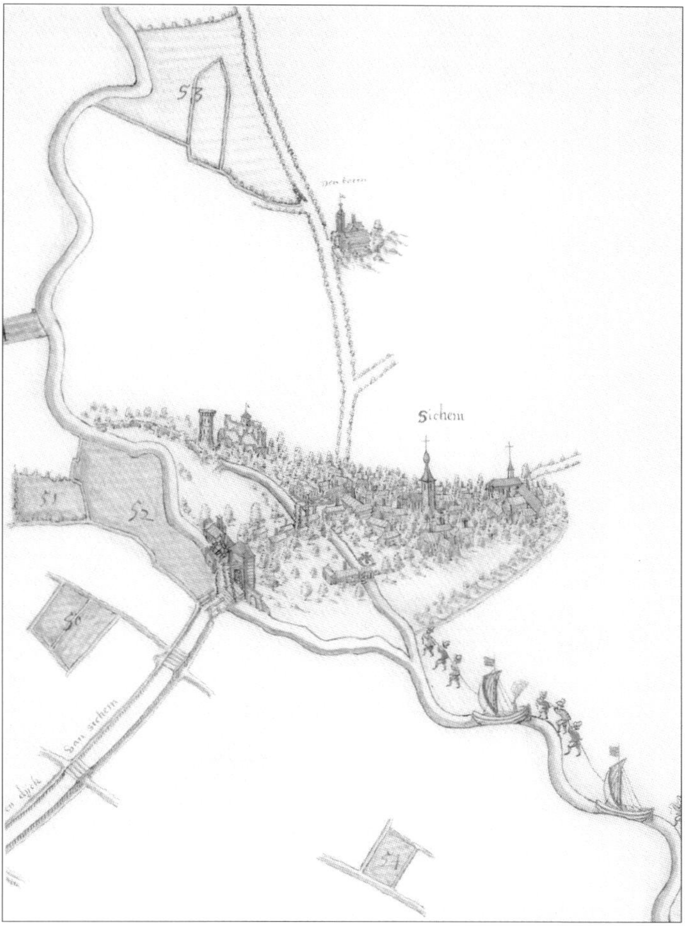

Afbeelding van Zichem in de goedereninventaris van de abdij van Averbode. De omwalling van de stad omschrijft in een halve cirkel het centrum en mondt aan beide zijden uit in de Demer. Op de voorgrond staat de Hollandse Poort die langs het noorden toegang gaf tot de stad. Van rechts naar links zien we achtereenvolgens het Elzenklooster (vroegere begijnhof), de Sint-Estachiuskerk, de waterburcht en de Maagdentoren.

en is ingestort. Enkel de aanzet op de ijzerzandstenen muren is nog zichtbaar. Een luik in het gewelf was de enige toegang tot de kelderruimte. De huidige toegang werd later, in de 19de eeuw, gekapt onder een schuin oplopende opening. Waarschijnlijk was het de enige verluchtings- en verlichtingskoker van deze ruimte. De opening was afgesloten met een smeedijzeren traliewerk. Gelijkaardige donjons herbergden in hun kelder een waterput. In de Maagdentoren werden hier geen sporen van teruggevonden.

De zaal op de eerste verdieping was de ontvangstruimte. In tegenstelling tot de cirkelvormige kelderruimte had de eerste verdieping een achthoekig grondplan, bekroond met een majestueus achthoekig ribgewelf. De vloer stortte, samen met het koepelgewelf van de kelder, in. Het ontvangstniveau werd voorzien van twee nisvormige schouwen. Ze werden volledig in de muur uitgewerkt en diametraal tegenover elkaar geplaatst. In de muren werden ook een aantal nissen aangebracht. De drie grote deden dienst als muurkasten, de kleine was een lampnis. Vanuit de centrale zaal vertrokken vier afsluitbare, naar buiten toe oplopende gangen met uitgebroken treden. De kleinste leidde naar de externe trapkoker, de overige drie gaven uit op de (verdwenen) verdedigingsplatforms. Overdag werd het ontvangstvertrek verlicht en verlucht via een hogergelegen raamopening. De muren werden gebouwd in baksteen met af en toe een speklaag in ijzerzandsteen.

Voor de bekroning van de zaal opteerde Reinier II van Schoonvorst voor een achtdelig gotisch gewelf. De spitsbogen en de gewelfribben werden opgevangen door gebeeldhouwde kraagstenen. Deze consoles stelden hurkende en stuttende figuren voor, met een boek of snaarinstrument in hun handen. Reinier II liet op de sluitsteen van het gewelf zijn wapenschild aanbrengen. Het wapen is gevierendeeld met in het eerste en vierde kwartier het wapen van de heren van Schoonvorst: in zilver negen koeken van keel; in het tweede en derde kwartier het familiewapen van Reiniers moeder, Katharina van Wildenberg: in hermelijn een hartschild van keel. Om het interieur wat lichter te maken werden de muren wit en de gangen geel geschilderd. De gewelfvlakken waren lichtgrijs, de ribben roestkleurig en okergeel. Een eveneens roestkleurig geschilderd gotisch loofwerk boorde de gewelfvlakken af.

Net als de onderliggende werd ook de tweede verdieping bekroond met een achtdelig gotisch gewelf en was de kamer octogonaal. Ze was echter veel soberder. Consoles en sluitsteen vertoonden er geen sculpturen of figuren. Het gewelf werd zwaar beschadigd door een blikseminslag in 1905. Eén van de acht ribben begaf het en werd tot nu toe nog steeds niet hersteld. De muren waren ook hier wit geverfd. Twee, weliswaar kleinere, nisvormige haarden stonden ook in deze zaal in voor de verwarming. De tweede verdieping was het residentieel niveau. Om het geheel 's avonds te verlichten werden maar liefst zeven lampnissen in de muren uitgewerkt. Zes gangen met naar buiten oplopende trappen mondden uit in de centrale zaal. Met deuren, hekken en luiken konden ze afgesloten worden. Via deze gangen konden de trapkokers, het uitkijkplatformpje of de latrine bereikt worden.

Op de intussen verdwenen derde verdieping bevond zich het slaapvertrek: eveneens achthoekig, maar wellicht niet afgesloten met een gotisch kruisribgewelf. Voorts bevatte het slaapniveau slechts één schouw, twee nissen en drie raamopeningen. Via een trap kon het dak van de toren bereikt worden. Een groot verdedigingsplatform bekroonde wellicht de Maagdentoren. De overblijfselen van het slaapniveau zijn in de loop der tijden verworden tot een heuse daktuin met weelderige vegetatie, omsloten door vervallen muren.

De toren aan de buitenkant

De huidige ingang werd uitgehakt in de tweede helft van de 19de eeuw. Oorspronkelijk betrad men de toren op het ontvangstniveau. De nu dichtgemetselde buitendeur verschafte toegang tot een korte gang en een steektrap, beide met een tongewelf overkluisd. Een segmentboogvormige deur mondde uit in de grote zaal, terwijl de grote spiltrap leidde naar het residentieel niveau.

Drie naar buiten toe oplopende gangen in de ontvangstzaal leidden naar de inmiddels verdwenen verdedigingsplatforms. Archeologische opgravingen in het begin van de jaren 1980 brachten aan het licht dat er drie rechthoekige sokkels werden opgetrokken tot net onder de drie vensters van de eerste verdieping – die later deels dichtgemetseld zijn. De stenen van de sokkels werden in de muur verankerd, vandaar de duidelijke breuksporen op de buitenmuur. Erboven kwamen drie (wellicht halfronde) platforms, waarvan de loopvlakken afgeschermd werden door een borstwering met gemoduleerde uitkragingen. De onderkant van de borstwering was uitgerust met 'mezekouwen' (werpgaten), die onder een reeks van boogjes uitkwamen. De gaten die gevormd werden door de mezekouwen werden gebruikt om de aanvallers te bestoken.

Gebruik van de toren

De precieze bouwdatum en de aanleiding tot het optrekken van de Maagdentoren zijn niet bekend. We weten enkel dat Reinier II van Schoonvorst in de jaren 1380 de toestemming kreeg om de stadswallen van Zichem te verhogen en stadspoorten te bouwen. Bovendien bevond hij zich door de nasleep van de moord op Jan van Gronsveld in een zeer penibele situatie. Tegenaanvallen werden elk ogenblik verwacht. Of de bouw van de Maagdentoren ook in de context van die spanningen gezien moet worden, blijft een open vraag. Het zou wel een verklaring kunnen bieden voor de vele defensieve elementen van de toren: de drie verdedigingsplatforms, het grote dakplatform en het observatiebalkon boven de grote trapkoker. Daarnaast moeten we opmerken dat de toren ook een aantal louter esthetische statuselementen bevat: de consoles, het wapenschild op de sluitsteen en de majestueuze kruisribgewelven. Daarom zou de Maagdentoren ook wel eens een prestigebouwwerk kunnen zijn, wat niet uitzonderlijk is voor een donjon.

Woontorens werden vaak niet om defensieve redenen opgetrokken, maar dienden enkel als afspiegeling van de macht en de rijkdom van de bouwheer. Of de Maagdentoren ooit bewoond werd, is een andere vraag waar geen pasklaar antwoord voor is. Alhoewel een latrine, haarden en lampnissen het wonen in de Maagdentoren mogelijk maakten, lijkt het toch waarschijnlijker dat de heren van Zichem voor hun permanent verblijf de voorkeur gaven aan de daarnaast gelegen waterburcht. (Na de verwoesting van het slot in de Tachtigjarige Oorlog werd in de 17de eeuw binnen de oorspronkelijke omwalling het huidige Oranjekasteel opgetrokken.) Trouwens, na de Van Schoonvorsts, verbleven de heren van Zichem nog zelden in de stad. De heren van Diest bleven in hun eigen stad en de Oranje-Nassau's kwamen slechts een paar keer in hun leven naar Zichem afgezakt.

Eénmaal vormde de Maagdentoren en het nabijgelegen slot het decor voor een strijdtoneel, namelijk bij de Val van Zichem tijdens de Tachtigjarige Oorlog. De toenmalige meier van de stad, Jan van Lier, weigerde de Oranjestad Zichem over te geven aan Alexander Farnese, zelfs toen de Spanjaarden de stad met kanonnen beschoten. De meier bleef zijn heer, Willem I van Oranje, tot elke prijs trouw. Samen met zijn garnizoen sloot Jan van Lier zich op in het slot en wachtte geduldig af. Op 21 februari 1578 capituleerden de Zichemse troepen en viel de stad in handen van de Spanjaarden. Een derde van de inwoners overleefde de Spaanse inval niet. Bovendien werden de Zichemse soldaten op gruwelijke wijze afgeslacht. Ze werden opgehangen aan de bomen van het kasteeldomein of met een touw aan hun voeten uit de ramen van het kasteel gehangen. Maar de meeste soldaten werden twee aan twee vastgebonden en in de Demer geworpen. Meier Jan van Lier werd meegenomen naar het dak van de toren, waar de beul met de galg op hem wachtte. (Of het hier de Maagdentoren betreft, is niet met zekerheid te zeggen; de bronnen vertellen enkel dat Jan van Lier werd terechtgesteld op de belangrijkste toren van het kasteel.) In een moment van onoplettendheid van Farnese slaagde Jan van Lier er nog in van de toren te springen in de hoop zijn nek te breken. Maar de diepe slotgracht brak zijn val. De meier werd uit het water gevist en opnieuw naar het dak van de toren gebracht, waar hij werd opgehangen. De gruweldaden in Zichem misten hun effect niet: onmiddellijk gaven onder meer Zoutleeuw en Diest zich over, uit angst hetzelfde lot te moeten ondergaan. Zichem ging de geschiedenis in als één van de martelaarssteden van de Tachtigjarige Oorlog.

De Maagdentoren in de 20ste eeuw

De Zichemse Maagdentoren was ooit één van de meest prestigieuze bouwwerken van Brabant, vandaag is hij herleid tot een ruïne. De uitgevoerde opknapwerken in het verleden waren onvoldoende en een grondige restauratie laat al jaren op zich wachten. Op 28 maart 1859 verkocht de toenmalige eigenaar Jos Valvekens de toren aan de Belgische staat voor de som van tweeduizend frank. In 1863 kreeg de toren zijn eerste restauratie, waarbij alleen de hoogstnodige herstellingswerken werden uitgevoerd. Een blikseminslag in de nacht van 4 op 5 juli 1905 verwoestte één van de acht ribben op de tweede verdieping en één van de vensters aan de buitenzijde werd erg uitgebrokkeld.

De toren en de omliggende beemden werden geklasseerd als beschermd monument op 21 september 1962. De Belgische staat vertikte het echter om de toren te restaureren. Vallende stenen en brokstukken hebben ertoe geleid dat de toren vandaag niet meer opengesteld kan worden voor het publiek. Om de overheid bewust te maken van dit probleem en om de aandacht te vestigen op de erbarmelijke staat van de toren werd in 1995 de vzw Red-de-Maagdentoren opgericht. De vereniging ijverde voor de overheveling van de toren naar het Vlaams Gewest, wat in 2000 ook effectief gebeurde. Het is de bedoeling dat Erfgoed Vlaanderen de toren gaat beheren, zodat na een grondige en hoogdringende restauratie iedereen weer de imposante Maagdentoren kan komen aanschouwen.

Bibliografie

Bulletin van de Antwerpse vereniging voor bodem- en grotonderzoek, 3, 1983, p. 60-87.

Corens, K., *De verdediging van de heerlijkheid Zichem in de Middeleeuwen*, Historische Oefening Tweede Kandidatuur, Katholieke Universiteit Leuven, Departement Geschiedenis, Leuven, 1999.

Corens, K., *Doen Brabant uytstak vrydom's vaen, wie zag ooit Sichem achterstaen? Vijf eeuwen geschiedenis van de stad Zichem (1134-1605)*, licentiaatsverhandeling, Katholieke Universiteit Leuven, Departement Geschiedenis, Leuven, 2001.

Doperé, F. en **Ubregts, W.**, *De donjon in Vlaanderen*, Leuven, 1991.

Praktische informatie

De Maagdentoren is te bereiken via het jaagpad van de Oude Demer aan de Ernest Claesstraat of via de oude spoorwegbedding in de Kranenburgstraat. Om veiligheidsredenen is de toren voorlopig niet toegankelijk voor het publiek.

Website: www.maagdentoren.be en www.monument.vlaanderen.be/sve/nl

E-mail: zichem@maagdentoren.be

DE KORTRIJKSE BROELTORENS

PHILIPPE DESPRIET

Tijdens de late Middeleeuwen was Kortrijk omgeven door een stadsvesting, ontstaan tussen 1353 en 1454 en bijna volledig door het Franse leger opgeblazen in het kader van zijn strategische aftocht in 1684. Van de 31 torens en poorten die van het bouwkundig complex deel uitmaakten, bleven er twee bewaard, op de beide oevers van de Leie: de Broeltorens.

Benaming

De zuidelijke toren duikt tot het midden van de 15de eeuw in archivalia op als 'de blauwe toren, staand op de Leie'. Na de herbouw in 1445 was er sprake van 'de nieuwe toren naast de stenen brug' en 'de nieuwe toren achter de woning van de heer deken'. Gezien zijn dakbekroning met een heiligenbeeld sprak men ook van de 'Sint-Andriestoren'. De meest gebruikte benaming in de 16de en 17de eeuw luidde: 'de grote toren aan de hoge (Leie-)brug'. Van het eind van de 18de eeuw dateert de huidige omschrijving 'Speietoren'.

De noordelijke toren omschreef men in 1454 als 'de grauwe toren bij de stenen brug'; in 1456 klonk het al duidelijker: 'de grote grauwe toren genaamd Inghelborch in de Broel'.

Historisch gegroeide misvattingen

In de loop der jaren raakten enkele hardnekkige misvattingen inzake de zuidelijke Broeltoren algemeen ingeburgerd.

Omdat de onderbouw opgetrokken werd uit grijze Doornikse kalksteen was en is men nog steeds – ten onrechte – de mening toegedaan dat de toren dateert van de 12de eeuw. De vóór 1200 onbekende ronde plattegrond en de aanwezigheid van laat-14de-eeuwse schietgaten voor het gebruik van vuurwapens ontkrachten alvast die stelling.

Nog hardnekkiger is de hypothese als zou de hele constructie deel uitgemaakt hebben van het grafelijk kasteel, en er de omheining of de hoofdtoren (donjon of meestertoren) van zou geweest zijn. Die opvatting wordt door het grootschalig bodemonderzoek van 1990-2002 op de helling gezet. Zuidwaarts – bovenop een heuvelrug – werd een 2,9 hectare grote burcht aangetroffen, met tweeledige indeling, grachtenstelsel, sluis, waterkeermuur en spaarbekken. Het ging om een westelijke hoofdburcht, kort vóór 1297 gebouwd door graaf Gwijde van Dampierre (1278-1305), en om een oostelijke voorburcht die in 1301-1302 rondom een reeds bestaande Onze-Lieve-Vrouwkerk gebouwd werd door de Franse koning Filips IV de Schone (1285-1314) in het kader van de Frans-Vlaamse oorlog (1297-1305) en de daaruit voortvloeiende bezetting van Vlaanderen (1297-1302).

Van die burcht – door de Vlaamse troepen belegerd vanaf 23 juni 1302 en tot overgave gedwongen na de overwinning in de Guldensporenslag – kunnen we nu nog indrukwekkende resten van een weermuur bekijken in de groenzone ten zuiden van de Onze-Lieve-Vrouwkerk.

Bouwgeschiedenis

Op de oudere natuurstenen onderbouw van de zuidelijke Broeltoren, daterend van het laatste kwart van de 14de eeuw, trok men in 1445 de huidige constructie in Brabantse zandsteen op. De natuursteen werd uit Brabant aangevoerd door de bouwmeesters Jan en Gillis Pauwels en in de buitenwand of voor constructieve elementen verwerkt in baksteen, geleverd door

Algemeen gezicht op de Kortrijkse Broeltorens.

plaatselijke producenten. De werken vingen aan in mei; in augustus zat de verdieping reeds onder gewelf en in oktober begon men aan de torenkap. Herstellingen vonden plaats na 1557, in 1714-1715 en vooral in 1873, toen een neogotisch interieur totstandkwam. Na beschadiging in 1918 en in 1940-1945 is de toren thans aan herstelling toe.

De noordelijke Broeltoren gaat terug tot 1401, toen men de fundering legde... maar niet verder raakte. Na een nieuwe openbare aanbesteding hernamen Hendrik Huibens en Simoen van Assche de opdracht in 1411. Samen met de brug op drie bogen, met speien, waterschotten en ophaalmechanisme, voltooiden ze de onderneming in 1413 in de nog bestaande torenvorm en indeling.

Bij de systematische vernielingen van 1684 bleven de Broeltorens op vraag van het stadsbestuur gespaard.

Beschrijving

Ondanks het verschil in datering vertonen de beide torens zowel in- als uitwendig een opvallende gelijkenis. Ze bezitten een ronde plattegrond met diameter 13,50 meter (noord) en 13,10 meter (zuid). Het metselwerk van baksteen is onderaan 2,55 meter (noord) en 2,65 meter (zuid) dik; in de bovengeleding respectievelijk 1,60 en 1,55 meter. Trapgangen en sanitaire kokers zijn in het muurwerk uitgespaard.

Kelder en eerste verdieping zijn met een ribgewelf overkluisd; de natuurstenen ribben rusten op een kraagsteen in de vorm van een mensenhoofd.

De tweede verdieping rust op een doorlopende overkraging en is als weergang uitgewerkt met respectievelijk vijftien

Ronde weg met muurnissen, boven in de noordelijke Broeltoren.

(noord) en veertien (zuid) muur- en vensternissen voor observatie en gebruik van vuurwapens. Een tentdak met houten dakstoel, dakkapellen en smeedijzeren sierelementen dekt de bovenverdiepingen af; archief en iconografie bevestigen dat dit steeds zo geweest is.

In de beide torens bleven deuropeningen of aanzetten van en naar de aansluitende stadsmuur bewaard; die bestond aan de noordzijde uit een weermuur op spaarbogen.

Is de noordelijke toren het best bewaard, dan is de zuidelijke in slechte staat – vermoedelijk als gevolg van ingrijpende verbouwingen in 1873; zowel het interieur als de dakbekroningen en de westelijke toegang dateren uit die tijd.

Functie

Ontworpen voor bewaking en verdediging, verloren de beide torens definitief hun militaire betekenis door de aanleg van nieuwe, gebastionneerde vestingen (1577-1684) en de inplanting van een oostelijke, Franse citadel (1647-1684). Dat viel samen met de openbare verkoop en verkaveling van de laatmiddeleeuwse stadsmuur en -grachten door gouverneur Guy de Perthuis in 1676-1678.

Het betekende concreet dat de torens al vanaf de 16de eeuw in vredestijd verhuurd werden aan derden: opslagplaats (1609); vlees- en graandepot (1623); gevangenis (1642); graanmagazijn (1648); geallieerde munitieopslagplaats (1706); stapelplaats van een schipper (1753); Academie voor Teken- en Bouwkunde (1761); lokaal van de pijnders of scheepslossers (1834); dodenhuisje (1865); Museum voor Industriële en Decoratieve Kunst (1884); Archeologisch Streekmuseum (1969)...

Functies wisselden elkaar af met lange periodes van leegstand; na de wettelijke bescherming als monument (1983) zijn een grondige restauratie en een eigentijdse visie op gebruik en openstelling wenselijk.

Bibliografie

De Paepe, R., 'De Kortrijkse pijnders en hun patroon, de H. Johannes Nepomucenus', in *Handelingen van de Koninklijke Geschied- en Oudheidkundige Kring van Kortrijk*, nieuwe reeks, XLVI, 1979, p. 4-37.

De Potter, F., *Geschiedenis der Stad Kortrijk*, I, Gent, 1873, p. 26-28.

Sevens, Th., 'De Broel en de Broeltorens', in *Bulletin van de Geschied- en Oudheidkundige Kring van Kortrijk*, XI, 1913-1914, p. 38-48.

Vanbossele, J., 'De vesting Kortrijk', in *De Leiegouw*, XIX, 1977, p. 165-193 en XXI, 1979, p. 345-370.

HET RABOT IN GENT

MARIE CHRISTINE LALEMAN

De twee Rabottorens tonen de plaats aan waar de Lieve, het kanaal dat sedert het midden van de 13de eeuw Gent met Damme verbindt, de laatmiddeleeuwse stadsvest kruiste. Van deze stadsomwalling, die in de 14de eeuw totstandkwam, is alleen nog het tracé in het stadsweefsel herkenbaar. De grachten, wallen, muren, poorten en torens verdwenen vrijwel alle na het afschaffen van de octrooirechten in 1860. De stadsvest getuigde evenwel van de *grandeur* die Gent in de late Middeleeuwen

De stadszijde van het Rabot bij de start van de opgravingen in 1993. (Stad Gent, Dienst Stadsarcheologie)

toonde als derde grote Noord-Europese stad, na Londen en Parijs. Met haar veertien kilometer omtrek omsloot ze een areaal van ongeveer 644 hectare. Dat betekende een behoorlijke territoriale uitbreiding ten opzichte van de 12de-eeuwse omwalling rondom een gebied van tachtig hectare, zelf opvolger van de eerste portusomwalling uit de 9de-10de eeuw met een areaal van iets meer dan zeven hectare.

De 14de-eeuwse stadsfortificatie bepaalde vijf eeuwen lang het voorkomen en de begrenzing van Gent. Het uitzicht van de fortificatieonderdelen veranderde nog geregeld, om de verdediging telkens weer aan te passen aan de nieuwe ontwikkelingen van de krijgsbouwkunde. Zo werden ook de Rabottorens opgetrokken boven een waterpoort, nabij een reeds bestaande sluis die het waterpeil regelde tussen de Lieve en de stadsgracht. De waterpoort zorgde ervoor dat schepen ondanks de versterking toch de Gentse binnenhavens konden bereiken.

De oprichting van het Rabot herinnert aan de burgeroorlog tussen het opstandige Gent en Maximiliaan van Oostenrijk, die na de dood van Maria van Bourgondië in 1482 als regent optrad voor de minderjarige Filips de Schone. Het beleid van Maximiliaan – gericht op vorstelijke centralisatie, het verwerven van het geweldmonopolie en het beheersen van de fiscaliteit – botste met het stedelijk particularisme dat Gent zeer consequent verdedigde. Dat leidde tot een burgeroorlog die, ondanks verscheidene tussenpozen, tot 1492 duurde. Een van de fasen in die burgeroorlog was het beleg van Gent in 1488, waarbij de troepen van keizer Frederik III en Maximiliaan het na veertig dagen opgaven.

Op de plaats waar de strijd het felst had gewoed, besloten de Gentenaren een monument op te richten: de versterking boven de Lievesluis, nu bekend als het Rabot. Een opschrift aan de veldzijde herinnert aan de eerstesteenlegging op 13 juni 1489. De werken waren voltooid in 1491. De erfscheiders Christoffel Ympins en Franchoys Morael krijgen soms de titel van ontwerper toebedeeld, maar dat blijkt niet uit de stadsrekeningen. Zij werkten samen met tal van vaklui (andere erfscheiders, steenhouwers, metselaars, smeden, schilders en leveranciers van bouwmaterialen) mee aan de realisatie van de verdedigingsstructuur. Voor de graafwerken werd er ook een beroep gedaan op de medewerking van de Gentse bevolking.

De constructie zelf omvatte aan de stadszijde een wachtershuis, over en naast de sluis gebouwd. De onderste kamers kwamen bij opgravingen in 1993 opnieuw aan het licht. De resten ervan zijn nu ter plaatse zichtbaar. Aan de veldzijde bestond de versterking uit twee halfronde torens, waarbij walmuren en verdedigingskamers aansloten. De torens zelf vormen nog steeds het meest sprekende element van de verdediging. Bij de opgave van de stadsfortificatie na 1860 begreep men het monument evenwel fout. Het sluiswachtershuis werd afgebroken en

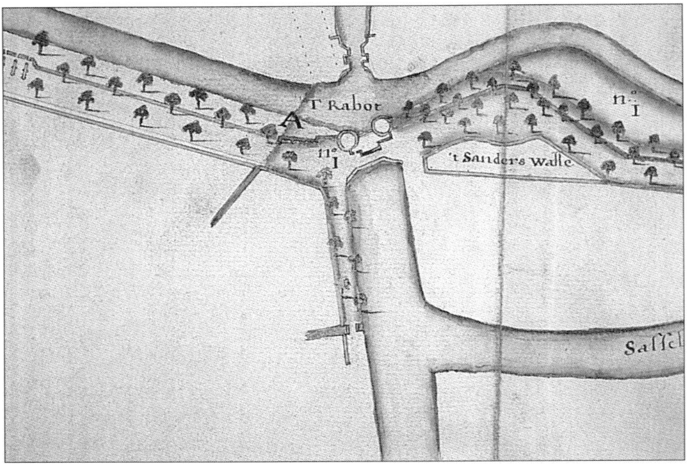

Detail van een stadsplan uit de 'Atlas De Buck', 1590.
(Stadsarchief, Gent)

de torens kregen een volledig ronde vorm. Zo komt het dat deze eigenlijk valse versterkingsonderdelen nu naar de stad kijken, wat in de 15de eeuw zeker niet de bedoeling was. Daarenboven kwam de onderste bouwlaag door allerlei ophogingen onder de grond terecht, waardoor de versterking nu ook veel minder hoog lijkt dan oorspronkelijk.

De constructie is van baksteen met daaromheen een mantel van witte kalkzandsteen. De bouwstenen zijn bijzonder fijn afgewerkt, wat getuigt van een uiterst kwaliteitsvolle techniek en wat ook typisch is voor de 15de eeuw. Aan de veldzijde bestond de afwerking voorts uit een dunne pleisterlaag, waarin opnieuw voegen waren gekrast, een bouwtechniek die tot nog toe weinig werd vastgesteld.

De inrichting van het bouwsel stond in het teken van zijn functies. De doorgang onder het gebouw was een waterpoort; daaraan herinneren nog een aantal gleuven voor de schotbalken of het hekwerk. Aan de stadszijde waren de kamers duidelijk afgestemd op de huisvesting van een klein garnizoen dat, behalve voor de sluiswachter of rabothouder, voor de wacht en de eerste verdediging, ook instond voor het innen van tol voor wie door de waterpoort de stad binnenkwam, en van visrechten voor wie in de stadsgracht of de Lieve wilde vissen. De buiten- of veldzijde was gericht op de verdediging. De twee onderste bouwlagen vertonen fijn uitgewerkte kijk- en schietsleuven. De plaats waar ze zich bevinden in de torens en in de aansluitende walmuren liet toe een ruim areaal aan beide zijden van de Lieve te bestrijken en tegen aanvallen te behoeden. De binnenruimten van de torens hebben gedrukte gewelven; ze vormden wellicht een bijkomende beveiliging in verband met het stapelen van munitie. De uitkragende bovenbouw met kantelen verwijst naar de weergangen van de torens en tussen de torens, van waarop schutters konden opereren.

Het Rabot is een zeer kenmerkend voorbeeld van 15de-eeuwse vestingbouw en getuigt tevens van een belangrijke overgang in de belegeringstechnieken. Enerzijds sluit de constructie met zijn torens nog volledig aan bij een middeleeuwse verdedigingstechniek met boog en pijl. Anderzijds is de structuur, in het bijzonder de schietopeningen, gedacht vanuit een verdediging met wapentuig en buskruit. Vanuit strategisch oogpunt bekeken was het Rabot snel verouderd, wat ook bleek uit een aantal aanpassingen zowat honderd jaar na de bouwtijd.

Bibliografie

Claeys, P. en **Geerts, J.**, 'Les anciennes fortifications de la ville de Gand. Le Rabot', in *Messager des sciences historiques*, 1886, p. 253-273.

Lacquet, E., 'Inscription du Rabot', in *Inventaire archéologique*, 13, 1899, p. 124.

Laleman, M.C. en **Stoops, G.**, 'Ontwikkeling en verdediging in Gent. Een beknopt overzicht van de stadsarcheologische bijdrage ca. 9de-17de eeuw', in *Uit Vlaamse bodem, 10 archeologische verhalen*, Sint-Niklaas, 1996, p. 121-140.

Heel wat bevindingen van recent onderzoek door de Dienst Stadsarcheologie en onderzoek van geschreven bronnen, door historicus Daniel Lievois, werden nog niet gepubliceerd.

Praktische informatie

Het Rabot is gewoonlijk niet toegankelijk voor het publiek. Groepsbezoeken kunnen worden aangevraagd bij de Dienst Facility Management van de Stad Gent, Sint-Salvatorstraat 16, B-9000 Gent.

HET KASTEEL VAN HORST
SINT-PIETERS-RODE (HOLSBEEK)

LODE DECLERCQ • FRANS DOPERÉ • WILLAM UBREGTS

De oudste documenten over Horst

De oudste bekende heren van Horst zijn Jan van Horst en zijn zoon Arnold (13de eeuw). Deze Jan, die in de documenten vermeld wordt als *dominus Johannes de Horst, miles*, en zijn zonen Arnold en Adam van Landwijk blijken te behoren tot de familie

Van Thunen, die zelf opklimt tot vóór 1170. Omdat de leden van de familie Van Thunen zich 'van Horst' begonnen te noemen, mogen we wellicht aannemen dat ze zich in de tweede helft van de 13de eeuw effectief in de streek van Horst hebben gevestigd. In het huidige kasteel zijn geen zichtbare resten uit die periode bewaard gebleven. Wellicht zullen de opgravingen, die worden uitgevoerd in het kader van de geplande restauratiewerken, meer gegevens opleveren over de plaats en de structuur van de eerste gebouwen; voorlopig moeten we het stellen met informatie uit archiefbronnen.

Het hof van Horst

Belangrijk is een document van 1369, waaruit blijkt dat Jan van Landwijk, zoon van de bovengenoemde Adam, de heerlijkheid Horst verkocht aan Amelric Boote: 'Vort de lene die ic houdende was van Loedewike van Eerenboedeghem, diemen heet van Rode: ierst thof ter Horst metten woeninghen boven ende beneden ende metter moelen daer binnen ghelegen...' en '... ghelegen biden hoeve ter Horst...' In 1369 spreekt men nog van 'die woeninghe ter Horst'. Voorts worden er in een archiefinventaris van 1461 twee documenten vermeld, die het hebben over 'shoofs vander Horst' en 'inden hove vander Horst' (1323). In latere documenten komt men het hof ter Horst nooit meer afzonderlijk tegen.

We kunnen uit die gegevens dus afleiden dat Amelric Boote in 1369 een hof kocht, waarin men reeds de indeling van het latere kasteel, met opper- en neerhof kan herkennen, en dat mogelijk – hoewel voorlopig nog onduidelijk – terugging op een ontginningshoeve van de Van Rodes. Amelric Boote overleed in 1405. In 1422 kocht Amelric Pynnock het kasteel van Horst van zijn tante Elisabeth, dochter van Amelric Boote.

Het slot van Horst

Twee documenten (1434), geciteerd in de archiefinventaris (1461), spreken voor het eerst over 'tslot ter Horst': '... op alle die goede geheeten vander Horst, te weten op tslot ter Horst ende op de woeninge geheeten dnederhof, ... gelic Amelric wilen Boete de vors. [voornoemde] goide aldair te houden plach...' en '... op tslot, thof ende de goede geheeten ter Horst, wilen Amelrix Pynnox...' Dat wijst erop dat het gebouwenbestand klaarblijkelijk grondig is gewijzigd vóór 1434. Of de bouwheer de kapitaalkrachtige Amelric Boote was (wisselaar in Brussel, muntmeester in Vilvoorde en geldschieter voor hertogin Johanna) of integendeel Amelric Pynnock, kon pas zeer onlangs met zekerheid worden bepaald door het dendrochronologisch onderzoek van de latrinedeur in de ontvangstruimte van de donjon (niveau 1). Het onderzoek leverde de datum op van 1412 voor de jongste bewaarde jaarring, wat na correctie een datum oplevert tussen 1420 en 1430. Het is wel belangrijk erop te wijzen dat de latrinedeur alleen tijdens de bouw van de donjon kan zijn aangebracht en zeker niet achteraf. Dat betekent dus ook dat Amelric Pynnock nu definitief als de bouwheer van de middeleeuwse burcht kan worden beschouwd.

In een verkoopakte van 1461 wordt het kasteel tot vijfmaal toe *fortallicium* genoemd ('versterking of versterkte woning'): *'Et bona subscripta videlicet de fortallicio cum domibus, curtibus dicto vander Horst, superius pontem, dictum de valbrugghe cum fossatis circumeuntibus...; ... in capella fortalicii predicti.'* Uit de beschrijving kan worden afgeleid dat bij deze verkoop het belangrijkste kenmerk van het kasteel van Horst de versterking was; onmid-

Kasteel van Horst. Algemeen gezicht vanuit het zuiden.

dellijk daarna wordt echter ook gespecificeerd dat de versterking een woning en een hof omvatte, evenals een ophaalbrug, een ringgracht en ten slotte een kapel.

Algemene structuur van het kasteel van Horst

Het kasteel van Horst heeft vandaag een polygonale structuur, bepaald door een langwerpige vroeg-15de-eeuwse zuidvleugel met donjon; een noordvleugel, ongeveer parallel met de vorige; en twee westvleugels uit het begin van de 17de eeuw. Het achterhalen van de structuur van de vroeg-15de-eeuwse burcht is één van doelstellingen van het momenteel lopende archeologisch en bouwhistorisch onderzoek.

Toch kan nu reeds worden gezegd dat, tenminste op die plaatsen waar geen woonvleugels stonden, een walmuur de binnenkoer afsloot. Alleen die aan de noordzijde bestaat nog grotendeels: een bakstenen buitenmuur, waartegen aan de binnenzijde rondbogen, gedeeltelijk in kalkzandsteen, gebouwd waren en waarop de weergang rustte. De borstwering met de kantelen en de merloenen (tussenruimtes) ontbreekt. Onder de bogen zijn schietspleten aangebracht. Het is momenteel niet bekend hoe de woongebouwen in verbinding stonden met de walmuur en of de circulatie van de weergangen ook dóórliep in de woonvleugels. Aan de oostzijde bevond zich het poortgebouw. Daarvan blijft nu alleen de buitenpoort over met de sponning voor de ophaalbrug en de valheksleuf.

De donjon

De rechthoekige donjon is hoofdzakelijk in baksteen opgetrokken en aan de buitenzijde voorzien van een kalkzandstenen parement. De kelder is overkluisd met een tongewelf en wordt verlicht door drie lichtspleten. In de noordmuur, gekeerd naar de binnenkoer, bevindt zich een oorspronkelijke deuropening. Daardoor staat de donjonkelder in verbinding met de kelder onder de kamer of kleine zaal van het aanpalende zaalgebouw.

Op het verhoogde gelijkvloers van de donjon (niveau 1) bevindt zich de eerste bewoonbare kamer van de toren. Ze is uitgerust met een nisvormige schouw, die in de zomer met een plaat kon worden afgesloten. In de drie muren, die naar de gracht zijn gekeerd, bevinden zich rechthoekige vensters. In één van de hoeken aan de grachtzijde is een latrine in de muurdikte uitgespaard. De houten deur is origineel; het is deze deur die uiteindelijk als bouwdatum voor de donjon 1420-1430 heeft opgeleverd. In de vensternis van de westmuur vertrekt een rechte steektrap naar niveau 2 – op dezelfde wijze uitgerust als niveau 1, met dit verschil evenwel dat niveau 1 met een kruisribgewelf is overkluisd en niveau 2 met een houten plafond.

Het kruisribgewelf geeft aan niveau 1 niet alleen een veel imposanter indruk, maar het benadrukt vooral ook de kwaliteit van het gebouw en het belang van de opdrachtgever. Die indruk wordt nog versterkt door de muurschilderingen met hertenmedaillons die ononderbroken doorlopen over de muren, het gewelf en de gewelfribben. Door de aanwezigheid van de buitendeur in de noordmuur wordt dit niveau als vanzelfsprekend de ontvangstkamer; dat wil zeggen dat bezoekers er konden ontvangen worden in een ruimte die duidelijk op bewoning was gericht, maar waar de kwaliteit van de versiering tegelijk de status van de bewoner moest onderstrepen. De buitendeur kon met twee balken worden geblokkeerd. Dit kleine element betekende een belangrijke meerwaarde voor de veiligheid van de donjon.

Niveau 2 was klaarblijkelijk een meer private woonkamer van de kasteelheer. Niveau 3 kan geïnterpreteerd worden als het nachtelijk niveau, hoewel we toch voorzichtig moeten zijn met het doortrekken van de klassieke indeling van een donjon, omdat de bewoning van het kasteel van Horst niet alleen in de donjon was gesitueerd, maar ook in het aanpalende gebouw met kamer (kleine zaal) en grote zaal. Bovendien is het duidelijk dat de donjon door zijn zeer enge afmetingen moeilijk permanent bewoonbaar was. De stenen steektrap in de dikte van de muur van de donjon stopt ter hoogte van niveau 4. Niveau 5 omvat de weergang met kantelen, merloenen en werpgaten. Het binnenparement in baksteen is evenwel van latere datum. Dat er geen werpgaten werden aangebracht aan de noordzijde bewijst dat de donjon en het zaalgebouw samen werden geconcipieerd.

De vernieling in 1488-1489 en de daaropvolgende restauratie

In 1482 verhief Lodewijk III Pynnock, sinds 1461 meier in Leuven, Horst – dat hij gekocht had van Filips de Goede. Tijdens de opstand van 1488-1489 tegen Maximiliaan van Oostenrijk werd het kasteel van Horst verwoest: '… zijne goeden en wthoven verbrant, ende onder ander zijn slot ende hof van der Horst dwelc also constelic, schone ende genuechlic was als ennich ander binnen onsen voirs.[voornoemde] lande van Brabant' (1491). Om Lodewijk III Pynnock toe te laten de wederopbouw van zijn kasteel te bekostigen verleende Maximiliaan hem in 1491 de hoge, de midden- en de lage rechtspraak (en de inkomsten hieruit) over Horst, Sint-Pieters-Rode en Kortrijk-Dutsel. Uiteindelijk kwam Pynnock toch nog in financiële problemen en op 22 augustus 1500 reeds moest hij Horst afstaan aan Iwein van Cortenbach.

Uit het onderzoek van L. Declercq is gebleken dat de meeste kalkzandstenen elementen in het zaalgebouw de sporen vertonen van de brand van 1488-1489. Sommige delen van de natuurstenen omlijstingen werden tijdens herstellingswerkzaamheden tijdens het eerste kwart van de 16de eeuw vernieuwd. Ook het bakstenen binnenparement van niveau 5 ter hoogte van de weergang van de donjon dateert vermoedelijk uit dezelfde periode, evenals de kleine ronde toren met speklagen in baksteen en kalkzandsteen aan de noordzijde van het kasteel. De huidige spits van de donjon dateert volgens de resultaten uit het dendrochronologisch onderzoek eveneens uit de periode 1488-1498.

De oorspronkelijke betekenis van het kasteel van Horst als versterking en de teloorgang ervan

Het kasteel van Horst werd in 1461 als *fortallicium* omschreven in een verkoopakte. Toch beperkt het versterkt karakter van het kasteel zich tot de aanwezigheid van een verdedigbaar poortgebouw, een of twee stukken weermuur met weergang, waaronder zich schietgaten bevinden en ten slotte de weergang met kantelen, merloenen en werpgaten boven op de donjon. In een tijdsperiode, waarin de artillerie reeds meer dan vijftig jaar bestond, komt het kasteel dus als vrij anachronistisch over. Bovendien zijn de muren van alle delen van het kasteel veel te dun om weerstand te kunnen bieden aan artilleriegeschut.

Vandaar ook dat volgens een gravure van F. Hogenberg, gerealiseerd in 1588, het kasteel toen werd omgeven door een hoge aarden omwalling. Daarvan is echter sedert het uitgraven in 1925 van de grote vijver niets overgebleven.

Het kasteel is zijn versterkt karakter volledig kwijtgeraakt tijdens de bouwcampagne opgestart onder Franchoys van Busleyden (1545-1555) en later afgewerkt. Toen werden immers de grote kruisramen aan de grachtkant aangebracht. In het begin van de 17de eeuw werden de twee westelijke vleugels gebouwd met dienstvertrekken op de benedenverdieping en pronkzalen op de verdieping. Beide vleugels kwamen blijkbaar tot stand onder Olivier van Schoonhoven. Maria Anna van den Tympel liet in 1655 de stucplafonds in de grote zalen van de westvleugels aanbrengen door Jan Christiaan Hansche. Eveneens uit het midden van de 17de eeuw dateert de kapel tegen de oostmuur van de donjon.

Bibliografie

Declercq, L., *Kasteel van Horst, Holsbeek Sint-Pieters-Rode, Bouwhistorisch Onderzoek, Deel A Teksten en rapporten in bijlage*, s.d. [2001].

Doperé, F. en **Ubregts, W.**, *De donjon in Vlaanderen, Architectuur en wooncultuur,* Acta Archaeologica Lovaniensia Monographiae, 3, Leuven, 1991, p. 230-233.

Van Ermen, E., 'Documenten over de heerlijkheid Horst te Sint-Pieters-Rode in de 14de en 15de eeuw', in *Oostbrabantse Historische Teksten*, 1, 1987.

Van Ermen, E., 'Het kasteel van Horst te Sint-Pieters-Rode', in *Brabant*, 6, 1989, p. 33-40.

Van Hemelrijck, M., *De Vlaamse krijgsbouwkunde*, Tielt, 1950, p. 212.

DE DONJON VAN MEISE

FRANS DOPERÉ. WILLIAM UBREGTS

Waarom een versterking in Meise?

In het begin van de 12de eeuw gaf Godfried I, hertog van Brabant en Neder-Lotharingen, de stad Dendermonde aan Diederik van de Elzas, graaf van Vlaanderen, in ruil voor een gebied dat nu de naam Boechout (Bouchout) draagt. Omstreeks 1129-1130 vestigde hij er een garnizoen om de innamepogingen van de Vlamingen, die toen vanuit Gent en Mechelen naar Brussel oprukten, te verijdelen. Vanaf de Grimbergse Oorlog (1150) tot aan de Bourgondische periode bestond Meise uit twee leengebieden, van elkaar gescheiden door de Molenbeek. De gronden ten noorden van de beek, met de dorpskom en de omliggende velden behoorden toe aan de heren van Grimbergen, de Berthouts, leenmannen van de graaf van Vlaanderen. Het zuidelijk gelegen deel was eigendom van de hertog van Brabant. Het was in de tweede helft van de 12de eeuw dat, naar alle waarschijnlijkheid, de hertogen van Brabant deze goederen schonken aan de Kraainems (Crainhems) op voorwaarde dat zij de burcht zouden uitbouwen om de naburige heren van Grimbergen in bedwang te houden.

De heren van Kraainem behoren tot de oudste en voornaamste Brabantse adel. Kraainem, een oud domein van de Sint-Baafsabdij van Gent – verloren gegaan na de invallen van de Noormannen en nooit teruggegeven – was in handen gevallen van de plaatselijke heren: Lambertus en Walterus van Kraainem (omstreeks 1100). Wegens de strategische ligging van hun bezittingen, de overgang van de Woluwe door de baan Vlaanderen-Brussel-Leuven-Keulen, hadden ze zeer nauwe banden met de hertogen van Brabant.

De donjon van Daniël van Bouchout

Volgens De Cantillon was de burcht van Boechout omringd door vijf dubbele (?) grachten: 'Eertijds was het zelve eene heerlijke vesting, van het land afgescheiden en door vijf dubbelde gragten, gevult met water, welke den een den ander dekkende, en welke men over gaat door een ophaalbrug van een buitengewoone lengte.' Dit Brabants leen behoorde omstreeks 1160-1170 toe aan Willem van Kraainem.

De huidige donjon van Boechout is echter veel recenter. Verscheidene woontorens rond Brussel werden pas in de 15de eeuw opgetrokken (Diegem, Ganshoren, Grimbergen, Groot-Bijgaarden, Kobbegem, Leefdaal, Sint-Ulriks-Kapelle), zelfs op sites waar al een veel oudere burcht had gestaan (Grimbergen, Groot-Bijgaarden, Kobbegem, Leefdaal). De verleiding is dan ook groot om die vaststelling te extrapoleren tot de donjon van Boechout. Een belangrijk verschil tussen de laatstgenoemde en

Donjon en burcht van Bouchout.

de bovenvermelde woontorens is het sterk militair karakter van de donjon van Meise, dat zo goed als ontbreekt in de andere: als late woontorens waren ze, op die van Kobbegem na, duidelijk op een verhoogd wooncomfort voorzien. Het lijkt ons dan ook volkomen gerechtvaardigd om voor de donjon van Boechout een oudere datering voor te stellen.

Daniël van Wanghe, vanaf 1292 ook 'van Bouchout' genoemd, was één van de meest illustere vertegenwoordigers van een geslacht, opvolger van de Kraainems sedert het begin van de 13de eeuw. Na de slag van Woeringen (1288) was hij één van de gewone raadgevers van hertog Jan II en seneschalk van Brabant in 1296 en 1299. Hij ondertekende mede het charter van Kortenberg (1312). Bij de troonsbestijging van Jan III was hij een verkozen edelman om het land te besturen, samen met de afgevaardigden van de steden. Het Latijnsboek (1312-1355) zegt dat hij zijn huis van Boechout in leen hield van de hertog: '*Daniel de Bouchout tenet a duce villas de Sterbeke et de Zaventem, homagia et quod habet in dictis villis, imo domum suam de Bouchout et id quod habet in parochia de Wam.*'

Steeds is er sprake van het huis van Boechout, zo ook nog in 1445 door Daniël V van Bouchout en nadien door zijn dochters: 'Joffe Johanne Van Bouchout bij doode here Daneels here van Bouchout hoirs Vaders met Janne here Van Wesemale hoer man hout sijn huis tot Bouchout metten toebehoirten ende dat hij tot Wemele heeft.' Op grond van al die feiten situeren we de bouw van de donjon van Meise omstreeks 1300, dus onder Daniël van Bouchout. Het is interessant om aan te stippen dat de donjon met zijn uitgesproken militaire kenmerken in de middeleeuwse leenboeken toch maar gewoon als *domus* (huis) wordt aangegeven.

Als militair bouwwerk onderscheidt de donjon van Boechout zich van de andere bestudeerde woontorens door zeer gesloten muren, door de aanwezigheid van functionele schietgaten in alle richtingen op niveau 1 en 2, door het uitzonderlijk voorkomen van kruisribgewelven op alle niveaus en ten slotte door een defensief platform met uitkragende hoektorentjes.

De vloer van de kelder is later sterk opgehoogd tot aan de gewelfconsoles. Er is geen enkele originele opening zichtbaar. Ook de deur naar de wenteltrap, oorspronkelijk ongetwijfeld in de noordelijke hoek opgesteld, werd verplaatst. De segmentbogen, nu vlak tegen de vloer en dichtgemetseld, wijzen waarschijnlijk op muurnissen.

Het ontvangst- en residentieel niveau is rechtstreeks van buiten toegankelijk via een rechthoekige deur met vernieuwde consoles en een segmentboog aan de binnenzijde. De waarschijnlijk aanwezige gaten voor de klassieke klembalk(en) achter de deur zijn onzichtbaar ten gevolge van een vernieuwing van de dagkanten van de deuromlijsting. De schietgaten, binnen afgedekt met een segmentboog en aan de buitenkant met een platte latei, zijn sterk naar onder afgeschuind. Dat vergroot niet alleen de zichtbaarheid in hoge mate, maar vooral ook het door de boogschutters bestrijkbare gebied aan de voet van de donjon. De twee neogotische vensters vervangen waarschijnlijk schietgaten. Op een gravure volgens J. Le Roy zijn op de eerste verdieping inderdaad drie schietgaten per muurvlak getekend. Van de latrine naast de neogotische schouw is nog de intramurale schacht bewaard, een bank en een dichtgemetseld vierkant venster, mogelijk posterieur. Het vlakke plafond in de latrine steunt in de vier hoeken op driehoekige stenen met kwartrond profiel. De rechthoekige deur naar de traptoren kon eveneens met een klembalk worden afgesloten. Het gewelf steunt op halve hexagonale consoles, met daaronder 19de-eeuwse koppen in plaaster.

Het nachtelijk niveau is buiten gemarkeerd door een druiplijst. Het is praktisch intact bewaard met zes schietgaten van hetzelfde type als op niveau 1; één schietgat werd in 1985 tot deur vergroot. In elke muur bevindt zich een klein rechthoekig venstertje met consoles met keelprofiel onder de bovendorpel; aan de binnenzijde zijn er telkens twee zitbankjes onder een segmentboog. Ook hier bezat de deur naar de traptoren haar klembalk. Dat betekent dus dat elke verdieping afzonderlijk kon worden verdedigd tegen eventuele indringers. De gewelfrib heeft, zoals op de twee onderste niveaus, een semi-octogonaal profiel met twee kelen. Ze steunt op twee mannenkoppen en één vrouwenkop; boven de deur naar de traptoren komt de rib neer op een pilaster, bekroond met een onversierd half hexagonaal kapiteel.

Het huidige platform is een vernieuwde versie (1832 en volgende jaren) van de middeleeuwse toestand met kantelen, merloenen, werpgaten en uitkragende hoektorentjes. De acht werpgaten lijken nog terug te gaan tot de middeleeuwse toestand evenals de profielen van het torentje boven de wenteltrap. Deze profilering is opgebouwd uit twee of drie keelprofielen. De schouwpijp van niveau 1 steekt aan de buitenzijde uit en rust eveneens op een geprofileerde console.

Het middeleeuws kasteel van Boechout

De rest van het middeleeuwse kasteel dateert vermoedelijk uit de 15de of de 16de eeuw. Wegens het ontbreken van een grondige studie van dit gedeelte van de burcht kunnen geen precieze

Donjon van Daniël van Bouchout in Meise.

gegevens worden verschaft over de bouw, noch over de exacte bouwdatum van de bewaarde muren en torens. De burcht had een rechthoekig grondplan en was voorzien van ronde hoektorens. In het midden van de muren die de hoektorens verbinden, komen kleinere torens of versterkingen voor. Dat was nodig om de rechte buitenmuren volledig te flankeren en te beschermen tegen eventuele aanvallers. Ook de 14de-eeuwse donjon vervulde toen de rol van vierkante hoektoren in het latere kasteel. De halfronde poorttoren is verdwenen sedert de verbouwingswerken vanaf 1832. Daardoor kon het kasteel aan die kant helemaal worden opengewerkt; door die ingreep verloor het evenwel meteen zijn versterkt karakter.

Bibliografie

Borremans, P. en **Swaerts, S.**, 'Het kasteel van Bouchout te Meise,' in *Brabant*, 6, 1989, p. 46-51.
Brussel, Algemeen Rijksarchief, Leenhof van Brabant, 13: *Leenbouch van heel Brabant*, 1440, f° XVIII v° – XIX v°.
De Cantillon, *Vermakelijkheden van Brabant, en deszelfs onderhoorige Landen*, II, Amsterdam, 1770, p. 33-34.
Dopéré, F. en **Ubregts, W.**, *De donjon in Vlaanderen, Architectuur en wooncultuur,* Acta Archaeologica Lovaniensia – Monographiae, 3, Brussel-Leuven, 1991, p. 197-198.
Galesloot, L., *Le livre des feudataires de Jean III, duc de Brabant (1312-1355)*, Brussel, 1865.
Noppen, C., *De Heren van Bouchout en hun Waterburcht te Meise*, Brussel, 1991.
Wauters, A., *Histoire des environs de Bruxelles.* Nouvelle édition du texte original de 1855, livre cinquième, Brussel, 1972, p. 206-219.

VERSTERKINGEN EN WALLEN IN LEUVEN

EDWARD DE MAESSCHALCK

Leuven is ontstaan op een knooppunt van wegen (vooral de oude baan Keulen-Brugge) nabij een gunstige oversteekplaats van de rivier de Dijle. Al in de 9de eeuw liet een Karolingische graaf hier een versterking bouwen, vermoedelijk in het moerassige gebied Ten Hove, vlakbij het huidige Groot Begijnhof. Het was ook hier dat Arnulf van Karinthië in 891 de Noormannen versloeg. De eerste Leuvense graaf, Lambert I met de Baard, verliet de oude versterking en liet omstreeks het jaar 1000 een nieuwe burcht optrekken op het 's-Hertogeneiland, ongeveer op de plek van de huidige Onze-Lieve-Vrouw-ter-Predikherenkerk (achter de Sint-Pieterskliniek). De burcht had waarschijnlijk een cirkelvormige wal met grachten.

Ondertussen groeide het nabijgelegen handelscentrum rond de Sint-Pieterskerk gestaag en richtten de stedelingen eigen versterkingen op. Omstreeks 1150 kregen ze de toelating om een stenen omwalling te bouwen. Ook deze eerste ringmuur was cirkelvormig en volgde gedeeltelijk de loop van de Dijle en van enkele beken. De doormeter was circa 850 meter en de omtrek 2750 meter. De muur omsloot een gebied van zestig hectare, telde elf poorten en 32 torens. Hiervan bestaan enkele indrukwekkende restanten, zoals aan de privé-weg tussen de Sint-Rafaëls- en de Sint-Pietersklinieken, verder in het nabijgelegen Handbooghof, aan beide zijden van de Karel van Lotharingenstraat en in het Stadspark. Voorts bleven ook de zogenoemde Jansenius- en Lipsiustoren bewaard, aan weerszijden van de Dijle, respectievelijk in het Paridaensinstituut en het Justus Lipsiuscollege. De torens zijn aan de veldzijde halfrond en aan de stadszijde halfvierkant. De poorten zijn helaas allemaal verdwenen. Enkel van de Wolvenpoort zijn twee bas-reliëfs bewaard, die een dier voorstellen en die ingemetseld prijken in een muur langs de Schapenstraat.

De eerste omwalling was ongeveer 1,7 meter dik en bestond uit regelmatig bewerkte blokken van witte zandsteen, afgewisseld met ijzerzandsteen. Aan de binnenzijde was de wal versterkt met bogen die de loopgang ondersteunden. Dit gigantische bouwwerk verloor echter veel van zijn betekenis door de aanleg van een tweede, ruimere omwalling in de 14de eeuw, maar het bleef toch grotendeels intact tot in de 18de eeuw als een soort van binnenwal. Vele universiteitscolleges gebruikten de muur als een natuurlijke afsluiting van hun tuinen, waar fruitbomen en zelfs wijnstokken werden aangeplant. Op andere plaatsen werden de wallen als steunmuur verwerkt in nieuwe bouwwerken of werd het materiaal opnieuw gebruikt, onder meer voor borstweringen van de Dijle in de binnenstad. Sommige poorten deden nog lang dienst als stadsgevangenis. In de Oostenrijkse en vooral in de Franse tijd ging de oudste stadsomwalling grotendeels

Restant van de eerste omwalling van Leuven in het Sint-Donatuspark.

tegen de vlakte. Dat is vooral jammer voor de oude pittoreske poorten, maar de tijdgenoten vonden ze bouwvallig, hinderlijk en vooral onesthetisch. In de tijd van Verlichting en toenemende zakelijkheid was er nog geen plaats voor romantiek.

De eerste ringmuur omsloot ook de grafelijke burcht op het 's-Hertogeneiland. De graven van Leuven, die zich ondertussen hertogen van Brabant noemden, voelden zich al gauw bekneld in de oude burcht en verhuisden naar de Keizersberg, een strategisch gelegen steile heuvel ten noorden van de stad. De burcht aldaar werd helemaal herbouwd in 1177 in dezelfde stijl als de eerste ringwal. Vanaf de 14de eeuw vestigden de hertogen zich in Brussel, zodat de burcht op de Keizersberg aan betekenis verloor. Keizer Karel V bracht er nog wel zijn jeugdjaren door en kreeg er les van professor Adrianus Florenszoon, de latere paus Hadrianus VI. De keizer liet de burcht nog verfraaien, maar daarna trad geleidelijk het verval in. Eind 18de eeuw werd de burcht afgebroken. Op de restanten werd nadien een benedictijnerklooster gebouwd.

De bevolking van Leuven groeide in de 13de eeuw van ongeveer zesduizend naar meer dan twaalfduizend mensen, in de 14de eeuw zelfs tot twintigduizend. De binnenwal raakte volgebouwd en vele mensen gingen wonen langs de grote toegangswegen; een tweede, ruimere wal werd noodzakelijk. Nadat Vlaamse troepen in 1356 de buitenwijken van Leuven grondig hadden vernield, begon Leuven effectief met de bouw. Ook de tweede stadsomwalling was cirkelvormig, maar had nu een omtrek van 7125 meter en een omsloten gebied van vierhonderd hectare. De nieuwe omwalling was zo ruim bemeten dat ze pas in de 20ste eeuw volgebouwd zou raken. De muren waren in baksteen en minder hoog, omdat ze werden aangelegd op een kunstmatig aangelegde aarden talud. Aan de buitenkant liep er een brede gracht, die bespoeld werd door de Dijle en de Voer. Voorts waren er acht indrukwekkende poorten, die er uitzagen als echte forten, en 48 uitkijktorens, waarvan sommige zelfs nog in de 16de eeuw gebouwd werden.

In de Franse en de Hollandse tijd werd dit reusachtige bouwwerk afgebroken. Het merendeel van de oude buitenpoorten werd vervangen door moderne octrooihuisjes (zoals nog bewaard aan de Brusselsepoort). De opvallendste relicten van de tweede wal vormen de verhoogde taluds, die nog zichtbaar blijven op de ringlanen en die later beplant werden met bomen. Deze zogeheten boulevards zijn het mooist tussen de Park- en de Naamsepoort en tussen de Tervuurse en de Brusselsepoort. Voorts bleven de bogen bewaard van de waterpoort De Grote Spui aan het Sportkot en de onderbouw van de Verloren cost, een toren nabij de Oude Rondelaan.

Bibliografie

Van Even, E., *Louvain dans le passé et dans le présent*, 1895.

DE STADSOMWALLINGEN VAN BRUSSEL

STÉPHANE DEMETER

De gebruikelijke benamingen 'eerste omwalling' en 'tweede omwalling' vinden hun oorsprong in de analyse van de oudste stadsplannen, daterend uit de 16de eeuw. Hierop komen duidelijk twee concentrische omwallingen voor. Verschillende veronderstellingen doen de rondte omtrent één of meerdere omwallingen voorafgaand aan de 'eerste'; we hebben eveneens weet van een gedeeltelijke omwalling tussen de 'eerste' en de 'tweede', die geen zichtbare sporen heeft nagelaten.

De eerste omwalling

De eerste omwalling van de stad Brussel, met een lengte van ongeveer vier kilometer, behoort tot het type omwallingen op booggewelven: een monument van aarde en steen. De funderingen bestaan uit vierhoekige zuilen, om de vier meter onderling verbonden door bogen. Het geheel is overdekt door een aarden talud. Bovenop het aarden *glacis* verheft zich een *courtine* of gordijnwal, op regelmatige afstanden voorzien van schietgaten en versterkt met een tweede reeks bogen die de bovenste weergang, beschermd door een gekanteelde borstwering, ondersteunt. Een veertigtal hoefijzervormige torens van waaruit men de gordijnmuur zijdelings kon controleren, vervolledigde de verdediging. De omwalling was doorstoken met zeven hoofd-

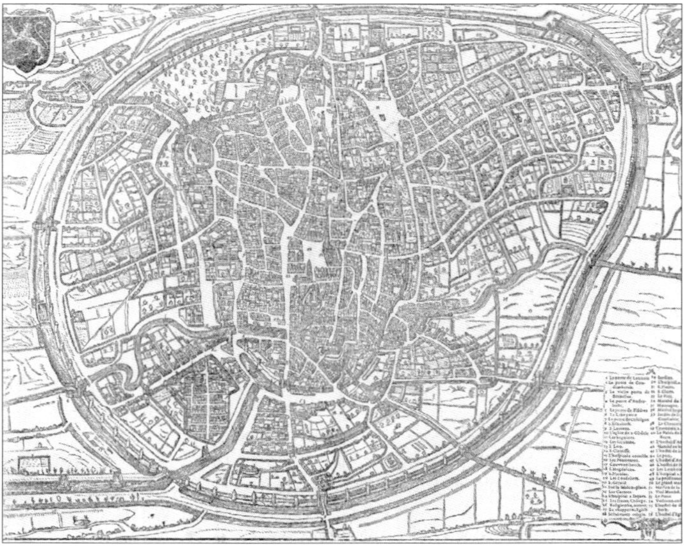

Plan van Brussel omstreeks 1575, waarop de twee stadsmuren te zien zijn. (Koninklijke Bibliotheek van België)

poorten en vijf kleinere poorten. Vóór de omwalling lag een brede gracht die in de benedenstad gevuld was met water.

Architectuur

Het verdedigingssysteem bestaat uit twee hoofdelementen: een gracht en een walmuur. De gracht is het slechtst gekende element en zijn voorkomen, nu eens droog, dan weer nat, varieerde van sectie tot sectie in functie van de topografie. De omwalling is een muur, gedeeltelijk bedolven onder een aarden wal (talud of aardeophoping), op regelmatige afstanden voorzien van torens en doorstoken met zeven poorten. De gebruikte materialen zijn blokken en breukstenen van Brusselse zandsteen of Lediaanse steen, gemetseld met mortel van een uitzonderlijke hardheid.

Het ingegraven gedeelte van de omwalling is samengesteld uit funderingszuilen met een doorsnede van ongeveer twee bij twee meter, die de aanzetten van de twee reeksen bogen steunen. De eerste reeks bogen, die de eigenlijke muur van ongeveer één meter dikte steunt, is eveneens bedekt met aarde. Deze funderingstechniek op bogen laat enerzijds toe om ondermijningswerken door eventuele belegeraars te verhinderen, en betekent anderzijds een besparing op materialen in vergelijking met een volle, doorlopende fundering. Maar bovenal verleent zo'n techniek een opmerkelijke stabiliteit aan het stenen bouwwerk en wordt tegelijkertijd de cohesie van de aarden wal optimaal verzekerd.

De bewaarde overblijfselen van de muur tonen het verschil in behandeling van de parementen van het metselwerk naargelang het gaat om een ingegraven gedeelte of om structuren die zich verheffen boven de aardeophoping. De top van de helling moest aan de binnenkant voldoende breed zijn om toe te laten langs de muur te lopen en om toegang te bieden tot de schietgaten, die op regelmatige tussenafstand uitgespaard waren ter hoogte van elke boog.

Een gekanteelde borstwering, bovenaan de muur, beschermde de weergang. Deze weergang steunde op de tweede reeks bogen, op haar beurt gesteund door een eerste reeks bogen, die rustte op de brugpijler. De brugpijler was met zand bedolven. Het aarden glacis – waarvan de hoogte moeilijk te schatten is – werd op het grondniveau van die tijd opgetrokken uit aarde, vrijgekomen bij het uitgraven van de gracht.

Over heel de omtrek van de wallen, op min of meer regelmatige intervallen, springen hoefijzervormige torens met open keel uit. Ze zijn op iedere verdieping voorzien van drie schietgaten: twee zijdelingse volgens de as van de wal die zij beschermen en een derde volgens hun symmetrieas. We kennen de poorten enkel via iconografisch bronnenmateriaal. Ze bestonden uit een overdekte doorgang tussen twee dicht bij elkaar liggende torens.

Datering

De moeilijkheid om de historische bronnen te interpreteren – in het bijzonder inzake de inkleuring van de termen die verondersteld worden een waarheidsgetrouw beeld van de stadsomwalling te schetsen – de afwezigheid van een volledige en vergelijkende architectuurstudie van de bewaarde overblijfselen en de povere archeologische opgravingsgegevens hebben lange tijd de vraag omtrent de chronologie van de 'eerste' omwalling onbeantwoord gelaten of, beter gezegd, voor meerdere hypotheses gezorgd.

Het herlezen van bepaalde archiefdocumenten, recente vruchtbare archeologische onderzoeken en een eerste ontwerp van vergelijkende studie laten vandaag toe om de bouw van de eerste omwalling te situeren in de eerste helft van de 13de eeuw. Meer dan waarschijnlijk is de beslissing voor de start van de bouwwerken, rond 1215, toe te schrijven aan Hendrik I, hertog van Brabant (1190-1235). De werken sleepten verschillende jaren, zelfs decennia aan, mogelijk zelfs tot het einde van de 13de eeuw.

Tracé

Het tracé van de eerste omwalling is perfect gekend dankzij de plannen uit de 16de eeuw die er nog een (bijna) volledig beeld van geven. Het is dus mogelijk om het parcours te projecteren op het plan van de huidige stad. Het tracé valt te verklaren in functie van twee principes. Enerzijds was het nodig om drie aan het begin van de 13de eeuw reeds bestaande ontwikkelingskernen in éénzelfde omwalling op te nemen: de haven aan de rand van de Zenne, het hertogelijk kasteel van de Coudenberg en de collegiale van Sint-Michiel-en-Sint-Goedele. Anderzijds waren het reliëf van de Zennevallei en de positie van de zijrivieren bepalend voor de manier waarop de drie genoemde sites verbonden zouden worden.

Overblijfselen

De overblijfselen van de eerste omwalling zijn niet onbeduidend: onderdelen van acht torens, twee poorten, een brug en een tiental brokstukken van de gordijnmuur. Al die overblijfselen zijn beschermd als monument maar jammer genoeg is er nog niets gebeurd inzake exploitatie of toegankelijkheid voor het publiek. Slechts drie restanten zijn rechtstreeks zichtbaar vanop de openbare weg.

De Anneessenstoren (of eenvoudigweg: de hoektoren) bevindt zich ter hoogte van de nummers 34 en 36 van de Keizerslaan. Hij diende als bijgebouw van de Steenpoorte, die zich aan de eigenlijke laan bevond toen de stadspoort werd omgebouwd tot gevangenis. Ze waren met elkaar verbonden door een doorgang uitkomend op de weergang. Het is waarschijnlijk daar dat François Anneessens werd opgesloten alvorens het schavot te beklimmen in 1719. De afbraakwerken met het oog op de realisatie van de spoorverbinding tussen Noord- en Zuidstation, die onder de laan loopt, hebben toegelaten om de toren en de twee brokstukken van de gordijnmuren die eraan vasthingen bloot te leggen.

De oorspronkelijke onderdelen van de toren bestaan uit blokstenen van zandsteenachtige kalkrots; de stukken in baksteen zijn van latere datum, namelijk het achthoekig torentje en de laatste verdieping onder dak. De gordijnmuren zijn volledig van de initiële aardewal ontdaan waardoor hun funderingsbogen zichtbaar worden. Deze situatie verstoort het totaalaanzicht van de toren aangezien het eerste niveau heel hoog schijnt, terwijl ons in feite een richtpunt voor het vroegere grondniveau ontbreekt. De toren is voorzien van vijf schietgaten met dubbele schuine insprongen en van zijdelingse doorgangen die via een uit de muur gehouwen trap toegang geven tot de weergang. Speciaal aan deze toren is dat het tweede niveau niet in openlucht ligt, maar overdekt is met een gewelf. Zijn bijzondere topografische ligging en het verschil op gebied van het verloop van de twee gordijnmuren verklaren dit tweeledig karakter.

De Villerstoren of Sint-Jacobstoren is een lange, afgebrokkelde gevel tussen de Cellebroers- en de Villersstraat. Aan de buitenkant van de muur zijn de gordijnmuren en de toren zichtbaar vanaf de binnenplaats van het Sint-Jorisinstituut (Cellebroersstraat 16).

De gordijnmuur draagt nog de sporen van zijn vroegere en volledige integratie in de structuur van de bebouwing: later toegevoegde vensters en opgevulde schietgaten. De grond aan de voet van de ommuring is erg uitgehold, waardoor de funderingsbogen van de onregelmatig gevormde gordijnmuur volledig zichtbaar zijn. Aan de binnenkant van de muur zijn enkel de gedeeltelijk verwoeste rondbogen die de weergang steunen zichtbaar vanaf de Villersstraat. De bogen zijn voorzien van nu afgesloten schietgaten, met afgeschuinde dagkanten en lateien op kraagstenen. De steunboog van de trap die naar de toren leidt is gedeeltelijk heropgebouwd.

De toren is typerend voor de torens van de Brusselse omwalling. Hij heeft één enkele bouwlaag met een stenen overwelving – een combinatie van tongewelf en halfcirkelvormig gewelf – alsook een openluchtplatform op het hoogste niveau, omgeven door een borstwering met kantelen en uitgerust met schietgaten en schietterras. De beide verdiepingen zijn voorzien van één centraal en twee zijdelingse schietgaten. De toegang tot deze twee niveaus werd verzekerd via zijdelingse trappen die eveneens naar de omlopen van de gordijnmuren leidden. Het dient vermeld dat de bekroning van de toren en van de gordijnmuren gerestaureerd werd op het einde van de jaren 1950 en dus niet als authentiek beschouwd mag worden.

De Zwarte Toren bevindt zich op het Sint-Katelijneplein, achteraan de kerk. In 1887, ten tijde van de afbraak van de Zwarte-

Lieve-Vrouwwijk, werd de toren volledig vrijgewerkt uit de constructies die hem bijna onzichtbaar hadden gemaakt. Men wou hem eerst slopen, maar onder impuls van burgemeester Karel Buls stemde de gemeenteraad uiteindelijk in met de heropbouw in 1888-1889. Stadsarchitect P. Jamaer restaureerde hem in zijn veronderstelde 16de-eeuwse staat. Hij verving de puntgevel door een trapgevel met vijf knikken, reconstrueerde het vooruitstekend gedeelte van het kegelvormige dak op kraagstenen en plaatste er een windwijzer op. Hij voorzag de afgeronde zijde en de centrale schietopeningen aan de buitenkant opnieuw van witte steen van hetzelfde type als de oorspronkelijke Lediaanse steen.

De tweede omwalling

In 1357 werd met de bouw van de tweede omwalling gestart, een voorzorgsmaatregel na de belegering van Brussel door de troepen van Lodewijk van Male, graaf van Vlaanderen, in 1356-1357 – hoewel de eerste omwalling zelfs niet te pas was gekomen aan het beleg. In 1356 rukten de Brusselse troepen immers uit naar de Vlaamse troepen, buiten de stad, op het plateau van Scheut, tussen Anderlecht en Molenbeek. Het is daar dat zich het gevecht afspeelde, en niet aan de voet van de stadsmuren.

De nieuwe omwalling werd niet voltooid vóór het einde van de 14de eeuw en misschien zelfs pas in de daaropvolgende eeuw. Het grondgebied van de stad *intra muros* werd er aanzienlijk door vergroot en ging van tachtig naar vijfhonderd hectare, voor een stadsmuuromtrek die toenam van vier tot acht kilometer. Tijdens de 16de, 17de en nog in de eerste helft van de 18de eeuw werd de tweede omwalling aan de buitenzijde versterkt met een hele reeks bastions, bedoeld om de middeleeuwse vestingbouw aan te passen aan de nieuwste ontwikkelingen inzake belegeringsgeschut. Uiteindelijk werd vanaf eind 18de eeuw van start gegaan met een systematische afbraak, die eindigde kort na de Belgische Revolutie. Vrij spoedig werden er brede ringlanen aangelegd. Dat verklaart waarom de overblijfselen van de tweede omwalling minder talrijk zijn dan die van de eerste: enkel de Hallepoort rest ons nog.

In 1839 stelde men voor om van de Hallepoort een museum te maken en architect Suys werd belast met de restauratie. Aan hem danken we de zes neogotische vensters in de voorgevel aan de stadszijde. In 1860 deed men een beroep op architect Henri Beyaert om het museum te moderniseren. Beyaert loste het probleem van de toegang tot de verschillende niveaus op door de toevoeging van een monumentale wenteltrap in een grote toren. Deze laatste werd geïntegreerd in een nieuwe voorgevel, geplaatst tegen het oorspronkelijke gebouw aan de stadszijde. De weergang, de zolder, het gebinte en de dakbedekking hebben we eveneens aan hem te danken. In dit museum huisde tot 1976 de verzameling wapens en wapenrustingen van de Koninklijke Musea voor Kunst en Geschiedenis.

De in 1990-1991 uitgevoerde restauratie heeft aangetoond dat de Hallepoort een groot deel van haar oude structuur had behouden. Aan de kant van Sint-Gillis werd ten tijde van de parkaanleg in 1998, de toegangsvoorziening, voorafgegaan door een duiker die een versperring vormde op de grachten, duidelijk herkenbaar blootgelegd. Jammer genoeg is het gebouw sedert verscheidene jaren weer gesloten voor het publiek.

De Zwarte Toren in zijn nieuwe omgeving.
(Brussels Hoofdstedelijk Gewest, foto: M. Vanhulst)

Bibliografie

Billen, C. en **Duvosquel, J.-M.**, *Brussel*, Steden in Europa 1, Antwerpen, 2000.
Blanquart, P., Demeter, S., De Poorter, A., Massart, C., Modrie, S., Nachtergael, I. en **Siebrand, M.**, *Rond de eerste stadsomwalling*, Archeologie in Brussel 4, Brussel, 2001 ().
De Waha, M. en **De Poorter, A.**, 'Een historisch symbool te Brussel: de Hallepoort', in *Tijdschrift van het Gemeentekrediet*, 182, 1992/4, p. 30-35.
Licoppe, C., *De eerste omwalling*, Brussel, Stad van Kunst en Geschiedenis 29, Brussel, 2001.
Martiny, V.G., *Bruxelles. Architecture civile et militaire avant 1900*, Braine-l'Alleud, 1992.

HET KASTEEL VAN BEERSEL EVOLUTIE VAN DE MIDDELEEUWSE BURCHT ALS WONING EN ALS VERSTERKING

HUGO CASAER • FRANS DOPERÉ

Een motte met donjon?

De heren van Beersel worden vermeld vanaf de tweede helft van de 12de eeuw. In het huidige kasteel komen echter geen zichtbare elementen voor die uit die vroege periode stammen. Alleen de circulaire structuur van het bakstenen kasteel verwijst mogelijk naar een oudere voorganger. Die zou dan bestaan hebben uit een circulaire aarden motte (kunstmatig opgeworpen heuvel) met in het midden een stenen of een houten donjon. De defensieve karakteristieken van zo'n burchttype lagen deels in de moeilijk te beklimmen helling van de aarden motte en deels in het torenvormig karakter van de woning. Een motte wordt over het algemeen opgetrokken uit de aarde afkomstig uit de circulaire gracht eromheen, die tevens bijdraagt tot de defensieve kwaliteiten van de burchtsite.

Waarop berust nu de hypothese om in het huidige kasteel van Beersel een oudere mottestructuur te zien? Er is enerzijds de oudere oorsprong van de heren van Beersel en anderzijds de circulaire structuur van het kasteel met binnenkoer die nog steeds enigszins hoger ligt dan het omliggende terrein. De binnenkoer zou dan het gevolg kunnen zijn van het afvlakken van de oudere motte.

Andere cirkelvormige burchten die waarschijnlijk teruggaan op een oudere motte, zijn het kasteel van Gaasbeek, waar de motte nog gedeeltelijk bewaard is, en het kasteel van Laarne bij Gent. Andere voorbeelden van gelijkaardige structuren vinden

Het kasteel van Beersel. (foto: Karel Tomeï)

we onder meer ook in Nederland (Batenburg, midden 14de eeuw; Bergh, begin 14de eeuw; Hom, 13de eeuw; Waardenburg, tweede helft 13de eeuw). In het kasteel Bergh werd in het midden van de binnenkoer een cirkelvormige donjon opgegraven. Deze hypothese zal voor Beersel grondig worden getoetst tijdens het archeologisch onderzoek dat de geplande restauratie van het kasteel zal voorafgaan.

De circulaire stenen burcht

Vanaf 1303 worden de eerste heren van Beersel opgevolgd door Godfried van Helleke (of Van Heelbeek?), drossaard van Brabant. Tijdens het derde kwart van de 14de eeuw kwam het goed in het bezit van de Witthems. Hoewel men tot voor kort aannam dat het grootste gedeelte van het huidige kasteel reeds was opgetrokken in het begin van de 14de eeuw, heeft recent historisch onderzoek uitgewezen dat de oorspronkelijke circulaire burcht met drie torens pas in het begin van de 15de eeuw werd gebouwd. Deze eerste, hoofdzakelijk bakstenen, burcht bestaat uit een vrijwel cirkelvormige walmuur, op drie plaatsen versterkt door een D-vormige toren. De bakstenen van de eerste bouwcampagne zijn groot en goed gevoegd. Voor de onderbouw, de hoekkettingen, de venster- en deuromlijstingen en de schietgaten werd Lediaanse steen gebruikt. De aangewende steenhouwtechniek laat gemakkelijk toe de elementen van de eerste bouwfase te onderscheiden van latere elementen of van verbouwde onderdelen.

De noordelijke toren bevat de ingang van de burcht, vandaag weliswaar in verbouwde toestand. Het circulaire grondplan van het kasteel vertoont een belangrijke afwijking ter hoogte van de ruïnes van de woonvleugel. Het rechte verloop van de walmuur op die plaats kan worden verklaard door de bouw van de huidige woonvleugel, en dan is hij waarschijnlijk niet ouder dan het begin van de 16de eeuw. Het kan echter ook het gevolg zijn van het voorafbestaan van een oudere woonvleugel, namelijk een zaalgebouw met *camera* en aula, mogelijk ook een *turris* en een *capella*. Een gelijkaardige 15de-eeuwse woonkern werd door L. Declercq geïdentificeerd in het kasteel van Horst. Het geplande archeologisch onderzoek in Beersel voorziet trouwens eveneens in een grondig onderzoek van dit gedeelte van de burcht.

De westelijke walmuren zijn gebouwd zoals de meeste stadsmuren: een buitenmuur waartegen aan de binnnenzijde een aantal rondbogen werden opgetrokken en waarop de eigenlijke weergang rust. Onder de rondbogen zijn afwisselend kruisvormige schietgaten en rechthoekige venstertjes met zitbankjes uitgespaard. Ze laten toe vanaf de binnenkoer of van in een (nu verdwenen) gebouw binnen tegen de walmuur de westelijke gracht te bestrijken. In dit oudste gedeelte van het kasteel zijn nog geen voorzieningen voor het schieten met vuurwapens.

De enige toren die nog grotendeels dateert uit de eerste fase, is de westelijke; het bakstenen metselwerk van de toren loopt gewoon dóór in de beide aanpalende muren. De toren omvat nu nog drie niveaus uit het begin van de 15de eeuw: een benedenverdieping, een eerste en een tweede verdieping. De kruisvormige schietgaten hebben onderaan een spadevormige verbreding. De schietgaten wisselen meestal af met rechthoekige vensters met zitbanken, wat volledig overeenkomt met de schikking in de aanpalende walmuren. De latrines behoren tot het type met vierkante schacht in de muurdikte. Onderaan de muur wordt het materiaal via een opening onder de waterspiegel geëvacueerd in de slotgracht.

Tijdens de belegering en de vernieling van de circulaire burcht in 1488-1489 en de daaropvolgende wederopbouw in 1491, verleenden de Brusselaars steun aan de opstand van Filips van Kleef tegen Maximiliaan van Oostenrijk, terwijl Hendrik III van Witthem trouw bleef aan zijn leenheer en Beersel door zijn zoon liet verdedigen. Na een mislukt beleg in 1488, slaagden de Brusselaars in 1489 erin het kasteel grondig te vernielen dankzij de artillerie die door de Franse koning ter beschikking was gesteld. Volgens de stand van het (nog lopende) onderzoek zou de poorttoren toen vrijwel volledig vernield zijn, met uitzondering van wat muurwerk op de gelijkvloerse verdieping, met de schietgaten aan weerszijden van de ingang. Ook de zuidertoren was praktisch totaal vernield, evenals een eventueel bestaand woongebouw tegen de zuidelijke walmuur. Vanaf 1491 en in het begin van de 16de eeuw werd de burcht weer opgebouwd.

Tijdens die tweede bouwfase werden kleinere bakstenen in kruisverband gemetseld met een zeer harde mortel. Waarschijnlijk beantwoordt de tweede fase aan de wederopbouw van de burcht na de gebeurtenissen van 1488-1489. De volledige ingang in de noordelijke toren werd gewijzigd. Hij bestaat nu uit een gereconstrueerde houten vaste brug en ophaalbrug, een doorgang met valhek en bewaarde houten poort, een vernieuwd bakstenen tongewelf met werpgat en een rondboog in Lediaanse steen aan de kant van de binnenkoer. Het valhek en het werpgat werden bediend vanaf de eerste verdieping. Daaruit kan dus worden besloten dat de ingang van de burcht toen haast volledig gecontroleerd werd vanaf de eerste verdieping van de poorttoren. Die toren werd vrijwel compleet wederopgebouwd vanaf de eerste verdieping.

De zuidertoren telt evenveel niveaus als de andere torens. Uit het bakstenen metselwerk en uit de gebruikte steenhouwtechnieken kan worden afgeleid dat hij grotendeels werd wederopgebouwd. Op de benedenverdieping komen schietgaten voor met ronde opening voor vuurmonden. De ijzeren steun met ring diende voor de fixering en ondersteuning van de loop van het kanon. De schietspleten zijn eveneens voorzien van vizieropeningen. In één van de schietgaten hangt nu nog een ijzeren kanon. De trap naar de verdiepingen verschilt van die in de twee andere torens: geen wenteltrap, maar rechte steektrappen, uitgespaard in de muurdikte. Op de eerste verdieping bevindt zich een kruisribgewelf dat tijdens de werken vanaf 1927 werd gerestaureerd; daarbij zette men de sluitsteen, die toen op de grond lag, opnieuw op zijn plaats. Een grote verticale barst, zichtbaar aan de buitenzijde van de toren, en een uitstulping naar binnen toe op alle verdiepingen suggereren het bestaan van een latrineschacht op die plaats. Andere latrines ontbreken overigens op alle verdiepingen van deze toren. De goede bewoonbaarheid van de verschillende verdiepingen met overal

Het kasteel van Beersel (foto: Karel Tomeï)

voldoende licht (vensters) en warmte (schouwen) maakt het bestaan van latrines uiterst waarschijnlijk.

Alle torens en ook de weermuren zijn bovenaan voorzien van een lichte uitkraging op kraagstenen in Lediaanse steen waarin op regelmatige afstanden kleine werpgaten of *mezekouwen* zijn aangebracht, waarschijnlijk daterend van de wederopbouwperiode na 1491.

We bespreken hier niet de bekroningen van de torens met uitkraging en trapgevels aan de binnenzijde omdat die allemaal gereconstrueerd werden tijdens de gedeeltelijke restauratie van de burcht na 1927. Archeologische beschouwingen zijn hier dan ook niet aan de orde.

De burcht van Beersel is een anachronistische constructie, die nog volledig is geconcipieerd in functie van een verdediging met boog en kruisboog. Het verschijnen van de artillerie in het midden van de 14de eeuw had nochtans een hele ommekeer teweeggebracht in de bouw van burchten en stadsvestingen. Zo werd er veel meer gebruikgemaakt van aarden wallen. De stenen muren van burchten en vestingen waren veel dikker dan vroeger en bleven laag – om beter bestand te zijn tegen het artillerievuur. De versterkingen werden voorzien van kanongaten, artillerieplatforms, bastions enzovoort. In Beersel zijn de walmuren en de torens daarentegen veel te hoog. Geen enkele constructie uit het begin van de 15de eeuw vertoont kanongaten, hoewel de artillerie toen reeds een halve eeuw bestond. Alleen de wederopgebouwde zuidertoren vertoont kanongaten op de benedenverdieping.

Toch is de toren niet uitgerust voor het actief schieten aangezien er nergens rookkanalen zijn voorzien om de geschutsruimte te verluchten. Een echt gevecht met kanonnen was dan ook moeilijk gedurende lange tijd vol te houden, zelfs in deze toren. Dergelijke anachronistische constructies komen in onze gewesten vrij frequent voor op het einde van de Middeleeuwen. De aantrekkingskracht van het toreneffect van een burcht blijft blijkbaar nog lang in de mode, zelfs al brengt men toch in beperkte mate kanongaten aan.

Bewaring van het kasteel

Op initiatief van de Beerselse burgemeester Hugo Casaer kwam het kasteel van Beersel, bij velen in de eerste plaats bekend via de *Suske en Wiske*-verhalen van Willy Vandersteen, opnieuw in de belangstelling: vooreerst door de jaarlijkse Vlaams-Europese Kasteelfeesten (in 2002 al aan de achtste editie toe) in het kader van de Elfdaagse 'Vlaanderen-Europa – Vlaanderen feest'; daarnaast ook door het afsluiten van een erfpachtovereenkomst met de eigenaar van het kasteel, de Koninklijke Vereniging der Historische Woonsteden van België, die ertoe geleid heeft dat het gemeentebestuur nu het kasteel kan beheren en het startsein kon geven voor de renovatie.
De tijdelijke vereniging Studiegroep Restauratie Kasteel van Beersel, met architectenbureau Karel Breda, studiebureau D+A Consult, bouwhistoricus Lode Declercq, doctor in de kunstgeschiedenis Michel de Waha en doctor in de wetenschappen Frans Doperé, aangesteld na een algemene offerteaanvraag, werkt momenteel haar voorstellen uit. Het gemeentebestuur heeft intussen een fonds van ruim 557 000 euro (22,5 miljoen BF) samengesteld voor een eigen bijdrage in de kosten, naast de verhoopte subsidies voor de renovatie.

Bibliografie

Declercq, L., *Kasteel van Horst, Holsbeek Sint-Pieters-Rode. Bouwhistorisch onderzoek*, Antwerpen, s.d. [2001].

De Maegd, C. en **Van Aerschot, S.**, *Inventaris van het cultuurbezit in België*, Architectuur, deel 2, Vlaams Brabant, Halle-Vilvoorde, Gent, 1975, p. 27-32.

De Waha, M., 'Beersel', in **L.F. Genicot**, *Het groot kastelenboek van België. Burchten en hoevekastelen*, Brussel, 1976, p. 52-55.

De Waha, M., 'Beersel et l'intérêt qu'il suscite au dix-neuvième siècle chez A. Orts, A. Wauters et C. Buls', in *La Maison d'Hier et d'Aujourd'hui*, 25, maart 1975, p. 49-60.

De Waha, M., *Un château brabançon: Beersel*, onuitgegeven licentiaatsverhandeling, ULB, Brussel, 1973. Door de Klasse der Schone Kunsten van de Koninklijke Academie van België bekroond op voordracht van V.O. Martiny, I. Vandevivere en mevr. O. Fiader-Feytmans, 1979 (zie *Bulletin de la Classe des Beaux-Arts de l'Académie Royale de Belgique*, 5 s., LXI, 1979, p. 191-193).

De Waha, M., 'Un document remarquable sur le château de Beersel. Les relevés de Léopold Buysschaert (1888)', in *La Maison d'Hier et d'Aujourd'hui*, 44, 1979, p. 22-37.

De Waha, M., 'Les traces du bombardement de Beersel en 1489',

in *Château-Gaillard, Etudes de castellologie européenne*, XIX, Colloque de Graz, août 1988, Université de Caen, Centre d'Etudes médiévales, 2000, p. 105-113.
Doperé, F., *De burcht van Beersel. Bouwhistorisch onderzoek. Preliminair verslag*, 3-9-2001.
Franssens, M., 'Het kasteel van Beersel', in *Brabant*, 6, 1989, p. 17-20.
Van Hemelrijck, M., *De Vlaamse krijgsbouwkunde*, Tielt, 1950, p. 88-90.

HET STEEN
EENZAAM RELICT VAN DE ANTWERPSE BURCHT

JOHAN VEECKMAN

In het huidige stadsbeeld neemt het Antwerpse Steen een prominente plaats in op het kadeplateau, langsheen de Schelde, pal in het centrum van de oude stad. Bezoekers identificeren het gebouw met zijn donkere muren, sporen van schietgaten en gekanteelde tinnen spontaan als een vrijstaand kasteel. Die misleidende interpretatie is het gevolg van belangrijke urbanisatiewerken op het einde van de 19de eeuw. Om economische redenen sloopte men tussen 1883 en 1885 een groot deel van de middeleeuwse stadskern. Duizenden woningen werden met de grond gelijkgemaakt om een mooie rechte kade en een breed plateau met voldoende stapelruimte te realiseren. Ook de sloop van het Steen stond ter discussie. De *petite histoire* wil dat slechts één stem in de gemeenteraad het gebouw van de slopershamer redde.

Overzichtsfoto van het Steen en de Scheldekade.

Het ontstaan van de middeleeuwse stad

Dat de omgeving van het huidige Steen een geschikte locatie voor bewoning was, mag blijken uit de sporen van een Gallo-Romeinse nederzetting die in de 2de en 3de eeuw ongeveer op dezelfde plaats bloeide. Of de plek ook in de vroege Middeleeuwen bewoond was, valt te betwijfelen. Alhoewel een vroegmiddeleeuws Antwerpen uit historische bronnen bekend is, werd tot op heden geen enkel archeologisch spoor uit die periode van de Antwerpse geschiedenis gedocumenteerd. Wanneer de Noormannen in 836 Antwerpen met een bezoek vereren en de *Andwerpam civitatem* in brand staken, kwam waarschijnlijk een einde aan de toenmalige bewoningskern.

Na de inval van de Noormannen ontwikkelde zich ten noorden van het Steen een nieuwe nederzetting. Archeologisch onderzoek toonde in de jaren 1950 aan dat het gebied in de 10de of mogelijk al op het einde van de 9de eeuw bewoond was. Omstreeks 900 werd Antwerpen als *vicus* in een geschreven bron vermeld. Die benaming verwijst meestal naar een (niet-versterkte) nederzetting met stedelijk karakter. De vroegste bewoningsfase, waarvan op het kadeplateau de resten opgegraven werden, dateert mogelijk uit die periode.

Binnen de nederzetting ontwikkelde zich langsheen twee haaks op elkaar staande straten een aaneengesloten bewoningspatroon. Aan de zuidkant werd het gebied begrensd door het Steen en ten noorden door het huidige Noorderterras; stadinwaarts verwijst de huidige Burchtgracht nog steeds naar de begrenzing van de middeleeuwse bewoningszone. Waarschijnlijk had de nederzetting tegen het einde van de 10de eeuw de vorm van een halfronde burcht met een oppervlakte van ongeveer 2,5 hectare, omgeven door een aarden omwalling en sloot ze aan op de Schelde. De aarden omwalling werd reeds twee keer aangesneden. Een eerste maal bij werken ter hoogte van de Zakstraat in 1887 en een tweede maal bij het archeologisch onderzoek op het kadeplateau in de jaren 1950. Volgens onderzoeker A.L.J. van de Walle was op de aarden omwalling nog een houten palissade geplaatst. In 980 werd Antwerpen in historische bronnen voor het eerst opnieuw als *castrum* vermeld, wat duidelijk op een versterkt karakter wijst.

Van versterking van de Duitse rijksgrens tot stedelijk symbool

De ontwikkeling van de nederzetting Antwerpen tot een versterkte burcht kwam vanaf 980 in een stroomversnelling terecht. Na de verdeling van het Karolingische rijk in 843 vormde de Schelde de grens tussen Frankrijk en het Duitse rijk. In het kader van de verdediging van de westelijke rijksgrens tegen Frankrijk en het graafschap Vlaanderen in het bijzonder, bouwde de Duitse keizer Otto II de plaatsen Valenciennes, Ename en Antwerpen uit tot het versterkt centrum van een militair grensgebied of markgraafschap. In Antwerpen gebruikte men daarbij de bestaande (versterkte) nederzetting als basis.

Oorspronkelijk bevond zich binnen de burchtzone geen kerk, maar maakten de bewoners gebruik van de meer zuidelijk gelegen Sint-Michielskerk. Waarschijnlijk werd binnen de burcht op het einde van de 10de of het begin van de 11de eeuw een bedehuis als castrale kapel opgericht, gewijd aan de Heilige Walburga. De oorspronkelijke (houten?) kapel werd in de 12de eeuw vervangen door een Romaans gebouw, dat op zijn beurt in 1499 onder leiding van Herman de Waghemakere uitgebouwd werd tot een grote gotische kerk. Ze werd in 1817 grotendeels afgebroken en het resterende deel brandde af in 1866.

Mogelijk verhinderde de sterk ontwikkelde burgerlijke nederzetting binnen het burchtgebied de uitbouw tot een zwaar gemilitariseerd geheel. Hoewel er typische castrale elementen als een verblijfplaats van de markgraaf en een vierschaar aanwezig waren, valt op dat die elementen minder omvangrijk of belangrijk zijn dan bij andere vorstelijke burchten. Archeologisch onderzoek toonde niet duidelijk aan of onder het huidige Steen een oudere voorganger als verblijfplaats van de markgraaf geïdentificeerd kan worden. Mogelijk bouwde men het huidige Steen pal bovenop het oorspronkelijke gebouw. In ieder geval mogen we aannemen dat binnen de burcht een verblijf voor de markgraaf, een gebouw voor administratieve, gerechtelijke en bestuurlijke doeleinden en een religieus centrum lagen.

In 1055 werd de Antwerpse burcht omsingeld door de troepen van de Vlaamse graaf, Boudewijn V, als vergelding voor een inval van de Antwerpse markgraaf op Vlaams gebied. Het was één van de weinige keren dat de Antwerpse burcht zijn militaire functie als verdediging ten volle kon waarmaken. Wanneer het markgraafschap Antwerpen in 1106 definitief bij het hertogdom Brabant gevoegd werd, betekende dat praktisch gezien het einde van het gebied als militaire grensmark. Het militair-strategisch belang van Antwerpen betekende voor de stad in ieder geval een belangrijke stimulans voor de ontwikkeling als handelsplaats. In het begin van de 12de eeuw werd Antwerpen als *portus* of *emporium* genoemd, wat duidelijk op het commerciële karakter wijst.

In de 11de en 12de eeuw ontwikkelde de bewoning zich ook buiten de burcht. Belangrijke resten hiervan werden onder meer bij archeologisch onderzoek op de Guldenberg aangetroffen. De burcht behield echter zijn militair karakter en in het begin van de 13de eeuw werden de aarden wallen vervangen door een stenen ommuring. Hiervoor werd kalksteen uit het Doornikse aangevoerd, in de Middeleeuwen het bouwmateriaal bij uitstek voor belangrijke openbare en religieuze gebouwen en verdedigingswerken. De middeleeuwse onderbouw van het Steen in Doornikse kalksteen is duidelijk te onderscheiden van de zandstenen bovenbouw uit de 16de eeuw.

Bij het Vleeshuis blijven nog wat resten van de middeleeuwse ommuring in het hedendaags stadsbeeld bewaard. Het grootste deel van de versterking werd echter in 1883 bij het rechttrekken van de Scheldekade gesloopt. De muur was waarschijnlijk zo'n tien tot twaalf meter hoog en voorzien van een tiental halfronde torens, en toegangspoorten aan de noord- en zuidkant. De laatstgenoemde poort was niet meer of niet minder dan het oorspronkelijke Steen, dat als een poortgebouw geïdentificeerd kan worden. Aan de buitenzijde van de burchtmuur bevindt zich in het 16de-eeuws metselwerk boven de toegang tot het Steen een merkwaardig beeldje met een onduidelijke datering. Het stelt de godheid Priapus voor (ook wel Semini genoemd), met opgerichte fallus. De fallus is sinds lang verdwenen; volgens de traditie werd dit vruchtbaarheidsbeeldje in 1587 door de jezuïeten verminkt.

Aan de buitenzijde van de muren zorgde een brede gracht, de Dilf, voor extra beveiliging. Tot in de 14de eeuw werd aan de verdieping en verbreding van deze watergordel gewerkt. Hoewel de burcht een imposante verdediging vormde en in troebele tijden een toevluchtsoord voor de bevolking was, moet het militair-strategisch belang gerelativeerd worden. Vóór 1200 was de vroegstedelijke nederzetting aan de voet van de burcht op zijn beurt omgeven door een watergordel, die fungeerde als een vooruitgeschoven verdedigingslinie. Het stedelijk gebied was toen zo'n twintig hectare groot. De burcht geraakte steeds meer ingesloten in de stedelijke bebouwing.

Terwijl de meeste Brabantse steden reeds in de loop van de 12de eeuw een eerste omwalling bouwden, duurde dat in Antwerpen tot omstreeks 1200. De politieke gebeurtenissen en de groeiende bevolking vormden de belangrijkste aanleiding. De dertig hectare grote stad werd nu omgeven door een aarden omwalling met aan de buitenzijde een watergordel en op de belangrijkste uitvalswegen stenen poorten. Behalve aanduidingen in de straatnamen – denk maar aan de straten met vliet-, vest- of ruisuffixen – is van die verdedigingswerken in het huidige stadsbeeld niets meer te merken. Ook archeologisch onderzoek leverde tot op heden geen informatie over deze stadswallen.

De uitbouw van de stad tot een veilig, met stevige muren omgeven, geheel maakte het militair nut van de oorspronkelijke burcht steeds kleiner – op het deel van de burchtmuur na, dat langsheen de Schelde geïncorporeerd werd in de globale stadsomwalling. Het was de Antwerpenaren vanaf 1272 toegestaan om voor burgerlijke doeleinden op en langs de burchtmuur te bouwen. Hoewel van weinig militair nut, bleef de burcht een belangrijke symbolische rol spelen op het politieke vlak. Meer dan eens vormde de burcht een element in conflicten tussen de naar meer onafhankelijkheid strevende stedelijke overheid en de hertog die het centraal gezag vertegenwoordigde. Onder de regering van Maximiliaan van Oostenrijk en Maria van Bourgondië kwam er in 1481 eindelijk een oplossing voor het burchtconflict: de burchtgracht werd afgestaan aan de stad, op voorwaarde dat ze uitgebouwd zou worden tot een nieuwe haven.

Het Steen als gevangenis

Bij het begin van de 14de eeuw kreeg het Steen een nieuwe functie, die het eeuwenlang zou behouden, namelijk die van gevangenis. In 1303 was Antwerpen in een conflict met Mechelen verwikkeld. Na een treffen op de Schelde werden tal van Mechelaars gevangengenomen en in het Steen opgesloten. Het is de eerste vermelding van het Steen als gevangenis. Het gebouw voldeed uitstekend als huisvesting voor krijgsgevangenen en politieke delinquenten. Volgens de Antwerpse costuymen, het lokale gewoonterecht, hadden de stedelingen zelfs het expliciete recht om enkel in het Steen opgesloten te worden.

Hoofd van het Steen was de steenweerder, bijgestaan door een aantal helpers, de cipiers. De steenweerder huurde het gebouw van de stedelijke overheid en verhaalde de kosten op de gevangenen. Dat de steenweerder er een behoorlijke levensstandaard op nahield, bleek uit het archeologisch onderzoek van een afvalput, waarin huishoudelijk afval uit de tweede helft van de 16de eeuw en het begin van de 17de eeuw werd teruggevonden. In de veronderstelling dat het afval inderdaad aan de steenweerder toebehoorde, had die de beschikking over luxueuze huisraad, vergelijkbaar met andere welgestelde burgers uit die tijd.

Een reglement uit 1539 geeft een goede kijk op het reilen en zeilen in het Steen. Wie opgesloten werd, moest niet alleen bij intrede een vast bedrag ophoesten, maar ook een dagelijks onderhoudsgeld. Maaltijden moesten eveneens betaald worden. (Tijdens het eten was het overigens verboden onbetamelijke woorden te gebruiken of te vloeken...) Om 8 uur 's avonds gingen de gevangenen slapen en om 8 uur 's ochtends stonden ze op. Iedereen was verplicht dagelijks de mis bij te wonen. Om een grotere financiële zekerheid te verkrijgen eiste de steenweerder in 1735 een jaarlijkse bezoldiging.

Over het uitzicht en de opbouw van het middeleeuwse gebouw zijn we slecht ingelicht. Er bestaan immers geen afbeeldingen of plannen van. In 1520 werd het gebouw opgeknapt en verbouwd onder leiding van de architecten Domien de Waghemakere en Rombout Keldermans, bekend als bouwmeesters van vele belangrijke openbare en religieuze gebouwen in het hertogdom Brabant. Het huidige gebouw is in grote lijnen terug te voeren tot deze bouwcampagne. Onder meer de vooruitspringende *loggia* boven de toegangspoort dateert uit die periode. Ze is versierd met het keizerlijk wapen, de wapenschilden van Bourgondië en de spreuk *Plus oultre*. Op drie kleinere schilden staan de wapens van Brabant, Antwerpen en het markgraafschap. Het gebouw bestaat uit vier vleugels rond een kleine binnenplaats.

De cellen voor de gevangenen lagen verspreid over het hele gebouw, zowel op de benedenverdieping als op de bovenverdiepingen en de kelder. Boven de hoofdingang bevond zich de kapel met een altaar en een communiebank. Prestige en financiële draagkracht bepaalden mee de plaats van opsluiting, gaande van een comfortabele individuele ruimte tot een gemeenschappelijke cel in de kelder. Twee kamers waren voorbehouden voor de opsluiting van vrouwen. Het Steen was nooit in gebruik als strafgevangenis, maar veeleer als plaats, waar men in voorlopige hechtenis werd ondergebracht in afwachting van een proces. De populatie bestond uit verdachten die op een veroordeling wachtten, personen die hun schulden niet konden betalen, krijgsgevangenen die wachtten op de betaling van een uitleveringssom en daders van kleine delicten waarvoor geen specifieke strafbepaling bestond. De gemiddelde verblijfsduur in het Steen was zeer kort, variërend van één week tot zes maanden.

Van gevangenis tot scheepvaartmuseum

Ook in de Franse en Nederlandse periode bleef het Steen als gevangenis in gebruik. De stad kreeg een jaarlijks huurgeld om het gebouw te onderhouden. In 1826 kwam het Steen na een proces echter in handen van de staat, die het verkocht aan een handelaar. Met het oog op het historisch karakter van het monument kocht de stad het in 1842 opnieuw aan. Om het Steen van verder verval te vrijwaren, richtten de schilders Hendrik Leys en Nicaise de Keyser, samen met andere vooraanstaanden, een oproep tot het stadsbestuur. De gemeenteraad besloot hierop in 1862 om er een oudheidkundig museum in onder te brengen, waardoor het gebouw voor het eerst een museale functie kreeg.

De Antwerpse burcht: 19de-eeuwse situatie voor het rechttrekken van de Scheldekade

1. het Steen
2. de middeleeuwse burchtmuur
3. de Sint-Walburgiskerk
4. het Vleeshuis
5. de huidige Scheldekade
6. de rooilijn van de huizen langsheen de huidige Jordaenskaai en Ernest Van Dyckkaai

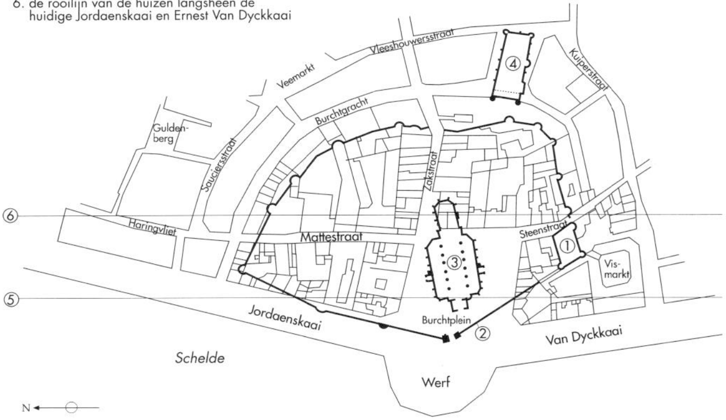

De rechttrekking van de Scheldekade vormde een nieuwe bedreiging voor het monument. De economische expansie kreeg voorrang op het historisch en bouwkundig patrimonium. Na de documentatie van de belangrijkste elementen binnen de burcht, ging een groot deel van de oude stadskern volledig tegen de vlakte. Slechts een klein stuk van de middeleeuwse burchtmuur en het Steen bleven gespaard. Stadsarchitect Truyman ontwierp in 1890 plannen om aan de noordzijde van het Steen in een historiserende stijl – typisch voor die periode – een stuk bij te bouwen, waarin enkele nieuwe museumzalen werden ingericht. Aan de oostzijde werd terzelfdertijd een portierswoning opgetrokken in de vorm van een donjonachtig bouwsel. Ook de pseudo-weergang boven de toegangspoort tot de burcht dateert uit deze verbouwingsfase.

Op 6 februari 1936 werd het Steen, samen met een aantal andere belangrijke Antwerpse gebouwen zoals het stadhuis en de kathedraal, bij koninklijk besluit tot monument verklaard. Het gaat hierbij om de eerste reeks beschermingen voortvloeiend uit de wet op het behoud van monumenten en landschappen van 1931. Na de Tweede Wereldoorlog vatte de stad Antwerpen het plan op om alle maritieme collecties samen te brengen en in het Steen een museum voor de scheepvaart op te richten. In 1952 werd het Steen als Nationaal Scheepvaartmuseum voor het publiek opengesteld. Om de mogelijkheden van het gebouw te vergroten, bouwde men tussen 1953 en 1958 een vleugel bij, waarvoor een gedeelte van de eind-19de-eeuwse verbouwing van eind 19de eeuw moest wijken. Enerzijds gaf de verbouwing de kans om archeologisch onderzoek uit te voeren, anderzijds verdwenen opnieuw enkele nog resterende historische elementen van de middeleeuwse burcht.

Bibliografie

Callebaut, D., 'Enige suggesties in verband met het Xde- en XIde-eeuwse Antwerpen', in **E. Warmenbol** (red.), *Het ontstaan van Antwerpen. Feiten en Fabels*, Antwerpen, 1987, p. 185-195.

Van de Walle, A.L.J., 'Het bodemonderzoek in het centrum van de stad Antwerpen', in **J.G.N. Renaud** (red.), *Rotterdam Papers. A contribution to medieval archaeology*, Teksten van lezingen, gehouden tijdens het symposium 'Middeleeuwse archeologie in oude binnensteden te Rotterdam, Schiedam en Delft', 21-24 maart 1966, Rotterdam, 1968, p. 169-175.

Voet, L., Verhulst, A., Asaert, G., De Nave, F., Soly, H., Van Roey, J. (red.), *De stad Antwerpen van de Romeinse tijd tot de 17de eeuw. Topografische studie rond het plan van Virgilius Bononiensis 1565*, Historische Uitgaven Pro Civitate, reeks in-4°, nr. 7, [Brussel], 1978, p.. 41-57.

Wauwermans, H., *Le Steen, le bourg et les nouveaux quais d'Anvers. Rapport de la commission spéciale lu en séance du 4 mars 1877*, uittreksel uit het Bulletin van de Académie d'archéologie de Belgique, Antwerpen, 1877.

Praktische informatie

Nationaal Scheepvaartmuseum, Steenplein 1, B-2000 Antwerpen
Tel. 03 201 93 40 – Fax 03 201 93 41
E-mail: scheepmus@stad.antwerpen.be
Website: www.antwerpen.be/cultuur/scheepvaartmuseum
Het Nationaal Scheepvaartmuseum is alle dagen open behalve op maandagen, op 1-2 januari, 1 mei, Hemelvaartsdag, 1-2 november en 25-26 december.

DE DULLE GRIET IN GENT

MARC BEYAERT

Icoon

In een hoek van de Gentse Vrijdagmarkt bevindt zich sinds het einde van de 16de eeuw een zware middeleeuwse bombarde: het Groot Kanon of de Dulle Griet – naar het woord van Maurits Sabbe: 'Het reuzenkind, de schrik van vroeger dagen'.

De volledige evolutie van de buskruitartillerie overschouwend, van het prilste begin tot de grote innovaties halfweg de 19de eeuw, is deze smeedijzeren vuurmond de grootste, echte, voor oorlogsdoeleinden ontworpen bombarde van westerse makelij die uit deze lange periode bewaard is gebleven: met een lengte van 5,031 meter, een kaliber aan de mond van 640 millimeter en een actuele massa van 12 250 kilogram.

In tegenstelling tot haar kleinere zustervuurmond, de Mons Meg, zijn over de Dulle Griet en zelfs over haar inzet bij het beleg van Oudenaarde in 1452 door de Gentenaars, weinig rechtstreekse gegevens opgetekend. Alleen over de terugkeer van de vuurmond in 1578 vanuit Oudenaarde naar Gent zijn er duidelijke sporen in de geschreven bronnen.

Blijven dus over: de materiële bronnen, vooral de bombarde zelf, waarop vóór 1996 nog geen ernstig onderzoek was uitgevoerd. Recent werd dit onaantastbaar icoon toch het voorwerp van nauwkeurige opmeting, beeldregistratie, monstername, ultrasonische scanning, weging, endoscopische analyse, transport en van een broodnodige restauratie.

Benaming

Nog ten tijde van de Dulle Griet werden vele vuurmonden in Vlaanderen met het algemene 'donderbus' aangeduid. De benaming 'kanon' was enkel in het Doornikse, in Waalse contreien en in Frankrijk gangbaar; ze komt in Gentse bronnen pas vanaf 1578 voor en wordt dus best niet gebruikt om in onze streken middeleeuwse vuurmonden aan te duiden.

Tot ver in de 15de eeuw treft men ook de algemene benaming engien aan. Dat maakt het nog moeilijker de vuurmonden te onderscheiden van de klassieke werptuigen, omdat die ook zo werden benoemd en aanvankelijk hetzelfde bedieningspersoneel en dezelfde projectielen gebruikten.

De benaming 'bombarde' (*bombus*, groot lawaai) is van Italiaanse oorsprong en werd daar veel gebruikt, zelfs voor kleine vuurwapens van vóór 1374. Heel uitzonderlijk kwam deze benaming vóór die datum ook in onze contreien voor. Met deze term werden hier immers de zware vuurmonden aangeduid die vanaf 1374 werden gebouwd.

Vuurmonden kregen vaak een eigennaam of een bijnaam en werden genoemd naar de plaats van hun vervaardiging of inzet of naar hun opdrachtgever. Andere droegen de naam van mythologische, legendarische of historische figuren of van eigentijdse militaire leiders. Bij nog andere waren vrouwennamen gebruikelijk. Ten slotte verwees de naam van een vuurmond soms naar de kleur waarin ze geverfd was, als bescherming tegen roest. Omdat de Dulle Griet, net als de meeste vuurmonden, rood was geschilderd, kreeg ze de bijnaam den Rooden Duyvele. In een tijdperk van rechtstreeks vuur was camouflage moeilijk, zeker voor grote stukken, en had de speciale kleur bovendien een psychologisch doel: de opstelling van vervaarlijk uitziend geschut onder de muren van een stad was vaak voldoende om een overgave te bespoedigen.

Vanaf 1411 komt Griete, naast *Marguerite* of *Margot* voor als benaming van bombardes in Bourgondische bronnen. Ook bombardes in Diest, Mechelen en in Henegouwen werden zo genoemd; in 's-Hertogenbosch had men een 'Duivelin' of 'Booze Griet'; in Dijon een *Grande Margot*; in Angelsaksische landen noemde men ze *Meggie* of *Meg*. 'Griet' werd ook in de

'Den Rooden Duyvele' na de restauratie in februari 2000.

iconografie en zelfs in de topografie gebruikt. Daarom is het zinloos te proberen de historische identiteit te achterhalen van deze of gene 'Zwarte', 'Quade' of 'Dulle Griete' of 'Marguerite'. Bovendien was Margaretha toentertijd een veel voorkomende vrouwennaam.

De verklaring voor 'Dulle Griet' is die welke Karel van Mander gebruikte in zijn *Schilderboek* uit 1604 voor het gelijknamige schilderij van Pieter Bruegel de Oude: een toornige vrouw, een verpersoonlijking van het kwade, de woede, de oorlog. Het moet hier om een volksthema gaan dat voor de tijdgenoten van Filips de Goede zowel als voor die van Bruegel begrijpelijk was.

Opdrachtgever

Door de technische, logistieke en vooral financiële uitdagingen rond de zwaarste vuurwapens, waren ze uitsluitend voor de regionale vorsten voorbehouden en overstegen ze ruimschoots de mogelijkheden van lokale heren en zelfs van de rijkste steden. Het gewicht van de Dulle Griet lag veel hoger dan dat van haar twee zustervuurmonden (Mons Meg 7500 kg, Baselkanon 2500 kg), en de vermoedelijke kostprijs bedroeg minstens het achtvoudige van die van de zwaarste vuurmonden in het 14de- en 15de-eeuwse Gentse stadsarsenaal. Al kunnen er ook andere redenen zijn geweest, toch betaalde zelfs iemand als Filips de Goede een vuurmond als de Mons Meg niet contant, maar gespreid over vijf jaar!

Een zware bombarde als de Dulle Griet is a priori een offensief wapen, dat enkel bij belegeringen nuttig kan worden ingezet. De grote investering voor zo'n wapen wordt enkel gedaan door iemand met een strategische visie én zeer ruime middelen, die meent zo'n wapen nuttig en frequent te kunnen gebruiken over een lange periode. Een wapen als de Dulle Griet past derhalve niet in de beperkte militaire optiek van een stad als Gent, maar wel in de strategische langetermijnpolitiek van een Bourgondische hertog.

Op de vuurmond staan bovendien de wapens van de Bourgondiërs, zoals ze door Filips de Goede vanaf 1430 werden vastgelegd. Het was een eigendomsmerkteken dat er enkel bij de vervaardiging kan zijn op aangebracht, en niet achteraf.

Evolutie

Tot het laatste kwart van de 14de eeuw bleef de inbreng van vuurwapens op het slagveld en bij belegeringen zeer gering. De grote meerderheid van de vuurmonden had een klein kaliber en schoot met kleine projectielen en een bescheiden kruitlading. De lading bestond uit het droog gemengde meel- of serpentijnkruit, dat – door zijn bedenkelijke kwaliteit en bij gebrek aan een afgesloten expansieruimte en een onvoldoende lange loop van de vuurmonden – het projectiel slechts een beperkte stuwkracht kon geven. Vrij snel groeide het besef dat de gasdruk beter moest worden benut, wat onder meer resulteerde in afsluitbare kruitkamers.

Omstreeks 1420 werd geleidelijk het knollenkruit veralgemeend: dankzij een nieuwe bereidingswijze werd meer *flash-over*-ruimte in het kruit ingebouwd en was zijn doeltreffendheid minder afhankelijk van de manier waarop het was geladen. Pas vanaf het laatste kwart van de 15de eeuw werd het veel krachtiger korrelkruit ontwikkeld, waarop de toen bestaande stukken aanvankelijk niet waren berekend.

Om de slagkracht van een projectiel op te voeren poogden de busmeesters de kruitlading te vergroten, maar ook de massa van het projectiel en bijgevolg de omvang van het stuk zelf. Voor de massaverhoging van projectielen kwam enkel steen in aanmerking; de vervaardiging en het gebruik van grote metalen projectielen lag technisch immers nog te moeilijk tot rond 1450. Lood, dat bij impact versplinterde, leek enkel geschikt voor scheepsgeschut en kleine vuurwapens, terwijl het volume serpentijnkruit dat nodig zou zijn om een groot metalen projectiel over een redelijke afstand weg te slingeren, buitenmatig groot had moeten zijn. De stenen projectielen werden vooral uit Doornikse en Balegemse steen of Lediaanse steen vervaardigd. Zelfs binnen eenzelfde projectiel waren de dichtheden van de gesteenten niet overal gelijk en lager dan vandaag. De diameter van de stenen projectielen voor de Dulle Griet, lag tussen 56 en 59,5 centimeter, hun gewicht schommelde maximaal tussen 248 en 298 kilogram.

Stenen projectielen hadden evenwel grote nadelen: een moeilijke en trage vervaardiging, die vaak de bevoorrading in het gedrang bracht; betrekkelijke broosheid, waardoor enkel de zeer grote kalibers iets tegen de vestingmuren zelf konden uitrichten; het groot volume ten opzichte van hun relatief gering gewicht, wat meteen de noodzaak van de bijzonder grote kalibers bij de steenbussen verklaart, en de verdwijning ervan zodra de gietijzeren projectielen ingang vonden.

Ook drong het inzicht door dat een langere loop een betere geleiding en dus ook een grotere nauwkeurigheid van het schot tot gevolg had. Door het langer inwerken van de gasdruk namen tevens de versnelling en de reikwijdte toe. Zo werd vanaf circa 1430 de lengte van de loop bij steenbussen opgevoerd tot driemaal de projectieldiameter, terwijl die verhouding rond 1400 slechts één tot anderhalf bedroeg. Voor de Dulle Griet en haar zustervuurmonden ligt de verhouding tussen 5,11 en 5,58.

Vanaf het laatste kwart van de 14de eeuw werd de eigenlijke torenvormige 'hoogoven' ontwikkeld. Begin 15de eeuw werd in onze streken bovendien de zogeheten Waalse methode ontwikkeld, waarbij het productieproces in drie fasen werd opgesplitst en de overtollige koolstof werd gereduceerd: ook bij de Dulle Griet-monsters ligt het koolstofgehalte nergens hoger dan 0,44%. Beide factoren vergemakkelijkten de vervaardiging en de bewerking van grote hoeveelheden metaal en versnelden de ontwikkeling van de zware artillerie.

Als eerste gaf de Franse koning Karel V in 1374 opdracht tot het bouwen van *'certains gros canons getans pieres'*, waarmee vestingen konden worden bestookt. Ook in onze contreien, in Duitsland en door de Bourgondische hertog Filips de Stoute werden pogingen ondernomen om grote bussen in smeedijzer of brons te maken. Maar op enkele uitzonderingen na, bleef de massa van de bombardes uit deze eerste fase veeleer bescheiden (maximaal rond 3,5 ton).

Net als voor de rest van Europa, begon met Jan zonder Vrees vanaf 1404 een tweede fase. Steden zowel als regionale vorsten beschikten van dan af over steeds meer en zwaardere stukken in brons en smeedijzer: stukken tot vijf ton, enkele tot negen. Bij al hun belegeringen zetten de Bourgondische hertogen bombardes in. Tussen 1410 en 1420 vermelden hun rekeningen niet minder dan 37 grote stukken. Voor de vervaardiging, het herstel, het vervoer en de begeleiding ervan trokken zij indrukwekkende middelen uit, die schril afstaken tegen de middelen die zelfs hun grootste steden hiervoor konden vrijmaken.

In een derde fase vanaf circa 1429, die samenvalt met de nieuwe bereidingsmethode van het buskruit, zou het maximale gewicht van de grote vuurmonden opnieuw ongeveer verdubbelen en zouden zowel de vervaardiging als de inzet ervan minder problemen stellen. Filips de Goede speelde hierin een belangrijke rol. Vanaf 1431 verwijzen zijn rekeningen herhaaldelijk naar een grote ijzeren vuurmond, die 'Griete' wordt genoemd. In de aanloop van de expeditie tegen Calais in 1436 werd een dergelijke zware vuurmond in Gent getest. Op basis van technische en historische argumenten kunnen we de vervaardiging van de Dulle Griet situeren ná 1429 en vóór die van de Mons Meg (1448). Net zoals deze laatste, werd de Dulle Griet mogelijk gebouwd door het ambulante team van Jean Cambier, de grootste wapenleverancier van Filips de Goede.

Na 1453 begonnen de nadelen van de bombardes zwaar door te wegen. Ze waren immers bijzonder duur, moeilijk te vervaardigen, te vervoeren en op te stellen; ze vereisten veel begeleidings- en bedieningspersoneel, grote hoeveelheden buskruit, speciale projectielen. In tegenstelling tot de bronzen stukken, was het basismateriaal van de smeedijzeren bombardes moeilijk recycleerbaar. Tactische overwegingen gaven echter de doorslag: behalve bij belegeringen waren de bombardes weinig bruikbaar door hun gebrek aan beweeglijkheid. Daardoor waren ze ook een gemakkelijk doelwit voor tegenbatterijvuur met lichtere en mobielere stukken vanuit een belegerde stelling. Bij een ontzetting of een tegenaanval dienden ze steevast te worden achtergelaten, bij snelle operaties konden ze niet worden ingezet. Behalve in het Ottomaanse rijk, begon hun aantal van dan af te dalen, om tegen het einde van de regering van Karel de Stoute in onze gewesten virtueel te verdwijnen. In West-Europa werden de bombardes vervangen door een groter aantal kleinere, mobielere vuurmonden, die met hun krachtiger kruit en hun gietijzeren projectielen de vestingen konden teisteren.

Gebruik

Voor het transport over land legde men bombardes als de Dulle Griet op een grote wagen, waarvan de vier houten wielen met ijzeren banden waren versterkt; soms waren zelfs de volledige wielassen in ijzer. Met behulp van een hijskraan kon de bombarde op en af zijn rolaffuit worden getakeld. De zware kabels werden met een windas of een kaapstander bediend. Op het krijgstoneel zelf werden de zware bombardes hetzij op een laag houten wiegaffuit, hetzij op de grond neergelegd. Om de elevatiehoek te wijzigen, sloeg men houten wiggen of stenen onder het affuit. Met balken of schanskorven werd de loop vastgezet. Achter de kruitkamer werden een zware stootbalk (korbeel) of palen in de grond geheid om de terugslag op te vangen. De opbouw van zo'n beschutte stelling kon dagen in beslag nemen.

Het buskruit werd aangevoerd in lederen zakken of in tonnen. Bij bombardes zonder afneembare kruitkamer, werd het kruit met behulp van een lange ijzeren lepel in de kruitkamer gebracht en met een aanzetter aangeramd. Vervolgens werd de houten prop op de kruitkamer geslagen en het projectiel in de loop tot tegen de prop geduwd. Het volledige zundgat en het kelkje erachter, werden met fijn ontstekingskruit gevuld. De ontsteking gebeurde door ofwel een gloeiende pook ofwel een brandende lont op een laadstok tegen het kruit te houden. De kanonnier droeg meestal een lederen schort, handschoenen, zelfs een helm en een maliënkolder en beschermde zich bij de ontsteking soms met een schild.

De Dulle Griet was een bijzonder krachtige vuurmond: met een kruitkamer die slechts voor drie vijfde was gevuld, droeg zij per kilogram zwart kruit een grote kinetische energie over op een projectiel dat zodoende een grote aanvangssnelheid en reikwijdte kreeg. Onder een schootshoek van twee procent bedroeg de reikwijdte maximaal ongeveer vijftienhonderd meter. Toch werden de bombardes zo dicht mogelijk bij het beoogde doelwit gebracht, vaak op minder dan tweehonderd meter (d.i. de reikwijdte van een kruisboog voorzien van een tandstangspanner).

De diepte van de 'indruk' aan de voet van de kruitkamer toont aan dat met de Dulle Griet meer dan de gebruikelijke vier testschoten zijn afgevuurd.

Structuur

Eerst de kruitkamer en daarna de loop werden opgebouwd uit koud aangebrachte ijzeren staven, waarrond gloeiende hoepels werden gesmeed. Bij de achterste segmenten van de loop liggen meer dan twee, bij de kruitkamer in totaal zes metaallagen boven elkaar. De verbindingen tussen sluitstuk, eigenlijke kruitkamer en loop werden telkens verzekerd door een groef/hiel-systeem.

In tegenstelling tot de beweringen van vooral 19de-eeuwse historici en in contrast met sommige gegoten bronzen bombardes, kon de kruitkamer van de zware smeedijzeren vuurmonden niet meer losgeschroefd worden van de loop. De twee rijen 'holle' hoepels met pengaten werden enkel tijdens het productieproces gebruikt voor het draaien van de kruitkamer, waarin de lange mandrijn stak, waarop de binnenste stavenmantel van de loop werd vastgezet.

Bibliografie

Henrard, P., *L'artillerie en Belgique depuis son origine jusqu'au règne d'Albert et d'Isabelle*, Annales de l'Académie d'Archéologie de Belgique, I, 1865.

Schmidtchen, V., *Bombarden, Befestigungen, Büchenmeister. Von den ersten Mauerbrechern des Spätmittelalters zur Belagerungsartillerie der Renaissance. Eine Studie zur Entwicklung der Militärtechnik*, Düsseldorf, 1977.

Smith, R.D. en **Brown, R.R.**, *Bombards. Mons Meg and her sisters*, London, 1989.

T'Sas, F., *Dulle Griet. La grosse bombarde de Gand et ses soeurs*, Turijn, 1969.

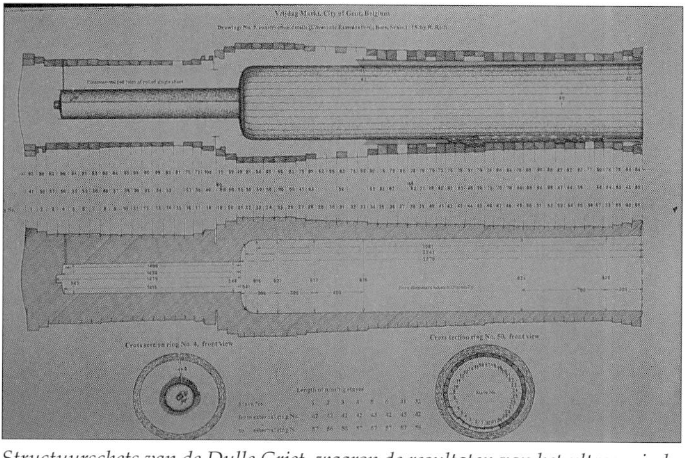

Structuurschets van de Dulle Griet, waarop de resultaten van het ultrasonisch onderzoek zijn overgedragen. (R. Roth)

NIEUWE TIJD

1453 - 1789

INLEIDING 16DE EEUW
HET BEGIN VAN DE MODERNE VESTINGBOUW
(1400-1600)

PIETER MARTENS

De ontdekking van het buskruit en de introductie van vuurwapens in de 14de eeuw veroorzaakten geleidelijk een totale omwenteling in het hele krijgsbedrijf. Bij een stadsbelegering was de verdediger niet langer opgewassen tegen de aanvalstechnieken van de belegeraar. De middeleeuwse muren bezweken gewoon onder kanonvuur. Na een lange overgangsperiode waarin men allerlei verdedigingstechnieken uitprobeerde, kwam halfweg de 16de eeuw de moderne, gebastioneerde vestingbouw tot stand. Ze bracht eindelijk bescherming tegen de vernietigende kracht van het vijandelijk geschut en zou de aanblik van de steden voorgoed veranderen. De evolutie van de vestingwerken in die overgangsperiode werd grotendeels bepaald door de snel opeenvolgende verbeteringen van de nieuwe artillerie.

De impact van de artillerie

De eerste vermeldingen van *bussen met kruydt* vinden we rond 1320. In het midden van de 14de eeuw begon een vrij snelle algemene verspreiding van vuurwapens, zodat rond 1400 zowat alle steden in het bezit waren van zware bombardes. Dit primitief geschut was echter niet veel efficiënter dan de middeleeuwse werptuigen. De eerste bombardes, gesmeed uit ijzer, wilden wel eens uiteenspatten bij het afvuren. De grote stenen kanonballen die ze lanceerden vlogen vaak gewoon te pletter tegen de stadsmuren. Bovendien duurde het zeer lang om de bombardes na het afvuren te laten afkoelen en te herladen, zodat ze slechts een aantal schoten per dag konden lossen. In een veldslag werden ze dus hoogstens één keer gebruikt, ook al omdat de zware stukken nauwelijks te verplaatsen waren. Maar ook bij een belegering was de impact van de nieuwe buskruitartillerie erg beperkt. Ondanks het angstaanjagende kanongebulder konden de stenen weermuren niet gesloopt worden.

De invloed van de eerste generatie vuurwapens op de bestaande middeleeuwse constructies bleef dan ook beperkt tot kleine ingrepen, zoals het aanpassen van de schietgaten. Kenmerkend voor deze periode is de combinatie van een verticale spleet voor hand- en kruisboog met een ronde opening voor draagbare vuurwapens.

Geleidelijk verbeterde de productie van kanonnen en in de loop van de 15de eeuw werd het effect van de artillerie op de vestingbouw stilaan duidelijk. Niet alleen de haakbus, het eerste efficiënte handvuurwapen, was verregaand ontwikkeld; er werd ook steeds meer licht geschut gefabriceerd, dat vrij wendbaar en betrouwbaar was en dat nu ook bij veldslagen kon worden ingezet. Bij een beleg werden deze beweeglijke 'veldslangen' bijgestaan door steeds zwaardere stukken belegeringsartillerie, die slechts met de allergrootste moeite en de hulp van tientallen ossen in stelling konden worden gebracht. Een bekend voorbeeld is de Gentse Dulle Griet.

Om weerstand te bieden aan dergelijk kanonvuur moesten de middeleeuwse muren en torens aanzienlijk worden verlaagd en verdikt. Zo vormden ze een kleiner doelwit en bleef ook het instortingsgevaar beperkt. Kwetsbare delen als kantelen en 'mezekouwen' verdwenen. Om de impact van de artillerie beter op te vangen, werden de stenen muren geruggensteund door een metersbrede aarden massa. De plaats van de toren werd ingenomen door het rondeel: een rond en massief geschutsplatform, niet hoger dan de omwalling zelf, waarop kanonnen werden geplaatst in openlucht. Zo zijn in Maastricht nog steeds de twee rondelen Haat en Nijd en De Vijf Koppen te bewonderen.

Om zwakke punten, zoals stadspoorten, tegen het vijandelijk geschut te beschermen, werden vóór de wal extra verdedigingswerken opgeworpen: de zogenoemde bolwerken of *boulevards*. Aanvankelijk waren het noodconstructies in hout en aarde, maar later ging men ook stenen boulevards bouwen. Ze beschermden immers niet alleen de achterliggende stadspoort, maar vormden tegelijk een vooruitgeschoven geschutspositie van strategisch belang. Van hier af kon men namelijk de aanvaller op afstand houden en bovendien zou men met flankvuur een eventuele bres in de naastliggende muur kunnen verdedigen. Een mooi voorbeeld van zo'n boulevard is nog bewaard in Antoing bij Doornik.

Rond het begin van de 16de eeuw onderging de artillerie een aantal fundamentele technische vernieuwingen, die de kanonnen definitief veranderden van experimentele nieuwigheden in hoogwaardige wapens met een desastreuze vernietigingskracht. De kanonloop werd nu uit één stuk in brons gegoten, waardoor hij lichter werd maar toch een grotere kruitlading kon verdragen. Ook koelde de loop sneller af, wat het herladen versnelde en dus een hogere vuurcadans opleverde. Het nieuwe geschut werd langs de mond van de loop geladen, in tegenstelling tot de oude achterladers, die achteraan een afneembare kruitkamer hadden.

De stenen projectielen werden vervangen door volle gietijzeren kogels, die in verhouding drie keer zo zwaar waren en ook niet meteen te pletter sloegen, zodat ze veel meer schade aanrichtten. Het buskruit (een mengsel van zwavel, salpeter en houtskool) was niet langer een los poeder, maar werd nu geproduceerd in vaste korrels, met als gevolg een juistere dosering en een fellere ontbranding.

De zware kanonloop werd voortaan via scharnierende uitsteeksels, de tappen, gedragen door een affuit op wielen, wat het geschut veel mobieler maakte en ook het richten vergemakkelijkte. Een doorsnee belegeringskanon woog nu slechts twee à drie ton en lanceerde ijzeren kogels van vijftien tot twintig kilogram met een snelheid die tot driemaal groter was dan bij de eerste bombardes. Een horizontaal schot had een doeltreffend bereik van een goede vierhonderd meter en de kanonskogel boorde zich een dertigtal centimer in massief metselwerk, of ruim drie meter in een aarden wal. En in tegenstelling tot het parabolisch schot van de mechanische wapens maakte het horizontaal schot het bovendien mogelijk om meerdere kanonnen herhaaldelijk op hetzelfde doelwit te laten vuren, het zogeheten bresschieten. Voorts gebruikte de belegeraar ook meer en meer de tactiek van het ondermijnen en opblazen van vestingwerken. Kortom, elke verdedigingsmuur kon uiteindelijk wel worden gesloopt.

De vernietigende impact van de nieuwe artillerie werd voor het eerst op dramatische wijze gedemonstreerd bij de Franse invasie in Italië in 1494. Vele vestingen die voorheen een wekenlang beleg konden doorstaan, werden in enkele uren ingenomen, als ze zich al niet bij voorbaat overgaven. De drastisch toegenomen vernietigingskracht van de aanvaller verplichtte de verdediger dus niet alleen tot het verstevigen van zijn wallen, maar legde een totaal nieuwe strategie op: de belegeraar – en dan vooral zijn zwaar geschut – moest nu het koste wat het wil op afstand worden gehouden. En mocht de aanvaller er toch in slagen een bres in de wallen te slaan, dan moest de verdediger een doeltreffend spervuur kunnen aanleggen om te verhinderen dat de vijand de bres bestormde.

Dat betekende dus het volledig afstappen van de traditionele 'verticale' verdediging, waarbij de aanvaller tot onderaan de muur naderde en van bovenaf werd bestookt, en het toepassen van een geheel nieuwe ('horizontale') verdedigingsstrategie, waarbij de vijand al van ver werd weggeveegd met een over de grond scherend schot.

De moderne gebastioneerde fortificatie

Met de opkomst van de artillerie was de vestingbouw dus aan een volledige herziening toe. Het nieuwe fortificatiesysteem

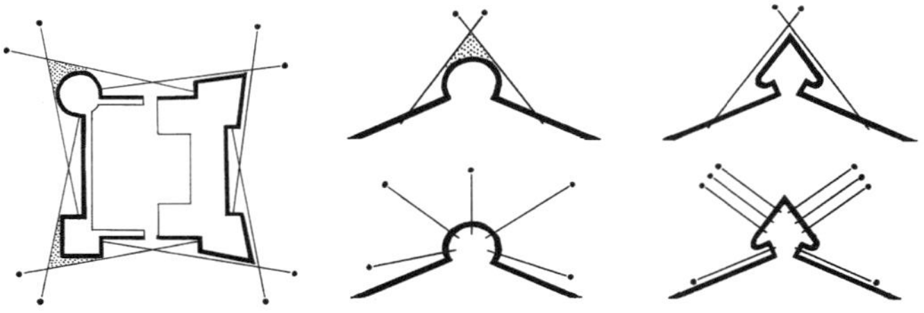

a) De dode hoek bij een vierkante of ronde toren verdwijnt bij het veelhoekige bastion.
b) Het bastion lost het probleem van de dode hoek op en maakt een onderscheid tussen afstandsvuur en flankvuur.

moest zowel bescherming bieden tegen het vijandelijk geschut als een optimale opstelling van de eigen kanonnen garanderen. Het basiselement van de nieuwe vestingbouw was het bastion: een vijfhoekige, massieve uitbouw van de vestingwal, waarop het geschut staat opgesteld.

Kort samengevat verenigde het bastion twee essentiële principes. Ten eerste loste zijn veelhoekige vorm het probleem van de dode hoek op. Voor een ronde of rechthoekige uitbouw lag steeds een klein stuk 'dode' grond, dat niet bereikbaar was voor vuurwapens op de aangrenzende wal. Op die plek zou de vijand dan ongestoord aanvalsladders kunnen plaatsen of een mijngang kunnen graven. De bastionpunt (*saillant*) daarentegen voorkwam dode hoeken in het schootsveld. Ten tweede vormde het bastion een vooruitgeschoven geschutspositie die zowel afstandsgeschut als flankvuur kon leveren. Bovenop het bastion stonden zware kanonnen, waarmee men de vijand op voldoende afstand van de vestingmuur trachtte te houden. In de flanken van het bastion bevonden zich de geschutskamers of kazematten, van waaruit men de aangrenzende vestingmuur (courtine), en zelfs het naastliggende bastion kon verdedigen.

De verdedigingswerken evolueerden zo van een vrij passieve, beschermende huid tot een actief afweermechanisme met zware wapens. De vesting werd zó gepland dat elke plek buiten de wallen door meerdere kanonnen onder vuur kon worden genomen. Dat bood de verdediger de kans zijn geschut beurtelings te herladen; het verlies van één kanon was dus niet meteen fataal. De onderlinge afstand van de bastions werd bepaald door het efficiënt bereik van de kanonnen en bedroeg drie- tot vierhonderd meter. Aangezien een vesting maar zo sterk was als zijn zwakste plek, moest de bastiongordel overal even goed versterkt zijn. Een regelmatige, symmetrische aanleg lag dus voor de hand en vele vestingen werden gebouwd volgens een regelmatige veelhoek. Het grondplan werd bepaald door de schietlijnen.

Het schootsveld rondom een vestingstad, dat vaak een grotere oppervlakte dan de stad zelf innam, mocht de aanvaller geen enkele plaats bieden om een kanon op te stellen of een mijngang te graven en moest dus leeg blijven. Bebouwing en beplanting buiten de wallen verdwenen en vaak werd de zone gewoon onder water gezet. De bastiongordel legde ook zijn wetten op aan de achterliggende stad zelf. Een goede verbinding met de bastions was noodzakelijk voor vlotte bevoorrading en versterking van de belaagde delen. Munitie, manschappen en mobiel geschut moesten snel verplaatst kunnen worden naarmate de strijd vorderde. Vlakke, brede en rechte wegen naar de bastions werden aangelegd vanuit een centrale wapenplaats, vanwaar men een overzicht over het beleg behield. Een dergelijk radiaal stratenpatroon paste netjes in het veelhoekige plan van de vesting.

Het gebastioneerd systeem bleek flexibel genoeg om in elke situatie toe te passen: zowel bij een stadsomwalling als bij een citadel, zowel bij een fort als bij een nieuwe vestingstad, en ten slotte ook bij tijdelijke noodconstructies. Het was bovendien vlot aanpasbaar aan de lokale topografische omstandigheden en kon zowel in steen als in aarde worden opgericht.

De eerste gebastioneerde vesting in onze streken was de citadel van Gent: een dwangburcht, het zogenoemde Spanjaardenkasteel, in 1540 gebouwd in opdracht van keizer Karel V om de opstandige stad te beheersen. Ze werd opgericht aan de stadsrand volgens een vierkant plan met op elke hoek een bastion. In 1542 begon in Antwerpen de bouw van de nieuwe stadsomwalling, een indrukwekkende onderneming die voorzag in een stenen stadswal met een natte gracht, negen bastions en vier stadspoorten. De beide nieuwe fortificatiewerken – waarvan overigens niets bewaard bleef – werden ontworpen door Donato de' Boni, een Italiaans ingenieur in dienst van de keizer. De inge-

Antwerpen, stadsomwalling en citadel. Ets van Joris Hoefnagel, ca. 1590.

nieurs uit Italië golden op dat moment als dé grote specialisten inzake moderne vestingbouw, en tientallen van hen waren actief in de Lage Landen. Hun invloed beperkte zich niet tot de militaire architectuur; hun komst was eveneens van groot belang voor de invoer van renaissance-ideeën in onze gewesten.

Onder het centraal gezag van keizer Karel (1515-1555) trad een belangrijke ontwikkeling op van stadsversterking naar grensverdediging. Tijdens de aanslepende oorlogen met Frankrijk werden langsheen de 350 kilometer lange zuidgrens van de Lage Landen een veertigtal steden en vestingen versterkt volgens het gebastioneerd systeem. Om zwakke plekken in de grenszone te verdedigen, werden op strategische plaatsen zelfs nieuwe vestingsteden gesticht, zoals Mariembourg (1546) en Philippeville (1555). Deze vestingstadjes behoren tot de allereerste versterkte steden in Europa die zijn aangelegd volgens een regelmatig plan met radiaalstraten. Middeleeuwse burchten verloren hun militair belang: nieuwe kastelen werden uitgebouwd als residentiële paleizen en hun strategische functie werd overgenomen door militaire forten.

Toen onder Filips II (1555-1598) de strijd zich verplaatste van de grenzen met Frankrijk naar de steden, waar Spaanse troepen de godsdienstonlusten moesten bedwingen, werd het bastionsysteem verder verfijnd en gesystematiseerd. De vijfhoekige citadel van Antwerpen, die in 1567 aan de stadswal werd gelinkt, stond in heel Europa bekend als een schoolvoorbeeld. Het succes van de moderne vestingbouw werd treffend geïllustreerd tijdens het befaamde Beleg van Oostende, dat dankzij de nieuwe verdedigingstechnieken meer dan drie jaar duurde (1601-1604).

Er vond in de oorlogvoering stilaan een verschuiving plaats van veldslagen naar lange belegeringen. Belangrijk in die militaire (r)evolutie was het feit dat voor de steeds sterker verdedigde vestingen ook steeds grotere legermachten nodig waren, wat uiteindelijk leidde tot een ongeziene wapenwedloop tussen de grote Europese staten.

Halfweg de 16de eeuw was de moderne vestingbouw afdoende ontwikkeld. Het bastion, de hoeksteen van de moderne fortificatie, zou driehonderd jaar lang wereldwijd worden toegepast en evolueerde zó tot het meest kenmerkende bouwelement van de westerse wereld. Na de lange en moeizame overgangsperiode begon nu een proces van perfectionering, verwetenschappelijking en specialisatie. De snelle technische vooruitgang van de artillerie was tot stilstand gekomen, zodat de standaardisatie van de stukken kon beginnen. Hiertoe werd in Mechelen een centraal arsenaal opgericht dat voor heel de Nederlanden kanonnen goot.

Het geschut zou zo goed als ongewijzigd blijven tot een eind in de 19de eeuw. De artillerie werd onderwerp van berekening, gebaseerd op de toenemende kennis van ballistiek, pyrotechniek en metallurgie. Ook het bouwen van vestingwerken was voortaan het werk van professionele militaire ingenieurs. Van hun hand verschenen talloze theoretische werken over fortificaties en militaire architectuur, waarin alle mogelijke variaties op het gebastioneerd front tot in de details werden verkend. Bij ons zorgde Simon Stevin uit Brugge op het einde van de 16de eeuw als eerste voor een vestingbouwkundige theorie van eigen bodem.

Doorheen de 17de eeuw zou het gebastioneerd systeem nog verder verfijnd en uitgebreid worden met allerlei buitenwerken, zoals ravelijnen, *demi-lunes*, *tenailles* en hoornwerk – dat alles om de vijand, die zijn aanvalstechnieken langzamerhand perfectioneerde, steeds langer op afstand te houden. De vestingbouw onderging evenwel geen fundamentele veranderingen meer tot in de 19de eeuw.

Het is opvallend, tot slot, hoe weinig vestingwerken uit deze periode bewaard zijn gebleven. De meeste werken verloren hun militair belang in de loop van de 19de eeuw en werden afgebroken om de toenemende groei van de steden niet langer te belemmeren. Hun tracé bleek zeer geschikt voor de aanleg van ringwegen. De schaarse voorbeelden in deze gids vallen zelfs buiten de grenzen van het huidige Vlaanderen. Vele vestingen langs de vroegere zuidgrens liggen nu in Noord-Frankrijk, waar wel nog verschillende versterkte steden bewaard zijn: Grevelingen (Gravelines), Sint-Winoksbergen (Bergues), Le Quesnoy, Montmédy...

Bibliografie

Duffy, C., *Siege Warfare. The Fortress in the Early Modern World, 1494-1660*, Londen, 1979.
Stevin, S., *De Sterctenbouwing*, Leiden, 1594.

INLEIDING 17DE EN 18DE EEUW
FORTIFICATIES EN OORLOGVOERING

ETIENNE ROOMS

In de loop van de 15de en 16de eeuw ontwikkelde zich de zware bronzen artillerie in Europa. Het gevolg hiervan was dat de middeleeuwse krijgsbouwkunde zich drastisch diende aan te passen. Zo diende de trefkans van de versterkingen verminderd te worden door de trefbare oppervlakte zo laag en zo klein mogelijk te houden. Voorts diende het weerstandsvermogen van de vesting verhoogd te worden door de muren zo sterk en zo zwaar mogelijk te bouwen.

Onder impuls van sterke figuren zoals paus Julius II en Federigo da Montefeltre, hertog van Urbino, humanist en *condottiere* (aanvoerder van huursoldaten), werden in het begin van de 16de eeuw in Italië nieuwe verdedigingsmethodes uitgewerkt. Hiervoor werd een beroep gedaan op enkele grote architecten uit de Italiaanse Renaissance. Algemeen wordt aangenomen dat Leon Battista Alberti, architect van de voorgevel van de Santa Maria Novella in Firenze, ook mee aan de wieg stond van de grondige vernieuwing in de vestingbouw.

De nieuwe wijze van vestingbouw, soms ook wel het 'Italiaans stelsel' genoemd, kreeg vaste vorm rond 1525. De nieuwe forten waren stervormige, veelhoekige vestingen met een sterk uitspringend bastion op elke hoek. Vanuit de bastions konden de verdedigers de lange rechte walmuur, die twee bastions met elkaar verbond, volledig bestrijken en verdedigen met hun vuurwapens. De lange walmuur werd veelal het front of de courtine genoemd. Een dergelijk front, dat zowel van links als van rechts door de bastions op de hoeken verdedigd kon worden, noemde men 'het gebastioneerde front'.

Vanuit Italië zou de nieuwe wijze van fortificatie heel Europa veroveren. Aangezien het Italiaans stelsel in de Nederlanden ingevoerd werd tijdens de Spaanse periode, spreken sommige auteurs soms verkeerdelijk over het 'Spaans stelsel'.

Tot de 19de eeuw zou het gebastioneerde front de algemeen gangbare wijze van fortificatie in Europa blijven en geen fundamentele wijzigingen ondergaan. Wel zou het systeem verfijnd worden, maar de essentie bleef dezelfde. Dat de fortificaties vrijwel ongewijzigd bleven, hield verband met het feit dat ook de artillerie tot de 19de eeuw geen fundamentele verandering meer zou ondergaan. De principes van de moderne artillerie werden weliswaar tegen het einde van de 18de eeuw in Frankrijk verregaand ontwikkeld door Jean-Baptiste Vaquette, heer van Gribeauval, maar de grote veranderingen binnen de artillerie zouden pas in de 19de eeuw plaatsvinden.

Het geniekorps in de Nederlanden

Verordeningen van 6 juli 1536 en 12 maart 1544, uitgevaardigd door Karel V, legden tot in de 18de eeuw de basis van de organisatie van het geniekorps, dat een rol speelde zowel bij het belegeren van een vesting als bij het verdedigen ervan.

Het geniekorps bestond uit twee gescheiden delen: het ingenieurs- en het pionierskorps. De eerste groep stelde de uit te voeren werken technisch bij, de tweede groep zorgde voor de uitvoering.

De belangrijkste taak van het pionierskorps bestond in het aanleggen of verbeteren van fortificatiewerken. Voorts leverden zij gedurende een beleg de nodige mankracht voor het verplaatsen en het opstellen van de artillerie, voor het aanleggen van schansen en geschutplaatsen voor de artillerie en voor het ondermijnen van de vijandelijke wallen. De pioniers konden door het centraal bestuur of door de legerleiding, na akkoord van Brussel, opgeëist worden bij de verschillende vorstendommen.

De gezagdragers van de kasselrijen dienden het nodige aantal geschikte mannen aan te wijzen en waren eveneens belast met het aanstellen van de officieren die het bevel zouden voeren over het plaatselijk contingent.

Het ingenieurskorps was oorspronkelijk een vrij losse groep burgers die op technisch vlak adviseerden in verband met het uitvoeren van militaire werken. Zij stelden eveneens de plannen op en waren verantwoordelijk voor het technisch controleren van de uitvoering ervan door de pioniers. Hun belangrijkste opdracht in de 16de eeuw was het aanpassen van de middeleeuwse fortificaties aan de evolutie van de artillerie. Zoals vermeld, was Italië het centrum van vernieuwing in de vestingbouw; vanaf het einde van de 16de eeuw ontwikkelde zich een school van Nederlandse architecten-ingenieurs. Simon Stevin, die zijn talenten ten dienste stelde van Maurits van Nassau, was er een van de eerste exponenten van.

Ontwikkelingen in de 17de en 18de eeuw

Ten gevolge van het voortdurend krachtiger en nauwkeuriger worden van de artillerie en van de individuele vuurwapens in de 17de eeuw werd het steeds moeilijker voor de verdedigers om de courtine vanuit hun bastions te verdedigen – zeker wanneer de aanvaller erin slaagde om de artillerie in de bastions tot zwijgen te brengen. Om dat probleem op te lossen onderging het gebastioneerde front, zoals eerder al vermeld, in de loop van de 17de eeuw een aantal aanpassingen en verfijningen.

Zowel Frankrijk als de Republiek der Verenigde Provinciën speelden een belangrijke rol bij die aanpassingen. Sébastien le Prestre, heer van Vauban, en baron Menno van Coehoorn zouden hierbij een leidinggevende rol vervullen.

Vooreerst werden de bastions gevoelig vergroot, waardoor de rechte walmuur aanzienlijk verkleinde. In dergelijke grote bastions kon zwaarder geschut in twee tot drie verdiepingen boven elkaar geplaatst worden, waardoor de kracht van de verdedigende artillerie aanzienlijk toenam. Voorts werden in de vergrote bastions ook musketiers geplaatst, die vanuit een beschermde positie de aanvallers onder vuur konden nemen. De draagwijdte van een musket bedroeg onder optimale omstandigheden 100 tot 120 meter, wilde men de vijand uitschakelen. Ideaal was dus dat de courtine kleiner was dan 240 meter, zodat de volledige ruimte tussen twee bastions door de musketiers bestreken kon worden. Aangezien dat vrijwel onmogelijk was en de meeste courtines minstens driehonderd meter lang waren, werden ze extra beschermd door het bouwen van voorwerken of veldwerken.

De veldwerken bestonden veelal uit ravelijnen en *lunettes*: versterkingen uit opgehoogde aarde, soms met een muur verstevigd, die vóór de lange walmuur werd opgetrokken. De versterking bevond zich halfweg tussen de beide bastions, vóór de rechte walmuur. Het midden van de courtine, dat te ver gelegen was van de beide bastions om van daaruit verdedigd te worden, werd dan door de versterking verdedigd. Door die aanpassingen kregen de vuurwapens bij de verdediging het overwicht op de vuurwapens bij de aanval, zodat vestingen beter in staat waren om een aanval te weerstaan.

Om verscheidene redenen nam het belang van goed onderhouden vestingen en van een gespecialiseerd en permanent korps militair ingenieurs in de Zuidelijke Nederlanden gevoelig toe in de 17de eeuw. De overheid was zich van de situatie bewust en ging zich eveneens bezighouden met de opleiding van technici. In 1671 werd in Brussel de *Academia real y militar del exercito de los Payses-Bajos* opgericht, de Koninklijke Militaire Academie van het leger in de Nederlanden. Hier zouden voortaan de militaire ingenieurs in de Spaanse Nederlanden gevormd worden.

Kenschetsend voor het aanzien dat militaire ingenieurs genoten, is de levensloop van Georges Verboom, die als zoon van een militair ingenieur waarschijnlijk in 1665 in het Antwerpse werd geboren. Na een diensttijd als cadet bij de Waalse infanterie (1677) en een opleiding aan de Brusselse *Academia* werd hij, net als zijn vader, militair ingenieur. Hij doorliep heel het *cursus honorum* van dit ambt en bracht het in Spaanse dienst tot *capitan general de los real ejercitos*; in die functie was hij verantwoordelijk voor alle fortificaties in Spanje en in de overzeese gebieden.

Vooreerst vertaalde de financiële achteruitgang van de Spaans-Habsburgse monarchie in de 17de eeuw zich in een alsmaar zwakker wordende militaire aanwezigheid in de Zuidelijke Nederlanden. Hierdoor werd Spanje in een steeds defensievere rol gedrongen. Tijdens de tweede helft van de 17de eeuw evolueerde Spanje geleidelijk tot de zwakke schakel binnen een geallieerd bondgenootschap tegen Lodewijk XIV. De militaire rol van Spanje beperkte zich hoofdzakelijk tot het leveren van garnizoenen voor de belangrijkste centra. De eigenlijke campagnes tegen Lodewijk XIV werden gevoerd door de Nederlandse en Engelse bondgenoten.

Daarnaast wijzigde het vijandbeeld zich totaal rond het midden van de 17de eeuw. De grote vijand was niet meer de Republiek der Verenigde Provinciën, maar Frankrijk. Sterker nog: de Republiek zou zich gedurende de tweede helft van de 17de eeuw allengs ontpoppen tot de grote beschermer, die belette dat de 'Spaanse Nederlanden' omgevormd werden tot de 'Franse Nederlanden'. Men diende zich dus dringend bezig te houden met het aanpassen van de fortificaties in functie van een grondig gewijzigde politieke situatie. De frontlijn lag niet meer in het noorden maar wel in het zuiden van de Spaanse Nederlanden. Militaire ingenieurs werden belast met het ontwerpen en uitbouwen van een defensieve linie, langsheen de Samber en in het gebied tussen Samber en Maas, tegen een mogelijke Franse agressie. Ten gevolge daarvan werd in 1666 de vesting Charleroi gebouwd, nadat de noodzakelijke verkenningen en voorbereidingen uitgevoerd waren door de militaire ingenieurs Hendrik Janssens, Salomon van Es en Jean Boulanger.

Ten slotte was het typerend voor het strategisch denken van de 17de eeuw dat het belegeren en innemen van strategisch belangrijke punten als minstens even belangrijk beschouwd werd als het vernietigen van een vijandelijk leger. In een van oudsher erg verstedelijkt gebied als de Zuidelijke Nederlanden konden vestingen een belangrijke rol spelen en de vijandelijke inval erg vlug immobiliseren tot een moeizaam beleg van één of meerdere vestingen. Hierbij speelde de factor tijd vrijwel steeds in het nadeel van de belegeraar of aanvaller. Het was dus van het grootste belang om een beleg van een strategisch belangrijke stad of vesting gedurende een voldoende lange periode vol te houden.

Om een plaats te belegeren had men twee legers nodig. Een eerste om de vesting te omsingelen en in te nemen, en een tweede (het observatiekorps) om te beletten dat een ontzettingsleger van de vijand het beleg kwam verstoren. Het observatiekorps diende zó te manoeuvreren dat het zich steeds tussen de belegerde vesting en het vijandelijke ontzettingsleger bevond. Dat laatste kon trachten het vijandelijk observatiekorps te vernietigen, om vervolgens op te rukken naar de belegerde vesting. Het werd als verkieslijk beschouwd om te pogen door snelle en onverwachte bewegingen het observatiekorps te ontwijken en zich tussen het korps en de belegerde vesting te plaatsen. Lukte dat, dan stelde men een deel van het leger op als observatiekorps tegenover het ontweken vijandelijk observatiekorps; met het gros van het leger rukte men op naar de belegerde vesting en dwong men de vijandelijke belegeraars het beleg op te breken of slag te leveren.

Tot een veldslag kwam het meestal wanneer één van beide partijen in een dusdanige positie gemanoeuvreerd werd dat zij ofwel een belangrijke strategische positie diende prijs te geven, ofwel slag diende te leveren om die voor haar belangrijke positie te verdedigen. Van hogerhand werd trouwens geregeld benadrukt dat generaals pas een veldslag mochten aangaan wanneer het niet anders kon, of wanneer men bijna zeker was de slag te kunnen winnen met een gering aantal eigen verliezen. Zowel de inname van Namen in 1692 door Lodewijk XIV als die van 1695 door koning-stadhouder Willem III waren een succes omdat in beide gevallen het observatiekorps erin slaagde te beletten dat een ontzettingsleger de belegerde stad ter hulp kwam.

Wegens de benarde financiële situatie van de Spaans-Habsburgse monarchie diende men zich in de 17de eeuw evenwel te beperken tot een opknapbeurt van reeds bestaande vestingen en kon er niet geïnvesteerd worden in het uitbouwen van een nieuw, efficiënt, maar waarschijnlijk erg duur systeem van fortificaties.

In haast alle steden werden de bestaande vestingwerken opgelapt of uitgebreid, maar vrijwel geen enkele stad bleek in

Poortwachtershuis Rijselpoort met 17de-eeuwse stadsmuur in Ieper.

staat om gedurende langere tijd een beleg door de troepen van Lodewijk XIV te weerstaan. Rond het midden van de 17de eeuw konden de meeste steden uit de Zuidelijke Nederlanden in een van de hierna volgende groepen worden onderverdeeld.

Vooreerst waren er de open steden, zonder grachten of wallen: onder meer Hondschoote, Kassel, Komen, Menen, Poperinge, Waasten en Wervik. Dan was er een groep steden mét grachten, zoals Armentières, Bastenaken, Blankenberge, La Bassée, Landen en Ninove. Een derde groep steden beschikte over muren: Aalst, Aarlen, Aarschot, Bergen, Brugge, Charlemont, Damme, Dendermonde, Diest, Diksmuide, Gelre, Geraardsbergen, Givet, Halle, Herentals, Hesdin, Ieper, Lens, Leuven, Lier, Maubeuge, Mechelen, Nieuwpoort, Nijvel, Oostende, Oudenaarde, Philippeville, Rijsel, Roermond, Sint-Truiden, Sint-Winoksbergen, Tienen, Tongeren, Veurne en Zoutleeuw. Een vierde groep waren de steden met muren en bastions of andere voorwerken: Aire, Atrecht, Dowaai, Sint-Omaars, Stevensweert en Valenciennes. Ten slotte nog een aantal steden met één of meerdere citadellen en een gebastioneerde omwalling: Aat, Antwerpen, Avesnes, Bapaume, Béthune, Brussel, Charleroi, Dampvillers, Doornik, Gent, Grevelingen, Kamerijk, Kortrijk, Luxemburg, Namen en Vilvoorde.

Een grondige vernieuwing van de fortificaties gebeurde enkel in die steden die tijdens de tweede helft van de 17de eeuw tijdelijk of definitief aan Frankrijk dienden te worden afgestaan. In die grenssteden kon het genie van Vauban zich ten volle ontplooien en werden de fortificaties ten gronde vernieuwd – onder meer in Aat, Aire, Armentières, Bavay, Binche, Bouchain, Charleroi, Doornik, Dowaai, Ieper, Kamerijk, Kassel, Kortrijk, Luxemburg, Maubeuge, Menen, Oudenaarde, Rijsel,

Sint-Omaars, Sint-Winoksbergen, Valenciennnes, Veurne en Wervik.

Het Barrièretraktaat gaf na het beëindigen van de Spaanse Successieoorlog (1701-1713) aan de Republiek der Verenigde Provinciën het recht om in acht steden in de Zuidelijke Nederlanden, gelegen langsheen de Franse grens, een permanent garnizoen te legeren: in Veurne, Knokke, Ieper, Waasten, Menen, Doornik, Dendermonde en Namen. Dat had, rekening houdend met de financiële middelen waarover de Republiek beschikte, kunnen leiden tot een grondige modernisering van de versterkingen van die steden; de Republiek beperkte zich echter tot het herstellen van de bestaande fortificaties, zodat alles ongeveer bij het oude bleef. In 1782 werd het Barrièretraktaat door Jozef II van Oostenrijk opgeheven.

Qua vernieuwing van de fortificaties in de Zuidelijke Nederlanden veranderde er in de 18de eeuw nog minder dan in de 17de. Dat had mede te maken met het feit dat onze gewesten in de Oostenrijkse tijd (1713-1794) vrijwel niet meer geconfronteerd werden met oorlogsgeweld. De enige uitzondering daarop was een kortstondige Franse invasie rond het midden van de 18de eeuw tijdens de Oostenrijkse Successieoorlog (1740-1748). De belangrijkste gebeurtenis, wat de fortificaties in de Zuidelijke Nederlanden gedurende de 18de eeuw betreft, was de beslissing van Jozef II om vanaf 1781 de bestaande vestingsteden te ontmantelen.

Ter illustratie van het feit dat er vrijwel niets fundamenteels gebeurde inzake fortificaties in de 17de en 18de eeuw in de Zuidelijke Nederlanden, volgt hier een kort overzicht van de evolutie in twee belangrijke steden: Gent en Antwerpen.

In 1540 werd begonnen met de bouw van de citadel in Gent – de eerste gebastioneerde vesting in de Nederlanden. Na de inname van Sluis door Maurits van Nassau beslisten de aartshertogen Albrecht en Isabella om de bestaande versterkingen van de Gentse citadel uit te breiden. Men beperkte zich echter tot het graven van enkele nieuwe grachten en tot het ontdubbelen van bestaande grachten. Soortgelijk oplapwerk werd verricht in 1667, toen de Devolutieoorlog (1667-1668) met Lodewijk XIV uitbrak. Na het beëindigen van de oorlog werden in de periode 1670-1671 enkele verbeteringen doorgevoerd in opdracht van de landvoogd, de graaf van Monterrey. Al die correcties konden evenwel niet voorkomen dat de citadel van Gent op 9 maart 1678 na een beleg van amper zes dagen werd ingenomen door Vauban. Later dat jaar werd Gent weer overgedragen aan de Spaans-Habsburgse monarchie op basis van de bepalingen van de Vrede van Nijmegen. Tussen 1686 en 1689 en in 1702 werden de versterkingen van de citadel andermaal opgekalfaterd, maar tijdens de Spaanse Successieoorlog werd de citadel driemaal zonder noemenswaardige problemen ingenomen. Ook tijdens de Oostenrijkse Successieoorlog werd de citadel haast moeiteloos door de Fransen veroverd (14 juli 1745). In 1781 ten slotte besliste Jozef II de Gentse versterkingen te ontmantelen.

Vanaf 1542 startte in Antwerpen de aanleg van een nieuwe stadsomwalling naar eigentijdse Italiaanse technieken. Het geheel werd tussen 1567 en 1570 vervolledigd door de bouw van een citadel, geheel volgens de nieuwe Italiaanse ideeën. De leidinggevende architecten en ingenieurs waren allen Italianen, zoals Paciotto, Campi, Serbelloni... Na de inname van Antwerpen door Farnese in 1585 werd de citadel andermaal gemoderniseerd door de Italiaanse architect en ingenieur Baroccio. Nadien gebeurde er vrijwel niets meer, en de enige reden waarom de stad pas op 1 juni 1746 (tijdens de Oostenrijkse Successieoorlog) door de Fransen werd ingenomen, was omdat zij al lang haar strategisch belang verloren had.

De 17de en de 18de eeuw waren in de Zuidelijke Nederlanden qua fortificatie een vrijwel dode periode; de enige belangrijke ideeën die gerealiseerd werden, kwamen van de Franse bezetter.

Bibliografie

Muller, J., *La ligne fortifiée Charleroi-Mons proposée par Vauban en 1693*, XXXVIIe Congrès de la Fédération archéologique et historique de Belgique, augustus 1958, mededeling 47.
Muller, J., 'Les ingénieurs militaires dans les Pays-Bas espagnols, 1500-1715', in *Revue internationale d'histoire militaire*, XX, 1959, p. 467-478.
Van Hemelrijck, M., *De Vlaamse krijgsbouwkunde*, Tielt, 1950.
Wauwermans, H., 'Les origines de la fortification polygonale chez les Flamands', in *Revue belge d'art, de science et de technologie militaires*, III-4, 1878, p. 44-82.

DE TOREN VAN HENDRIK VIII IN DOORNIK

PIETER MARTENS

In Doornik staat een van de weinige militaire bouwwerken uit de 16de eeuw die ons nog resten, de *Grosse Tour* of *Tour Henri VIII*. De massieve ronde toren werd gebouwd tijdens de (korte) Engelse bezetting van de stad, als hoektoren van een dwangburcht. Het is een zeldzame getuigenis van de enige Engelse bezetting die ons land ooit kende en illustreert de bewogen geschiedenis van een toenmalige grensstad. Doornik wisselde meermaals van nationaliteit en er werd zowel een Engelse als een Franse citadel gebouwd.

Het 'Engels kasteel'

Van 1513 tot 1519 was Doornik Engels gebied, door Hendrik VIII veroverd op Frankrijk. In Calais hadden de Engelsen al een belangrijke voet op het vasteland. Kort nadat Hendrik VIII zich in 1513 aansloot bij keizer Maximiliaan van Oostenrijk in de strijd tegen Frankrijk belegerde hij Doornik. Na een beleg van tien dagen werd de stad ingenomen. Om het afgelegen en opstandige Doornik onder controle te houden, moest er permanent een Engels garnizoen gelegerd zijn. Daarom besloot Hendrik VIII in 1515 een dwangburcht te laten bouwen. Er waren eerst zelfs plannen om twee citadellen op te richten, maar uiteindelijk werd er met veel moeite één gebouwd in het noordoosten van de stad langs de rechter-Scheldeoever. De bouw liep veel vertraging op door voortdurend politiek getouwtrek tussen de Engelse bezetter en het Doornikse stadsbestuur dat elke vorm van medewerking aan de citadel weigerde, ook al was die nodig voor de verdediging van hun eigen stad. Bovendien heerste er interne verdeeldheid onder de Engelsen zelf. De gouverneur, Lord Mountjoy, en het hoofd van de werken, William Pawne, hadden elk zo hun eigen idee over de vestingbouwkundige aanleg van de citadel. Toen de moeizame bouw eindelijk rond was, werd Doornik alweer aan de Fransen overgedragen.

De Engelse citadel was veeleer een versterkte wijk dan een kasteel. Een heel stadsdeel werd gewoon ingesloten door de vesting. De uitgestrekte citadel beschreef ruwweg een rechthoek van drie- op vijfhonderd meter, gelegen tussen de oude stadswallen en de Schelde. Een groot deel van de middeleeuwse omwalling werd gebruikt als vestingmuur voor de nieuwe citadel – zo werd tijd en geld gespaard. Langs de stadszijde kwamen er twee nieuwe vestingmuren, voorzien van vijf ronde torens. Op de hoek met de oude stadsmuur stond de *Grosse Tour*. De citadel had drie toegangspoorten, elk voorafgegaan door een halfrond bolwerk of *boulevard*. Twee poorten gaven via een brug over de Schelde uit op de stad, een derde lag langs de kant van het platteland.

De ligging van de citadel was zeer strategisch gekozen. De plaats aan de stadsrand weerspiegelde haar dubbele functie: het beheersen van opstandige stedelingen en het beschermen van de stad bij een belegering. Via de zijde aan de Schelde was bevoorrading mogelijk. Vanaf de (nog bewaarde) Gatenbrug of *Pont des Trous* kon deze waterweg gecontroleerd worden. Met twee kanten naar het platteland gericht en een derde zijde aan de Schelde werd de citadel slechts aan één korte kant door de stad bedreigd. Men brak er de naburige huizen af om een brede gracht te graven, zodat de vesting volledig door water werd omgeven. Het Engelse leger in Doornik was te klein om de hele stad te verdedigen, maar nu kon het zich bij een beleg terugtrekken in de citadel en hulptroepen afwachten.

In 1518 konden de Engelsen hun citadel in gebruik nemen, maar reeds een jaar later sloot Hendrik VIII een verdrag waarbij hij Doornik aan Frankrijk terugschonk. Een Frans garnizoen van vierhonderd man vestigde zich in de gloednieuwe Engelse citadel. Ook zij zouden er niet lang blijven. In de winter van 1521 werd Doornik belegerd door Karel V. Na een inundatie werd de stad zelf al snel veroverd, maar de citadel bleef weerstand bieden. Nadat twee weken lang tevergeefs op versterking was gewacht, volgde de overgave. De stad werd nu voor lange tijd deel van de Spaanse Nederlanden.

Doornik viel opnieuw in Franse handen toen Lodewijk XIV in 1667 moeiteloos de slecht verdedigde stad veroverde. Het Franse leger besefte dat het nodig was de vestingwerken ingrijpend te moderniseren en onder supervisie van de beroemde militair ingenieur Vauban werden de fortificaties aanzienlijk uitgebreid. De verouderde Engelse citadel ging grotendeels tegen de vlakte; de twee vestingmuren die haar van de stad scheidden, werden met de grond gelijkgemaakt. Aan de andere kant van de stad kwam er een moderne, vijfhoekige citadel.

In de 19de eeuw werd de Doornikse stadsomwalling afgebroken. Zodoende verdwenen ook de laatste twee stadsmuren die ooit deel uitmaakten van de Engelse citadel. Enkel de *Tour Henri VIII* bleef bewaard.

De toren van Hendrik VIII

De imposante toren stond oorspronkelijk op de hoek van de middeleeuwse stadsmuur en de nieuw gebouwde vestingwal richting Schelde. Hij stond voor driekwart in het water en er sloot langs drie kanten een muur op aan. Door die positie, op een T-splitsing van de vestingmuur, had de toren in feite drie gezichten. Dat is nog te zien aan de verschillende soorten steenafwerking aan de buitenkant.

Zo moest de naar het platteland gekeerde kant inslaande kanonskogels kunnen opvangen; de buitenmuur werd hier in verschillende steenlagen uitgevoerd. Aan de binnenkant van de citadel leunde oorspronkelijk een aarden platform tegen de toren; aan die kant bleef de ruwe steen onbewerkt.

De toren had slechts drie kleine schietgaten, ongeveer op halve hoogte. Vanuit die openingen kon elk van de drie aangrenzende vestingmuren geflankeerd worden met lichte vuurwapens. Het zware geschut stond bovenop de toren, in openlucht, en op de vestingwal van de citadel. De ronde toren had een diameter van ruim 25 meter. Zijn massieve muren waren maar liefst zes meter dik. Enkel aan de veilige kant van de citadel was binnenin de dikke muur plaatsgemaakt voor een wenteltrap, een toegangsdeur naar de vestingwal, een lichtschacht en nog een extra kamer, die zelfs een vensteropening kreeg. De andere zijden van de toren moesten bestand zijn tegen zwaar kanonvuur en daar kon men zich dergelijke zwak-

De Tour Henri VIII in zijn huidige toestand.

ke plekken niet veroorloven. In het binnenste van de toren bevonden zich twee geschutskamers boven elkaar, elk overdekt met een koepelgewelf. In het midden van de gewelven zat een ronde opening. De *oculus* bovenaan zorgde voor licht, lucht (rookafvoer) en communicatie met soldaten op het dak, dat als geschutsplatform dienst deed. Het bovenste gewelf was twee meter dik, dus stevig genoeg om kanonnen te dragen.

De toren stamt duidelijk uit de overgangsperiode tussen middeleeuwse en moderne vestingbouw. Hij leek nog op een traditionele ronde toren, maar was toch al aangepast aan het gebruik van kanonnen. Het ontwerp was in de eerste plaats defensief. De zware impact van artilleriegeschut moest opgevangen worden en daarom had hij dikke muren, minimale openingen en een rond plan. Een ronde muur was steviger dan een rechte en er ketsten ook meer kogels op af. Anderzijds zorgde een rond plan onvermijdelijk voor blinde hoeken in het schootsveld, een probleem dat weldra met het veelhoekige bastion zou worden opgelost. Vooruitstrevend was wel de strikte scheiding tussen het flankvuur (vanuit de kazematten) en het zwaardere afstandsvuur (van bovenop de toren). Ook dat concept zou bij het bastion nog verder geperfectioneerd worden.

Een halve eeuw na de bouw – tijdens de verspreiding van de moderne, gebastioneerde vestingbouw – bleek de toren verouderd en werd hij een tijdlang als gevangenis gebruikt. Later kwam er bovenop de toren een massa aarde om hem te beschermen tegen mortiervuur. Wegens zijn grote explosieveiligheid werd hij toen waarschijnlijk gebruikt voor de opslag van buskruit. Tot voor enkele jaren was in de *Tour Henri VIII* een wapenmuseum ondergebracht, maar tegenwoordig is hij gesloten voor het publiek.

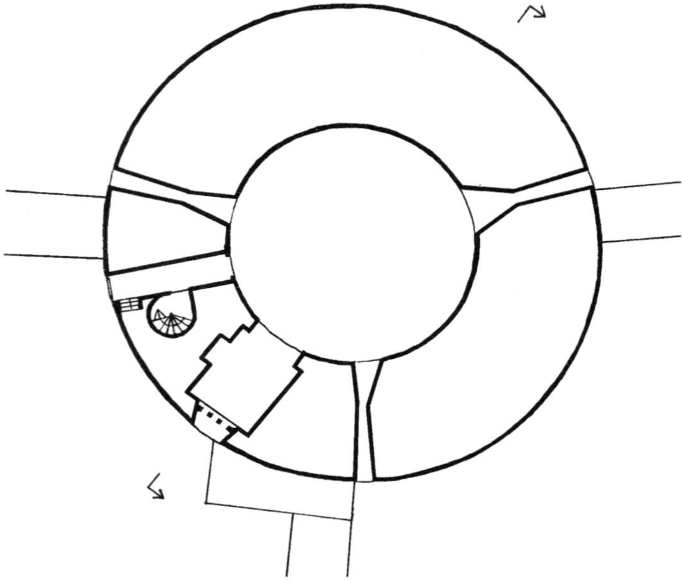

Dwarsdoorsnede van de Tour Henri VIII.

Bibliografie

Cruickshank, C.G., *The English Occupation of Tournai 1513-1519*, Oxford, 1971.

Les enceintes de Tournai des origines au XIXe siècle, tentoonstellingscatalogus, Doornik, 1985.

FORT RAMMEKENS BIJ VLISSINGEN

PIETER MARTENS

Fort Rammekens ligt op een uiterst strategische plaats in de Scheldedelta, langs de kust van het eiland Walcheren, vlakbij Vlissingen. Het werd in het midden van de 16de eeuw als zeefort gebouwd volgens de allermodernste vestingbouwkundige inzichten van toen. Rammekens was een van de eerste stappen in de verdediging van de grenzen der Lage Landen onder keizer Karel V. Het fort, met zijn robuuste toegangspoort, was bovendien een van de vroegste voorbeelden van de invoer van Italiaanse renaissancearchitectuur in onze streken. Tegenwoordig hoort Fort Rammekens bij de oudste, nog bewaarde gebastioneerde vestingen in Noordwest-Europa. Het wordt zelfs geprezen als 'het oudste zeefort van West-Europa', al is die titel wellicht iets té ambitieus.

De sleutel der Nederlanden

In de tijd waarin Fort Rammekens werd gebouwd was Walcheren nog een echt eiland, gelegen tussen de Wester- en de Oosterschelde. Het waren beide drukke vaarroutes en de Walcherse steden profiteerden mee van de economische bloei van Vlaanderen en Brabant. Vlissingen en vooral Middelburg groeiden uit tot belangrijke voorhavens van Antwerpen. In de jaren 1530 werd zelfs een kanaal gegraven vanaf het Sloe (de waterweg tussen Oost- en Westerschelde) tot Middelburg, om die haven beter te bedienen. Dankzij zijn ligging beheerste het eiland de toegang tot Antwerpen, destijds de belangrijkste stad in de Nederlanden en de grootste haven van Europa. Versterking van Walcheren was dus essentieel voor de veiligheid van de Lage Landen; zelfs een Engelse invasie was niet ondenkbaar. Onder de hertog van Alva zou het eiland wegens zijn strategisch belang zelfs de 'sleutel der Nederlanden' worden genoemd.

Het fort werd gebouwd aan zee, op de zuidpunt van Walcheren, waar het Sloe in de Westerschelde uitmondt. Op die plek controleerde het fort dus zowel de Schelde als het kanaal naar de Middelburgse haven. De Scheldestroom was weliswaar nog zeer breed op die plaats, maar omdat de vaargeul langs de oever van het fort liep, kon het de scheepvaart er toch beheersen. Het fort zorgde dus ook voor bescherming langs zee van Antwerpen, waar op dat moment nog druk aan de nieuwe stadsomwalling werd gebouwd.

In 1540 was door de Staten van Zeeland al een ordonnantie uitgevaardigd om een eigen burgerwacht in te stellen ter bescherming van het eiland. De verdediging van Walcheren was zó belangrijk voor de Lage Landen dat ze verder vanaf het allerhoogste niveau zou worden opgevolgd. In 1546 maakte Maria van Hongarije een tocht door Zeeland om de zeewering van de verschillende eilanden en de verdedigbaarheid van Walcheren te inspecteren. Zij was landvoogdes van de Nederlanden in naam van haar broer, Karel V. Volgens eigentijdse commentaren zou zij hoogstpersoonlijk 'die visentacie gedaen hebbe om te oordoneren seckere fortificaciën, blockhuysen als andere sterckten tot bewaerenisse des voirscreven eylandt van Walcheren'. Niet alleen gaf ze de opdracht tot de bouw van het fort, de legende wil dat ze ook zelf de plaats zou hebben aangewezen.

Er werd een speciale commissie samengesteld om de weerbaarheid van de Walcherse kust tegen zee en vijand nader te onderzoeken – met aan het hoofd Arent Jansz. Boom, een van de vier dijkgraven van Walcheren en tevens burgemeester van Middelburg. Hij werd bovendien door keizer Karel benoemd tot commissaris voor de bouw van Fort Rammekens en van andere 'blokhuizen' op het eiland. De uitvoering van het fort begon in 1547, meteen na de opdracht.

Architectuur des keizers

Fort Rammekens stond in die tijd bekend als het 'blockhuys op Blanckershouck' of het 'casteel van Zeeburch'. In zijn memorie van 1546 spreekt Arent Jansz. Boom over 'Blanckershouck, daer dat casteel van Zeeburch op ghefondeert es (...) van welck casteel ic Arent by de Magestaet commissaris geoordonert ben, om tselve te doen siteren volgens dat concept, geoordonert by meester Donato als archietettooer des keysers'.

Het ontwerp voor het fort was inderdaad gemaakt door een architect van de keizer: Donato de' Boni. Deze Italiaanse ingenieur, afkomstig uit Bergamo, had ongetwijfeld een grote reputatie als vestingbouwkundige, maar van zijn leven is weinig bekend. Hij was de belangrijkste militaire ingenieur in de Nederlanden onder keizer Karel, door wie hij persoonlijk in dienst was genomen. In 1540 had de' Boni voor de keizer ook al de ci-

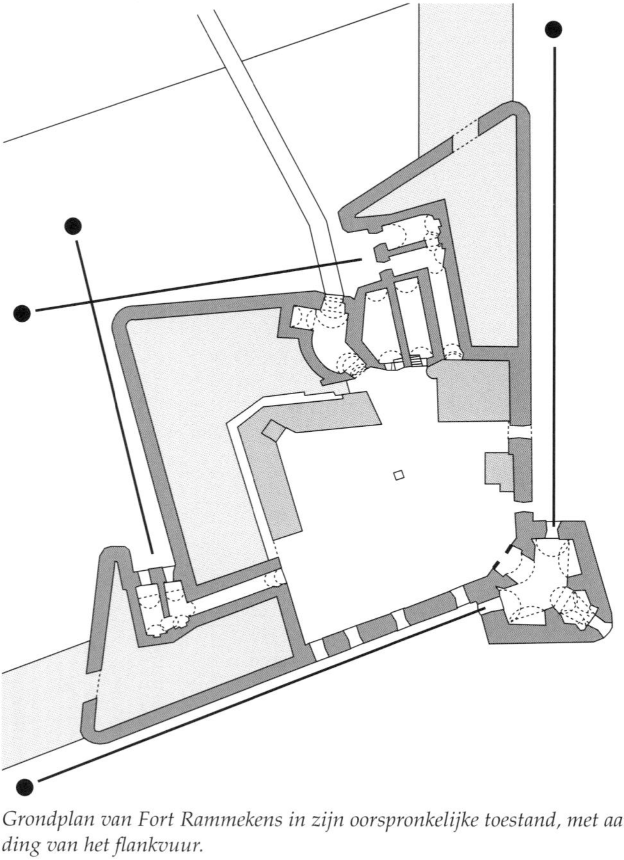

Grondplan van Fort Rammekens in zijn oorspronkelijke toestand, met aanduiding van het flankvuur.

tadel van Gent en de nieuwe omwalling van Antwerpen ontworpen, waarmee hij de gebastioneerde vestingbouw in de Lage Landen introduceerde. Ook het ontwerp voor de citadel van Kamerijk (Cambrai) uit 1544 is van zijn hand. In 1546 verbleef de' Boni in Utrecht en gaf daar advies voor de aanleg van een bastion. Hetzelfde jaar nog maakte hij het ontwerp voor Mariembourg, een nieuwe vestingstad langs de grens met Frankrijk, genoemd naar Maria van Hongarije. In 1547, ten slotte, tekende Donato de' Boni het plan van Fort Rammekens – veruit zijn merkwaardigste ontwerp. De uitvoering van de werken berustte bij Peter Frans, stadsbouwmeester van Antwerpen. Peter Frans had al met de' Boni samengewerkt aan de Antwerpse omwalling, waar hij ook de leiding over de bouwwerkzaamheden had.

De versterking van Walcheren bleef niet beperkt tot de bouw van Rammekens. Eveneens in 1547 werden plannen gemaakt voor de fortificaties van Middelburg, ditmaal door een andere befaamde Italiaanse architect en vestingbouwkundige, Alessandro Pasqualini. Donato de' Boni tekende hier vervolgens ook plannen voor en uiteindelijk werd zijn ontwerp gekozen, waarschijnlijk door toedoen van Maria van Hongarije. Ook de fortificaties van Vlissingen werden toen vermoedelijk naar zijn ontwerp vernieuwd. Een twintigtal jaar later, onder het bewind van de hertog van Alva, zou het strategisch belang van Walcheren nogmaals benadrukt worden: na de voltooiing van de Antwerpse citadel begonnen de Spanjaarden ook in Vlissingen met de bouw van een citadel.

Na de opdracht en het ontwerp begon meteen ook de bouw van het fort. Voor de fundamenten zou men erg diep hebben gegraven, tot op de zandlaag, zodat er geen (dure) funderingspalen nodig waren. De uitgegraven derrie werd in 1548 verkocht aan particulieren om de bouwkosten te beperken. Tijd en geld werden ook gespaard door het gebruik van oud bouwmateriaal, dat afkomstig was van verdronken gebouwen uit de buurt. Er werd toen ook al meteen oorlogsmateriaal aangevoerd, want er is sprake van een schip afkomstig uit Mechelen, geladen met 'geschut ende andere monicie van oirloge'. Alles vlotte blijkbaar goed, want in 1550 werd reeds gewerkt aan de behuizing voor de kapitein van het fort en werd er een kapel ingericht. Twee jaar later ten slotte werden op de voorkant van het half-bastion naast de toegangspoort de wapens van Maria van Hongarije en Maximiliaan van Oostenrijk aangebracht, maar die zijn verloren gegaan.

Een unieke vesting

Ondanks latere verbouwingen kan men zich de oorspronkelijke toestand van het fort nog goed voorstellen. Ooit stonden op de binnenplaats hoge huizen die een eind boven de vestingmuren uitstaken, zoals op oude prenten nog te zien is. De kazematten langs de zeezijde zijn dan weer latere toevoegingen. Aan die kant stond aanvankelijk enkel een dikke muur met grote schietgaten. Ook de oorspronkelijke terreingesteldheid is fel gewijzigd. De muren aan zeezijde werden aanvankelijk door de golven bespoeld, maar door verzanding en de aanleg van een dijk kwam het fort in de loop der tijden steeds verder van het water te liggen.

Het ingenieuze ontwerp van de' Boni is gebaseerd op een grondplan in de vorm van een ruit, met op de buitenhoek een bastion dat de zeezijde beheerst en op de twee naastliggende hoeken telkens een half-bastion om de landzijde te bestrijken. De omsloten binnenplaats heeft zijdes van een veertigtal meter, de twee buitenmuren langs de waterkant zijn elk ongeveer tachtig meter lang.

De land- en zeezijde van het fort verschilden sterk van elkaar. De landzijde was vooral defensief, terwijl de zeezijde erg offensief was uitgebouwd. Langs de landkant lag achter de vestingmuur een aarden massa van een tiental meter dik, om het fort tegen de zwaarste kanonschoten te beschermen. Ook de twee grote half-bastions waren met aarde gevuld, en hun flanken werden afgeschermd door een ronde uitbouw, het bastionoor of *oreillon*. Langs de zeezijde, waar het voornaamste geschut stond opgesteld, was het fort veel minder goed versterkt. De vestingmuur zelf was hier wel iets dikker, maar werd niet verstevigd door een aarden massa. Deze muur bevatte bovendien grote openingen, waarachter de kanonnen op de binnenplaats stonden opgesteld. Er waren vier kanongaten langs de Westerschelde en twee langs de kant van het Sloe. Het bastion langs de zeezijde had een meer offensieve functie dan de half-bastions langs de landzijde, en hierdoor werd het ook kwetsbaarder. Het bevatte immers een extra geschutsopening in de bastionpunt – wat erg ongebruikelijk is – zodat hier een aarden massa ontbrak en het holle bastion maar bestand was tegen een veel kleinere impact. Maar om schepen doeltreffend onder vuur te nemen was vooraan in het bastion nu eenmaal een vuuropening nodig die zich niet te hoog boven het waterpeil bevond. In die tijd kon men vanop zee nog geen zware kanonnen in stelling brengen, zodat de vesting langs die kant ook minder impact moest vrezen. Bovendien was een schip te veel in beweging om vanop zee trefzeker te kunnen richten en de kwetsbare vuuropeningen van het fort te beschieten. De landzijde van het fort daarentegen moest bestand zijn tegen nauwkeurige, langdurige en veel zwaardere beschieting.

De zeedoorgang werd dus beheerst door zes kanonnen op de binnenplaats en extra geschut in en op het hoofdbastion. Langs de landzijde kon men de vijand onder vuur nemen vanop de half-bastions en de vestingwal. Flankvuur vanuit de vier bastionflanken diende om het fort zelf te verdedigen. De half-bastions hadden elk twee landinwaarts gerichte kazematten in hun teruggetrokken flank, vanwaar de vestingmuur aan landzijde werd bestreken. Vanaf de binnenplaats daalde telkens een brede gang af naar de dubbele kazematten. Ze waren voorzien van een tongewelf en hadden elk een groot schietgat, dat met houten luiken werd afgesloten. Er waren oorspronkelijk ook nog openingen voor rookafvoer. Het hoofdbastion bevatte aan weerszijden een overwelfde geschutspositie, vanwaar men langs de twee zeemuren kon vuren. Binnenin bevond zich dus één grote ruimte, volledig overwelfd, met langs drie zijden een kanongat. De enorme geschutskamer was werkelijk een bouwkundig meesterstuk, met een imposant gebogen tongewelf van flank tot flank.

Het fort werd dus hoofdzakelijk verdedigd met flankvuur vanuit de bastions, maar in geval van nood konden ook – omgekeerd – de bastions zelf nog verdedigd worden vanop de vestingwal, met handvuurwapens. De voorzijden van het hoofdbastion kon men bestrijken vanop de twee half-bastions. En vanop de punt van de buitenhoek aan landzijde kon men nog net de voorkanten van de twee half-bastions verdedigen.

Het enige niet-symmetrische element in het grondplan was de toegang tot het fort. Dat was altijd al een kwetsbaar punt in een vesting en moest extra beschermd worden. De ingang lag vlak naast de teruggetrokken flank van het noordelijke half-bastion, zodat vanuit de kazematten hier de toegangspoort verdedigd kon worden. De poort was ook lichtjes naar de bastionflank toe gedraaid, zodat ze veilig achter het bastion-oor lag. Voorts maakte de overwelfde doorgang voorbij de poort nog een sterke bocht, zodat de binnenplaats steeds buiten schot bleef, ook al zou de buitenpoort bezwijken. Een toegangspoort had uiteraard een belangrijke representatieve betekenis, en men zou verwachten dat ze goed zichtbaar in het midden van de vestingmuur werd geplaatst. Maar als ze van ver te zien was, was ze ook van ver te beschieten. De toegang werd dus gecamoufleerd, maar dat nam niet weg dat de poort zelf zeer expressief werd uitgewerkt in zware rusticastijl.

De poort van Fort Rammekens is een belangrijk monument uit de renaissancearchitectuur in de Lage Landen. Het is een van de weinige bewaarde voorbeelden van 'rechtstreekse' invoer van Italiaanse architectuur. Ze is van vroege datum en nog in goede staat. De poort beantwoordde aan heldere proportieregels en werd uitgevoerd in een strenge variant van de Dorische orde, zoals voor militaire bouwwerken werd voorgeschreven door de toenmalige architectuurtraktaten. In de zware kroonlijst werden twee gleuven aangebracht voor de hefbomen van een ophaalbrug. Op de sluitsteen van de poort is nog net het jaartal 1547 te lezen, onder een fors gebeeldhouwde leeuwenkop.

De behuizing voor de manschappen was van secundair belang en maakte geen deel uit van het vestingwerk zelf. Hiervoor stonden aparte gebouwen op het binnenplein; ze waren in tegenstelling tot de vesting zelf erg traditioneel. De kapitein had langs de ingang een woonhuis met trapgevel, dat mogelijk ouder was dan de vesting. In de hoek van de binnenplaats werden twee hoge kazernevleugels gebouwd, achteraan beschermd door de vestingwal. Het is wel vreemd dat binnenin een moderne vesting zulke hoge gebouwen werden opgetrokken, omdat die onvermijdelijk een makkelijk doelwit vormden voor vijandelijke kanonnen. Vermoedelijk was dat niet zo gepland in het ontwerp van de' Boni en werd de bouw van de behuizing aan lokale bouwmeesters overgelaten.

Langs de buitenkant van het fort is nog het benedendeel van de oude bekleding in witte steen te zien. In de voorkanten van de twee half-bastions zit telkens een grote opening met rondboog. De gaten zorgden voor een verbinding tussen de zeedijk en de aarden massa van het fort.

Strijd om het fort

Fort Rammekens heeft lang zijn militair belang behouden en kwam in de loop der tijden in Spaanse, Nederlandse, Engelse, Franse en Duitse handen. Tijdens de Tachtigjarige Oorlog speelde het een belangrijke rol in de opstand tegen Spanje. In 1573 werd het veroverd door het opstandelingenleger, waarna de geuzen al snel ook Middelburg en heel Walcheren konden veroveren op de Spaanse troepen. In 1585 werd Rammekens door de Noordelijke Provincies als 'pandstad' overgedragen aan Engeland, samen met Brielle en Vlissingen. Deze drie strategische plaatsen werden in onderpand gegeven aan koningin Elisabeth I, in ruil voor militaire hulp tegen Spanje. Als waarborg voor de terugbetaling van de oorlogskosten liet zij de beide steden en het fort door een Engels garnizoen bezetten. In 1616 slaagden de Nederlandse Staten erin de oorlogsschuld aan Engeland af te lossen en zo kwam Fort Rammekens opnieuw in handen van de Republiek der Verenigde Nederlanden.

Het militair belang van het fort verminderde fel na 1600, omdat de vaarroute naar Antwerpen was afgesloten. Wel werd de rede van Rammekens een belangrijke ankerplaats voor Oost-Indiëvaarders. Hier, in de luwte van het fort, wachtten de Hollandse schepen de lange zeereis af. Doorheen de 17de en 18de eeuw gebeurden aan het fort slechts kleine herstellingswerken. Even werd zelfs overwogen om het af te breken. De Verenigde Oost-Indische Compagnie richtte in 1787 een hospitaal op in het fort, bestemd voor zieke bemanningsleden van op de rede liggende schepen.

In 1795 kwamen de Lage Landen onder Frans bewind. Na een eeuwenlange sluiting van de Schelde door de Noordelijke Nederlanden werd Antwerpen onder Napoleon eindelijk weer bereikbaar voor de scheepvaart. Fort Rammekens won opnieuw aan militair belang. In de strijd tegen Napoleon deed het Engelse leger in augustus 1809 een invasie op Walcheren. Het fort werd makkelijk veroverd, maar bleef slechts enkele maanden in

De toegangspoort van Fort Rammekens.

Engelse handen. De Engelsen slaagden er niet in Antwerpen te bereiken, zodat Frankrijk de gelegenheid kreeg om meer troepen aan te voeren naar de Scheldedelta. Op het einde van het jaar moesten de gedecimeerde Engelse troepen Walcheren verlaten.

Op 9 mei 1810 bracht Napoleon persoonlijk een bezoek aan Rammekens en inspecteerde de militaire mogelijkheden van het oude fort. Vanaf 1811 werd het aangepast aan de nieuwe krijgstechnieken. Aan landzijde werd een groot aarden kroonwerk toegevoegd. Op de binnenplaats verdween de bestaande bebouwing. In plaats daarvan werden tegen de dikke buitenmuur langs zeezijde negen kazematten gebouwd, overdekt met tongewelven en bedekt met aarde, en dus bestand tegen zware beschietingen. Tevens werden de kwetsbare kanongaten van de vesting grotendeels dichtgemetseld.

Na de val van Napoleon in 1814 kreeg het fort nog even een Nederlandse militaire functie, maar op 16 januari 1867 werd

Fort Rammekens opgeheven als vestingwerk. Vijf jaar later werd het Sloe afgedamd voor de aanleg van een spoorweg, zodat ook de scheepvaart vóór het oude fort ophield. In 1940 werd Rammekens een laatste keer militair terrein. De Duitse bezetter plaatste een zoeklicht op het hoofdbastion en vlakbij het fort werden twee bunkers gebouwd. Nabij de ingang van het domein ligt nog steeds een *Regelbau 700*, een zeldzame bunker uit de Walcherse antitanklinie. Op 7 oktober 1944 werd de zeedijk ten westen van het fort doorbroken door Engelse bommenwerpers. Om de heroverde haven van Antwerpen bereikbaar te maken moest Walcheren door de geallieerden bevrijd worden en dus werd heel het eiland onder water gezet. Tijdens de dijkdoorbraak spoelde een deel van het kroonwerk weg en ontstond het huidige natuurreservaat Rammekenshoek.

Bibliografie

De Kuijper, J., 'Het fort Rammekens', in *Zeeuws Tijdschrift*, 5, 1955, nr. 2, p. 48-57.
Kiem, K., 'Rammekens, eine frühe Bastionärfestung in den Niederlanden', in *Architectura, Zeitschrift für Geschichte der Baukunst*, 17, 1987, nr.1, p. 67-75.

Praktische informatie

Het fort is gelegen aan de Rammekensweg bij Ritthem. Informatie via het Stedelijk en Maritiem Museum Vlissingen, tel. +31 (0) 118 412 498.

Het fort is open van 1 april tot 31 oktober, van dinsdag tot en met zondag (13 tot 17 uur).

Toegangsprijs: Volwassenen 1,50 euro. Kinderen (3 tot 12 jaar) 1,00 euro. Senioren 1,00 euro.

Rondleidingen voor groepen tot 20 personen: na afspraak.

VERSTERKINGEN TER AFGRENDELING VAN DE SCHELDE

PIET LOMBAERDE

De Waterpoort en de middeleeuwse muur langs de Schelde in Antwerpen

De Waterpoort of *Porta Regia*, ook wel Koningspoort of Scheldepoort genoemd, maakte oorspronkelijk deel uit van de verdediging van Antwerpen langs de waterkant. Vanaf 1295 werden op bevel van hertog Jan II nieuwe verdedigingsweren rondom de vergrote stad Antwerpen aangebracht, vanaf de Sint-Michielsabdij, waar de Kronenburgtoren werd opgericht, tot aan het huidige Blauwtorenplein, en verder tot aan de Rodepoort. De Stijfselrui, Verversrui en Sint-Pietersvliet voltooiden de verdedigingslijn in het noorden.

De Schelde- of Waterpoort: gevel landwaarts. Actuele toestand.

Langs de Schelde was de situatie vrij ingewikkeld omdat de aanlegsteigers en werven behouden dienden te blijven. De versterkingen bestonden daar hoofdzakelijk uit torens, al dan niet in combinatie met stadspoorten, die een gemakkelijke doorgang naar de aanlegplaatsen voor de schepen toelieten. Van eigenlijke kaaien was er toen nog geen sprake. Vooral de strook tussen de Werf en de gronden van de Sint-Michielsabdij werd goed versterkt. Fraaie middeleeuwse torens zoals de Visverkoperstoren en de Bakkerstoren sierden de omwalling. De belangrijkste aanlegplaats, vlak vóór de Burcht, was de Werf, toegankelijk gemaakt door de Werfpoort. Langs de Gate op de Vismarkt kon men eveneens het Scheldewater bereiken. Dan bestond de Scheldeverdediging zuidwaarts uit de buitenmuren van huizen en magazijnen tot aan het Bierhoofd; daar bevonden zich de Grote en de Kleine Bierhoofdpoort. Nog meer zuidwaarts stond de Maaigatpoort in het verlengde van de Vlasmarkt. Andere toegangen tot de Schelde werden mogelijk gemaakt door de Houtwerfpoort en de Hooipoort. Op 18 oktober 1311 schonk Jan II deze versterkingen langs de Schelde aan de stad Antwerpen: 'al dat si bevest ende bemuert hebben te watre waert ochte hiernamaels bemueren selen.'

Heel wat eeuwen later zou als eerbetoon aan de Spaanse koning Filips IV de Maaigatpoort omgevormd worden tot zowel een monumentale stadspoort langs de Schelde als een vorstelijke triomfpoort (1624). Uit de inscripties op beide poortzijden, door de toenmalige stadssecretaris Gevartius geformuleerd, komt deze dubbele functie duidelijk naar voren. Aan de Scheldezijde staat in het Latijn, vertaald: 'Aan Hem [Filips IV], die als heerser gegroet wordt door de Ganges, de Rijn, de Taag en de Indus; aan zijn voeten vloeit nederig de Schelde.' Voorts wordt ook de datum van officiële inwijding op 15 april 1624 vermeld. Aan de stadszijde werden de namen van de toenmalige stadsmagistraten in sierletters aangebracht.

Het is goed mogelijk dat Pieter Paul Rubens en andere beroemde Antwerpse kunstenaars bij het ontwerp van deze barokke poort betrokken waren. Uit nog bewaarde archiefdocumenten blijkt immers dat Hans van Mildert, die ook aan de bouw van het Rubenshuis meegewerkt heeft, en Huybrecht van den Eynde als beeldhouwers optraden. Het wapenschild van Spanje en de liggende Scheldegod (Scaldis) met hoorn des overvloeds werden mogelijk door Artus Quellinus gebeeldhouwd. Wat de architecturale versieringen en de opbouw betreft, zou Rubens mogelijk invloed hebben uitgeoefend langs zijn publicatie *Palazzi di Genova*, die in 1622 in de Scheldestad in twee delen verscheen. De *rustica*, het gebroken fronton met segmentboog, de verticale opeenvolging van frontons en segmenten boven de ramen langs de stadszijde en het gebruik van vruchtenslingers als ornamenten, vinden we immers ook terug op gevels van Genuese paleizen, zoals die in Rubens' boek werden afgebeeld. Ook in het Rubenshuis zelf en op verschillende onderdelen van de Carolus Borromaeuskerk en de bijbehorende sacristie is deze vormtaal overvloedig aanwezig.

Vanaf de gedeeltelijke rechttrekking van de Scheldeoever tijdens het Franse Eerste Keizerrijk zou de poort heel wat aanpassingen ondergaan. Toen de stadskaaien ter hoogte van het Bierhoofd en de Vlasmarkt werden aangelegd, heeft de Franse stadsarchitect François Verly evenwel de Waterpoort behouden (1813). Wel gaf hij haar een nieuwe benaming, de *Porte Impériale*, ter ere van keizer Napoleon.

In 1883, naar aanleiding van de grote rechttrekking van de Scheldekaaien, werd de Waterpoort geheel ontmanteld en in 1884 midden op de overkluisde Sint-Jansvliet opgericht. De zijkanten kwamen geheel vrij te staan. In 1933 werd de Waterpoort opnieuw gedemonteerd om plaats te maken voor het verluchtingsgebouw van de voetgangerstunnel naar de linkeroever, waarvan de toegang reeds in 1931 op de bedding van de Sint-Jansvliet was aangebracht. In 1936 werd de poort weer opgebouwd op de Gillisplaats in de Zuidwijk. Stadsbouwmeester Emiel van Averbeke, ook belast met de wederopbouw van het Rubenshuis aan de Wapper, liet de beide zijkanten van de poort opsmukken met een analoge versiering en raamindeling als aan de stadszijde.

Lillo, provincie Antwerpen
Liefkenshoek, provincie Oost-Vlaanderen

Beide Scheldeforten maken deel uit van een dertigtal forten en schansen die tijdens de Tachtigjarige Oorlog (1568-1648) door de Spaanse Habsburgers en de Staatsen langs de Schelde ten noorden van Antwerpen werden opgericht. De eerste projecten voor de forten van Lillo en Liefkenshoek werden reeds in 1573 door de hertog van Alva voorbereid om de stad Antwerpen stroomafwaarts onder controle te houden. Maar uiteindelijk zouden ze onder het Staatse gezag verwezenlijkt worden, toen Willem I van Oranje, na zijn nederlaag op 31 januari 1578 nabij Gembloers, besloot om zijn hoofdkwartier van Brussel naar Antwerpen te verplaatsen en de Scheldestad zo goed mogelijk te verdedigen met nieuwe forten, schansen en omwallingen. Hans Vredeman de Vries, Abraham Andriessen en Dirk van Mol werden door de prins belast om de forten van Lillo, Liefkenshoek, Burcht en het Vlaams Hoofd (of Veer) te ontwerpen en te realiseren onder leiding van hoofdingenieur Hans van Schille.

Beide forten hebben een aantal belegeringen doorstaan, bijvoorbeeld tijdens het beleg van Antwerpen in 1584-1585 door de Italiaanse veldheer Alexander Farnese. Liefkenshoek viel op 15 juli 1584 en werd door markies de Roubaix ingenomen. Alle zeshonderd Staatse manschappen werden door de Italiaanse troepen afgemaakt. Maar op 3 april 1585 heroverde Justinus van Nassau het Scheldefort op de Spaanse Habsburgers.

Ondanks de zware belegering van Fort Lillo op 8 juli 1584 bleef het in handen van de Staatsen, die weliswaar de stad Antwerpen op 15 augustus 1585 moesten prijsgeven aan Farnese, maar meester bleven over deze beide enclaves in de Zuidelijke Nederlanden en zodoende de Scheldetoegang tot Antwerpen gemakkelijk konden afsluiten. Vóór de forten lagen immers in oorlogstijd een veertiental uitleggers (oorlogsschepen), die de lading van binnenschepen controleerden en erover waakten dat geen zeeschepen vanuit Antwerpen de Schelde konden afvaren. Met de Vrede van Westfalen in 1648 werd deze toestand nogmaals bevestigd en pas op 19 april 1839 werden beide forten definitief aan de jonge staat België overgedragen. Hun demilitarisering volgde in 1894, in het kader van de herziening van het verdedigingsstelsel van Antwerpen. Tussen 1940 en 1944 werden de forten door de Duitsers bezet.

Fort Lillo

Het Fort Lillo werd vanaf oktober 1579 opgetrokken en was reeds midden 1580 voltooid. Het is een volledig aarden constructie. De plattegrond vertoont een min of meer regelmatige vijfhoek, met vijf bastions (Hoofdbolwerk, naar de Schelde gekeerd; Vuurbakenbolwerk, naar het noorden; het Magazijn- en het Engelsbolwerk zijn landinwaarts georiënteerd; het bolwerk Antwerpen ligt zuidwaarts langs de Schelde). Vóór de bastions en de courtines ligt een walgracht met in het noorden een ravelijn. De *contrescarp* vervult eveneens de functie van dijkconstructie en wordt aan landzijde voorafgegaan door een buitengracht die aansluit op een dijkweg, Scheldeafwaarts in de richting van het Fort Frederik-Hendrik, en zuidwaarts in de richting van de Kruisschans.

Bij belegering kon het fort een duizendtal manschappen herbergen. Binnenin het fort kwamen een commandantshuis, een gereformeerde kerk (gebouwd in 1618 en in 1883 vervangen door de huidige katholieke kerk), huizen en talrijke soldatenbarakken voor. In de 18de eeuw waren er 87 huizen. Het huidige Kazerneplein was toen volgebouwd. De burgerbevolking bestond hoofdzakelijk uit vrouwen en kinderen van soldaten, bij wie er een aantal vreemdelingen waren. Een krijgsauditeur verbleef bestendig in het fort. De Staten van Zeeland stelden aan het hoofd van het College van Gevolmachtigde Rechters een commandant aan. Het College bezat zowel rechterlijke als bestuurlijke macht over een gebied waarbinnen, naast het Fort van Lillo en Oud-Lillo, ook de Forten Liefkenshoek, Frederik-Hendrik en Kruisschans gelegen waren.

Tijdens het Franse Eerste Keizerrijk werden, na de Engelse

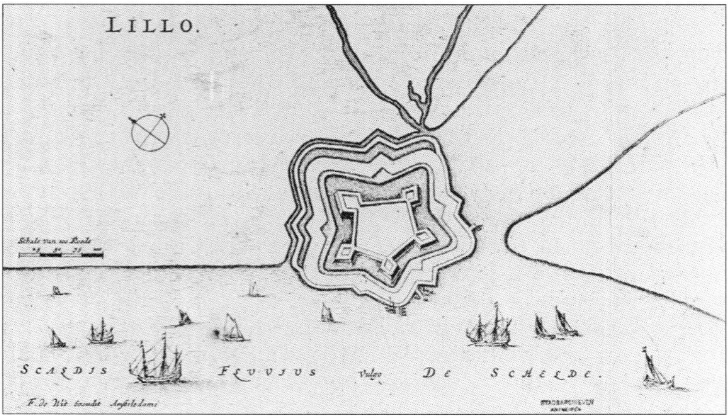

Plattegrond van Fort Lillo, door Frederik de Wit, midden 17de eeuw.

inval op Walcheren in 1809, werken aan de bedekte weg uitgevoerd, waardoor in het noorden een halfronde aarden kustbatterij werd aangebracht, geschikt voor een tiental stukken. Aan beide zijden werden gemetselde bomvrije *reduits* (blokhuizen) gebouwd. Drie kazernes voor 240 manschappen stonden rondom het Kazerneplein. Aan de toegang tot de vesting werd een wachthuis opgetrokken. De belangrijkste Franse constructie is een bomvrij kruitmagazijn geschikt voor 100 000 pond kruit. Aanvankelijk werd deze rechthoekige bouw, waarvan het platte dak volledig met aarde bedekt was, omringd met een houten palissade, die achteraf vervangen werd door een bakstenen muur.

In 1903-1906 werd aan het fort een kleine getijhaven toegevoegd, die tot doel had het Belgisch garnizoen in het fort te bevoorraden en de kolenaanvoer ten behoeve van de omliggende polderdorpen te verzekeren. Door de bouw ervan werden echter het volledige Hoofdbolwerk en de aansluitende courtines ontmanteld. Later zou een deel van de walgracht gedempt worden, wat een nieuwe toegang voor het autoverkeer mogelijk maakte. Vanaf 1950 verkreeg het haventje een recreatieve functie en werd het als jachthaven gebruikt.

Een Koninklijk Besluit van 15 april 1981 beschermde het enige nog bewaarde blokhuis, het kruitmagazijn, de oost- en noordpoterne, de kazematten, de officierswoningen, de kleine getijhaven en de omwalling met inbegrip van de gracht. Het dorp binnen het fort telt actueel ongeveer vijfenveertig inwoners; de talrijke drank- en eetgelegenheden leven vooral van het toerisme.

In het kader van de voltooiing van het Sigmaplan worden nu nieuwe perspectieven aan Fort Lillo aangeboden. Samen met de verhoging van de dijk tot elf meter TAW (een verhoging van drie meter), werd beslist de vijfhoekige omwalling geheel te herstellen, waardoor de huidige jachthaven zou verdwijnen en opnieuw meer naar de stroom toe zal komen te liggen.

Fort Liefkenshoek

Pas in 1582 besliste Willem van Oranje over te gaan tot de bouw van het Fort Liefkenshoek op de linker-Scheldeoever. Opnieuw zou Hans Vredeman de Vries met het ontwerp van dit aarden fort belast worden. In plattegrond vertoont het een vierkante vorm, met vier bastions (de bolwerken Doel en Kruisschans langsheen de Schelde, de bolwerken De Perel en Kieldrecht landwaarts) en met twee ravelijnen, gelegen in een walgracht. Ze fungeerden als dekking voor de achterliggende courtines. Het bijzondere aan de oorspronkelijke bastions is hun vorm: de teruggetrokken flanken stonden loodrecht op de courtines. De toegangspoort (de huidige dateert van 1844) bevindt zich Scheldewaarts. Aan landzijde is een (zee)sluis in de contrescarp aangebracht, die de omgevende polders onder water kan zetten (nu is de aarde van deze courtine in de walgracht gestort).

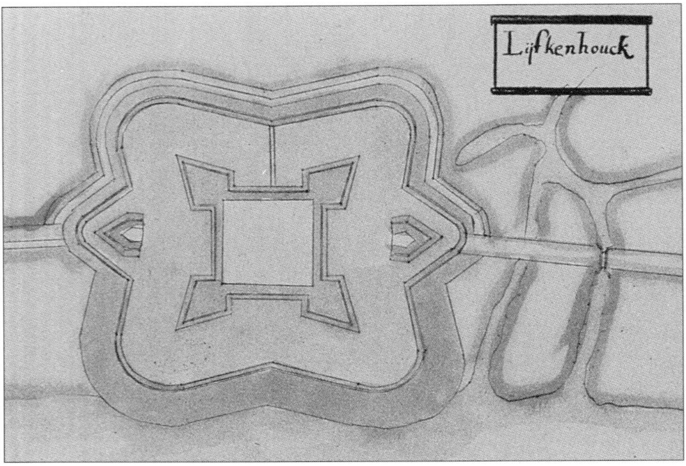

Fort Liefkenshoek: tekening van de plattegrond, 17de eeuw. (Stadsarchief Antwerpen)

Tijdens het Franse Eerste Keizerrijk kwamen er twee belangrijke gebouwen binnen het fort: in 1808 werd achter het noordelijk bastion een bomvrij kruitmagazijn, twee verdiepingen hoog, voor 25 000 pond gebouwd; in 1811-1812 werd een groot halfrond reduit in baksteen gemetseld, dat plaats bood aan zowat vierhonderd soldaten.

De Duitsers richtten er in de Tweede Wereldoorlog een observatie- en commandobunker, en twee artilleriebunkers waarbinnen 120-millimetergeschut kon worden opgesteld.

Bij Koninklijk Besluit van 14 juni 1985 werd het fort met de nog bewaarde gebouwen als monument beschermd.

Retranchement, Zeeuws-Vlaanderen, provincie Zeeland

Dit versterkingswerk droeg oorspronkelijk de naam *Cadsandria* of *Cassandria*, naar het nabijgelegen kustdorp Cadzand. Op eigentijdse kaarten staat ook de naam Terhofstede vermeld. Het werd opgericht na de inname van Sluis op 20 augustus 1604 door de Staatse troepen onder leiding van Maurits van Nassau. De Staatse troepen waren immers, in een poging om Oostende te ontzetten, op 25 april 1604 op het eiland Cadzand geland.

Het Zwin vormde dan de grens tussen een zuidelijk gebied, toebehorend aan de Spaanse-Habsburgers, en Cadzand, in handen van de Republiek. Onder leiding van de Spaanse kapitein Andreas de Cantelmo werd ten zuiden van het Zwin een verdedigingslijn opgetrokken, bestaande uit schansen en forten, onder andere Sint-Pol, Isabella en Sint-Frederik.

De Staatsen betrokken het noordelijk gelegen gebied en grote delen van de beide Zwinoevers. Ze bouwden er onder andere de Forten Oranje en Nassau, verbonden door een dubbele versterkingslinie, *retranchement* genaamd. Naar de polder van Cadzand toe, werd de versterkingslijn voorzien van drie bastions, voorafgegaan door een walgracht met contrescarp, bedekte weg, glacis en een buitengracht. De hele constructie was in aarde en vormde een belangrijke dekking voor het landinwaarts gelegen Sluis. Wel dient vermeld dat op deze plaats door de Spanjaarden een vierkante redoute met één bastion was aan-

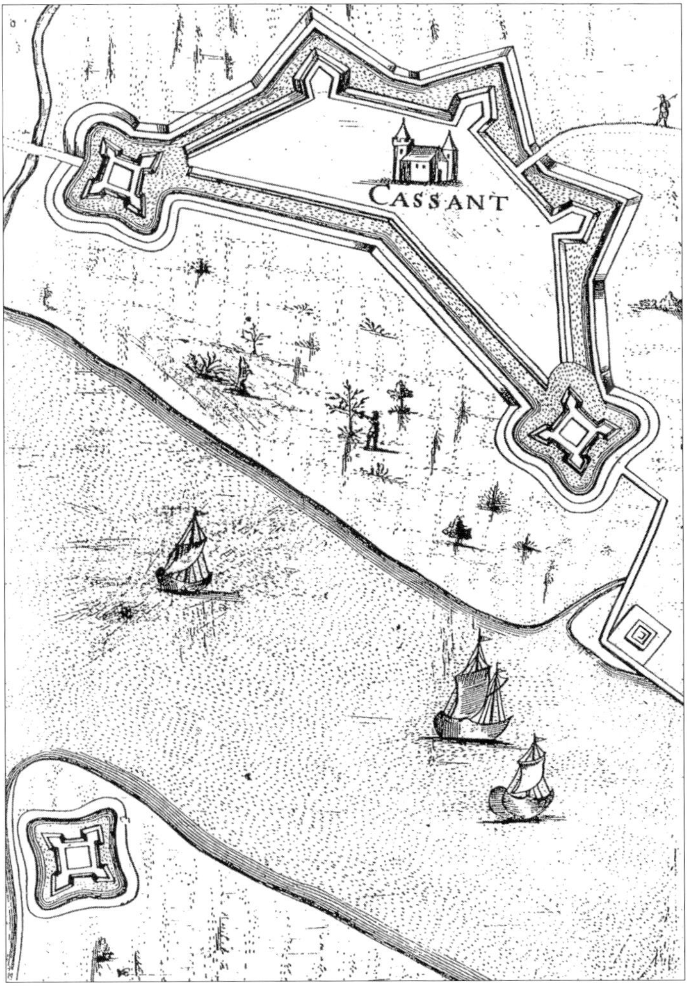

Fort Retranchement nabij het Zwin, aangeduid als fort 'Cassant', uit 'Teatro del Belgio o sia descritione delle provincie del medesimo' van Galeazzo Gualdo Priorato, 1673.

gelegd, die echter samen met de schansen Sint-Jan en Sint-Pieter werd ingenomen door prins Maurits bij de belegering van Cadzand. De uiteindelijke vorm verkreeg het verdedigingswerk pas na het verstrijken van het Twaalfjarig Bestand. Op 5 november 1621 werd het meest noordelijk gelegen Fort Oranje gebouwd, een half jaar later het zuidwaarts gelegen Fort Nassau. De voltooiing van Retranchement, met de drie tussenliggende bastions, voltrok zich vóór 1648. Ingenieurs die verantwoordelijk waren voor deze bijzondere plattegrond, waren David van Orliens, die betrokken was bij de vestingwerken van Oostende, en Philips Vlamingh.

Retranchement werd slechts een beperkt aantal keren belegerd. Onder andere zijn er pogingen geweest van de Spaanse generaal Ninigo in 1621, die telkenmale door de Staatsen werden verijdeld. De Franse troepen namen de versterking in juli 1794 in bezit van de Oostenrijkers, toen zij Cadzand veroverden. Maar meldenswaardige belegeringen of krijgsverrichtingen hebben er zich niet voorgedaan.

Binnen het retranchement en beide forten kwamen soldatenbarakken, logementen voor officieren en magazijnen voor. Ze waren in steen en hout opgetrokken, maar werden na 1680 gesloopt; de aarden omwalling bleef grotendeels bewaard. Vanaf 1644 verscheen de eerste burgerlijke bewoning binnen de omwalling. In 1654 werd een protestantse zaalkerk met houten daktorentje opgetrokken. Op het middenbastion verscheen een windkorenmolen, die in 1948 geheel werd hersteld. In 1970 werd Retranchement samen met het buurtschap Terhofstede aan de gemeente Sluis toegevoegd. Algemeen wordt vandaag aangenomen dat dit vestingbouwkundig werk als een uniek en nog goed bewaard monument van versterking beschouwd kan worden.

DE VAUBANVERSTERKINGEN VAN IEPER

JOHAN DECLERCQ

Het fortificatielandschap van Ieper is als het ware het meest uitgestrekte monument in West-Vlaanderen. Niet verwonderlijk voor een vestingstad die in de 17de eeuw in omvang tot de grootste van Noord-Frankrijk en maritiem Vlaanderen behoorde. Doordat vandaag een deel van de hoofdomwalling en de buitenwerken ontmanteld zijn, kunnen we het ons nog moeilijk voorstellen. Gelukkig zijn er de laatste jaren heel wat inspanningen gedaan om de bezoeker via educatieve panelen, rondleidingen en tentoonstellingen wegwijs te maken in de geschiedenis van de stad. Als aanvulling voor een bezoek aan de vestingstad volgt hier een korte bijdrage over het ontstaan en de ontwikkeling van de Ieperse versterkingen.

De eerste versterkingen

De oudste versterkingen van Ieper zijn waarschijnlijk opgericht nadat in de 9de eeuw een handelsnederzetting werd gesticht op de kruising van een waterweg met een landweg. De aanwezigheid van de Ieperlee, die in verbinding stond met de zee, en een belangrijke noord-zuidlandweg, was voor de nederzetting vanuit economisch en strategisch oogpunt belangrijk.

Een eerste grafelijke castrale motte werd opgericht op de plaats ten westen van de huidige Sint-Maartenskerk. De versterking werd na 1110 vermoedelijk opgegeven. Intussen vormde zich in het zuiden van de stad, rondom de Sint-Pieterskerk, een nieuwe nederzetting. Op de plaats van het huidige Zaalhof werd in 1168 een nieuwe grafelijke motte gebouwd, vermoedelijk een dwangburcht voor de Sint-Pieterswijk. Ze diende als verblijfplaats voor verschillende Vlaamse graven, zoals Robrecht van Béthune, die nu begraven ligt in de Sint-Maartenskathedraal.

Door het dagboek van Galbert van Brugge, die de moord op Karel de Goede en de gebeurtenissen eromheen beschreef, weten we met zekerheid dat de stad in 1127 werd belegerd tijdens de opvolgingsstrijd van de Vlaamse graaf. Waarschijnlijk bestond de Ieperse vesting uit aarden wallen, voorzien van paalwerk en versterkte poorten.

Omstreeks 1138 liet graaf Diederik van de Elzas de stad uitbreiden. Naast het verdiepen van de grachten en de ophoging van de aarden omwalling werd de wal versterkt met houten torens en levende doornhagen. Ferrand van Portugal, graaf van Vlaanderen, liet op zijn beurt in 1214 de Ieperse omwalling in nieuwe staat van verdediging brengen en breidde ze uit in het noorden. De versterking werd gevormd door een dubbele gracht en een aarden wal. Onder de Franse koning Lodewijk IX kregen de Ieperlingen in 1229 de toelating om de houten stadspoorten te laten vervangen door stenen.

Evolutie

Zoals de geschiedenis verhaalt, geraakte het graafschap Vlaanderen in de 13de eeuw steeds meer in conflict met Frankrijk wegens zijn anglofiele politiek. De stad Ieper, een belangrijke jaarmarktstad en internationaal bekend om haar lakenhandel en -productie, werd in 1297 door de Fransen ingenomen. Door het verdrag van Athis-sur-Orge in 1305 moesten de versterkingen tegen 1307 worden gesloopt; uiteindelijk werden alleen de buitenvesten afgebroken. Tijdens de volksopstand van Zannekin (1323-1328) werd een nieuwe aarden wal met een dubbele gracht aangelegd die de buitenwijken van de stad omsloot. Nadat de opstand was onderdrukt door de koning van Frankrijk werd de gesloopte binnenvesting opnieuw aangelegd.

In 1383 werd Ieper gedurende negen weken belegerd door de Gentenaars en de Engelsen (kruistocht tegen de Urbanisten).

Niet minder dan 23 aanvallen werden afgeslagen en verschillende uitvallen ondernomen. Door zich te concentreren op de eerste omwalling doorstonden de Ieperlingen de belegering met succes. Daarbij werden ze voor het eerst geconfronteerd met de vuurkracht van de artillerie; primitieve kanonnen beschoten de stad met stenen ballen. Als aandenken voor de overwinning werd de thuyndag ingesteld.

Onder Filips de Stoute werd onder leiding van ingenieur Jan van Komen, tussen 1388 en 1396, rondom de stad een gekanteelde bakstenen vestingmuur gebouwd, voorzien van zes grote torens met gewelfde kazematten. In het zuiden van de stad waren er tussen de Mesen- en de Tempelpoort vijf van de zes torens opgericht. Dankzij hun gunstige ligging, moeilijk bereikbaar voor vijandelijke vuurkracht, werden ze onder meer als kruitopslagplaats gebruikt.

De huidige Predikherentoren, de Leeuwentoren alsook de sluiskamer en de Bourgondische toren bij de Rijselpoort (de vroegere Mesenpoort) zijn restanten uit die periode.

Reeds vanaf het midden van de 15de eeuw teisterde een crisis de militaire architectuur, ten gevolge van de intrede van de metalen kanonskogel. Die had een grotere en nauwkeuriger draagwijdte dan de stenen kogel. Bijgevolg werd omstreeks 1537 de middeleeuwse omwalling in opdracht van keizer Karel tot 7,65 meter breed aangedikt met aarde om de vernietigingskracht van de kanonskogel te verminderen.

Om mogelijke vijandelijke legers zo ver mogelijk van de hoofdomwalling te houden, werd er in 1552 gestart met de bouw van vooruitgeschoven verdedigingswerken. Vóór de Boezingepoort en de nabijgelegen Ieperlee werd een verdedigingswerk aangelegd. Ze beschermde en verdedigde de uitgang van de Ieperlee die indertijd bevaarbaar was.

Na zes jaar bezetting van de stad door de geuzen (1578-1584) werd Ieper heroverd door hertog Alexander Farnese op 7 april 1584. Hiertoe had Farnese gedurende acht maanden de stad omsingeld, afgesloten van de buitenwereld en uitgehongerd. Na de verovering werden de werken aan de versterkingen buiten de Diksmuide- en de Boezingepoort verder uitgevoerd.

In 1635 kwam Spanje weer in oorlog met Frankrijk. Daarom verbeterden de Spanjaarden opnieuw de Ieperse versterkingen. In 1638 werden de Kaai en de Ieperlee omsloten door een aarden verschansing. De grachten van dit verdedigingswerk stonden in verbinding met de noordelijke stadsgrachten. In het midden was er een Waterpoort, waar het kanaal Ieper-Boezinge door liep. Daarnaast gaven twee poorten uitweg naar Elverdinge en Boezinge enerzijds en naar Diksmuide en Brugge anderzijds. Op die manier werd de benedenstad gevormd, die via de oude Diksmuidepoort in verbinding stond met de rest van de stad.

Uit de belegeringen in 1648 en 1658 door de Fransen trokken de Spanjaarden enkele lessen. Ze bouwden het Fort Knocke op de plaats waar de Ieperlee en de IJzer samenstromen. Zodoende wilden ze de aanvoer van Frans oorlogsmateriaal via het kanaal Duinkerke-Veurne verhinderen.

In 1669 werd aan de oostkant van de stad, ter hoogte van de Sint-Jacobskerk, een ('Spaanse') citadel gebouwd. Het verdedigingswerk diende om de stedelingen onder controle te houden en kon tevens gebruikt worden als laatste vluchtschans bij een eventuele inname van de vestingstad. De citadel was gebastioneerd en had de vorm van een regelmatige vijfhoek.

De Vaubanversterkingen

Onder Lodewijk XIV onderging de Ieperse vesting een enorme transformatie. De vestingbouwkundige Sébastien le Prestre de Vauban stond hier voor een bijzondere opdracht. Ten eerste moest hij rekening houden met de bestaande fortificaties uit de Bourgondische en de Spaanse periode. Ten tweede mochten de fortificatiewerken niet te lang duren (Lodewijk was nog van plan oorlog te voeren!). En ten derde waren allerlei militaire en technische problemen uit die periode heel belangrijk. Denken we aan de nieuwe aanvalsmethoden, het bouwen van een netwerk van beren en sluizen om het water van de vestinggrachten te bewaren, de moeilijke bouwgrond (klei) die in de zomer kurkdroog werd en barstte of 's winters bij regenweer onder water stond. Om zijn plannen te realiseren, vertrouwde Vauban in 1678 de werken toe aan Claude Chazerat, directeur en hoofdingenieur van de fortificaties van Ieper, die in 1688 opgevolgd werd door Jean Anthénor Hue de Caligny.

Reeds in 1678 werd begonnen met de bouw van uitgestrekte buitenwerken. Ze kregen een verschillende naam naargelang hun vorm en ligging: hoornwerken, demi-lunes, *contregardes*, lunettes, *redoutes* enzovoort. Vele eigendommen in de omgeving van de stad dienden onteigend te worden; vooral godshuizen en grootgrondbezitters werden er het slachtoffer van. Vele mensen (metselaars, timmerlieden...) uit Ieper en omstreken werden geronseld om aan de fortificaties te werken. Een belangrijke onderneming was de ontmanteling van de Spaanse citadel. In plaats daarvan werd het hoornwerk van Antwerpen gebouwd. Voorts kwamen in het noordoosten en in het noordwesten van de stad respectievelijk het hoornwerk van Torhout en het hoornwerk van Elverdinge. Enkele jaren later (1688) werd het hoornwerk van Belle in het zuidwesten toegevoegd. De gebastioneerde omsluiting van de benedenstad werd gereveteerd. Ondertussen werden ook de vestinggrachten verbreed en verdiept.

Voor verdedigingsdoeleinden werden rond de stad laaggelegen gronden onder water gezet, de zogeheten inundaties. In het zuidoosten, het zuidwesten en het noordoosten lagen respectievelijk de inundaties van Mesen, Belle en Paddevijver. In het noordwesten kon de kleine inundatie van Elverdinge gevormd worden. De inundatie van de Blekerij lag iets boven de inundatie van Belle. De vestinggrachten en de inundaties werden voornamelijk gevoed door de vijvers van Zillebeke en Dikkebus. De grachten werden ondersteund door een netwerk van een vijftigtal beren en sluizen.

Vanaf 1683 werd de hoofdomwalling gebastioneerd: vier uitgestrekte bastions en vier half-bastions, bekleed met metselwerk. In het zuidwesten en het noordoosten werd de Bourgondische vesting behouden. De torens werden gebruikt als bewaarplaats voor kleine hoeveelheden kruit.

In de bovenstad werden drie stadspoorten afgeschaft zodat enkel de poorten naar Belle (Bailleul), Mesen, Antwerpen en Diksmuide overbleven. In de benedenstad verschaften nog twee poorten toegang tot de buitenwereld: de Koninklijke Poort en de Kroonprinspoort. De Waterpoort, die in verbinding stond met het kanaal van Veurne, beschermde de havenkom.

Het bezit van de Vesting Ieper was belangrijk voor Lodewijk XIV. Ten eerste bood de stad de mogelijkheid door te breken in de vijandelijke Spaanse Nederlanden, hetzij om nieuwe veroveringen te doen, hetzij om in het bijzonder de vestingsteden Veurne en Duinkerke te bewaren. Ten tweede was er een financieel en economisch voordeel. Het bezit van Ieper was heel goed voor de handel en de kaperij van Duinkerke, anders moest een deel van de kaperij naar Calais verlegd worden. Een ander voordeel, zowel voor de plaatselijke bevolking als voor het onderhoud van de soldaten, waren de vruchtbare gronden in de streek.

Ontmanteling en heropleving

Onder het Oostenrijkse bewind (1715-1741) onderging de vesting nauwelijks wijzigingen. De Oude Tempelpoort en de middeleeuwse omwalling in het westen van de stad werden ontmanteld, waardoor het Esplanadeplein achter de Bellepoort veel groter werd. Toen de Fransen op hun beurt de stad innamen in 1744 en vreesden dat ze haar niet konden houden, werden in 1746 de buitenwerken in het westen – het hoornwerk van Belle en Elverdinge – ontmanteld. In 1782 maakte Jozef II een einde aan het Barrièretraktaat van 1715. Bijgevolg besloot hij de vestingen van de steden in de Zuidelijke Nederlanden te slechten, waaronder Ieper. Dat werd maar in beperkte mate toegepast want enkel grote oppervlakten van de vroegere voorversterkingen werden verkocht. Toch werden later onder de Oostenrijkers en vervolgens onder de Fransen enkele buitenwerken opnieuw aangelegd.

Na de aanstelling van Willem I als koning der Nederlanden (1815) werd een Nederlands garnizoen in de stad gelegerd. Op advies van generaal Krayenhoff, inspecteur-generaal der fortificaties in de Nederlanden, besloot de regering de bestaande fortificaties en een aantal buitenwerken te herstellen. In 1817 werd de hoofdomwalling voorzien van een nieuwe gele bakstenen bekleding. Het huidige kruitmagazijn op het Esplanadeplein werd in hetzelfde jaar opgericht. Ook werd in het noordwesten van de stad de Barbelhofvest gesloopt. Zo ontstond er een open ruimte tussen de stad en de omwalling: het huidige Minneplein. Vervolgens werd de hoofdomwalling beschermd door vijf vooruitgeschoven verdedigingswerken (lunetten) met bomvrije ruimten en een nieuw hoornwerk in het oosten van de stad.

Na de Belgische onafhankelijkheid in 1830 trok het Nederlandse garnizoen in september van hetzelfde jaar uit Ieper weg. De fortificatiewerken bleven onvoltooid, behalve het hoornwerk van Antwerpen. Reeds in 1846 ging men over tot de ontmanteling van de vooruitgeschoven lunetten omdat het metselwerk in slechte staat verkeerde. In 1851 besliste een onderzoekscommissie de vestingsteden Ieper, Menen, Aat, Philippeville, Mariembourg en Bouillon te ontmantelen. Ondanks hevig protest van het toenmalig Ieperse stadsbestuur besloot de regering in 1853 tot de afbraak van de Ieperse fortificaties.

De 20ste eeuw

In de Eerste Wereldoorlog was Ieper voor de Britten het laatste bolwerk vóór de boogvormige frontlijn (*Ypres Salient*) die zich op een paar kilometer van de stad bevond. Bij de aanvang van de wereldbrand was de hoofdomwalling in het oosten niet ontmanteld. De souterrains in de vesting werden gebruikt door de Britse soldaten als schuilplaatsen; de ruimten waren onderling verbonden door 'tunnels' en in de vestingmuren werden schietgaten aangebracht. De Ieperse omwalling, bovenaan voorzien van zigzag-loopgraven, had alweer zijn diensten bewezen. Ter herdenking van de Britse soldaten die tijdens de Eerste Wereldoorlog in het Ieperse stierven, werd tussen 1923 en 1927 de Menenpoort gebouwd.

Na de vernietigende kracht van de Eerste Wereldoorlog verrees de stad langzaam uit haar as. Pas in 1938 werd de restauratie van de oostelijke hoofdomwalling aangevat, met de herstelbetalingen van de oorlogsschade 1914-1918.

Tijdens de *Blitzkrieg* in mei 1940 werden de Duitsers gedurende een aanzienlijke periode opgehouden voor de Ieperse vestingmuren. De omwalling liep weinig schade op, de bruggen bij de Rijsel- en de Menenpoort, die werden opgeblazen.

In de jaren 1970 startte een nieuwe herstelperiode voor de Vesting Ieper. In 1979 en 1980 werd bij de Boterplas het enige overblijfsel van de gebastioneerde omwalling in het westen van de stad gerestaureerd. Op het bastion bevinden zich nog twee kleine ronde koepels (*pillbox*) voor machinegeweren uit de Eerste Wereldoorlog. In 1982 en 1987 werden respectievelijk de Bourgondische Predikherentoren en de Leeuwentoren geconsolideerd. Op hun beurt werden de kazematten bij de Rijselpoort, de gevels van de souterrains in de oostelijke Vaubanomwalling, de 'Voorversterking' (1990-1991) en de zuidelijke en oostelijke hoofdomwalling hersteld.

De restauratie en de inrichting van het Hollands kruitmagazijn als ontmoetingsplaats (Esplanadeplein) en de opening van de Vestingroute betekenen een definitieve doorbraak naar de herwaardering van het Iepers fortificatielandschap.

Bibliografie

Declercq, J.L.M. e.a., *Omtrent de Vestingstad Ieper*, Brussel, 1992.
Vandenpeereboom, A., *Notice sur la place d'Ypres et son démantèlement (1830-1858)*, Ypres, 1853, Anastatische druk, Genootschap voor Geschiedenis en Vestingbouwkunde Ieper, 1999.
Vereecke, J.J.J., *Histoire militaire de la ville d'Ypres*, Gand, 1858, Anastatische druk, Genootschap voor Geschiedenis en Vestingbouwkunde Ieper, 1996.
De Omwalling, tijdschrift uitgegeven door het Genootschap voor Geschiedenis en Vestingbouwkunde Ieper.

Praktische informatie

Vestingroute – De bewegwijzerde route is 2,6 kilometer lang en goed voor anderhalf uur rustig wandelen. De basisroute kan worden uitgebreid met een verkenning van de Verdronken Weide (anderhalf uur), het Vredespark (twintig minuten), het parkgebied van het Hoornwerk (halfuur à drie kwartier), of met een wandeling door de Ieperse binnenstad (anderhalf uur).
In het Stedelijk Museum zijn twee audiovisuele presentaties te zien over de geschiedenis van de vestingen en de ontwikkeling van de stad Ieper.
Toegang – De route is het hele jaar voor iedereen vrij toegankelijk. Het kruitmagazijn kan alleen met begeleiding van een gids bezocht worden.
Gidsbeurten – Voor een rondleiding met stadsgids of rondleidingen met groepen kan men contact opnemen met de Dienst voor Toerisme Ieper. Tel. 057 22 85 84 – fax 057 22 85 89. E-mail: toerisme@ ieper.be
Genootschap voor Geschiedenis en Vestingbouwkunde Ieper – In 1989 werd in Ieper het Genootschap voor Geschiedenis en Vestingbouwkunde opgericht. De vereniging organiseert voordrachten, verzorgt publicaties, adviseert restauraties (Ieperse vesting) en onderhoudt contacten met binnen- en buitenlandse verenigingen omtrent vestingbouwkunde. Adres: Slachthuisstraat 14, 8900 Ieper. Tel. 057 20 60 61.

DE VESTINGSTEDEN SLUIS EN HULST

PAUL E.M. STOCKMAN

Sluis en Hulst, twee frontiersteden

Na de verovering van Antwerpen in 1585 door de Spanjaarden onder leiding van Alexander Farnese, hertog van Parma, was de politiek van de Noordelijke Nederlanden erop gericht om de monding van de Schelde te bezitten ter beheersing van de scheepvaart naar Antwerpen en een bufferzone tot stand te brengen ter bescherming van Holland en Zeeland. Daarom diende Noord-Vlaanderen veroverd te worden. Sluis werd in 1604 door prins Maurits aan Staatse zijde gebracht. Pas in 1645 met de inname van Hulst werd De Tuyn (de omheining) van de Republiek der Zeven Provinciën gesloten. Het veroverde stuk Vlaanderen werd rechtstreeks bestuurd door de Staten-Generaal en werd om die reden dan ook Staats-Vlaanderen genoemd. Langs de grenzen, de frontieren, was inmiddels een groot aantal vestingwerken aangelegd. Vele forten en linies getuigen er nog van. De meeste steden in Staats-Vlaanderen zijn hun vestingwerken kwijtgeraakt. Enkel Sluis en Hulst bleven vrij gaaf en nog goed herkenbaar bewaard.

De ontwikkeling van de vestingbouw

De vestingwerken van Sluis en Hulst zijn aangelegd volgens het principe van het Oud-Nederlands Stelsel. Verdediging vanaf de flank om dode schiethoeken te bestrijken was het belangrijkste uitgangspunt. De ideeën met betrekking tot deze flankverdediging waren ontstaan in Italië. Italiaanse ingenieurs waren bestaande vestingen in ons land van nieuwe verdedigingswerken komen voorzien. In hun land werden de vestingwerken in steen uitgevoerd, in de Nederlanden in aarde. Dat resulteerde in vestingwerken met vijfhoekige flankerende bastions. Grachten werden aangelegd op de plaats waar de aarde was weggegraven, nodig om vestingwallen en bastions aan te leggen. Vanwege de lage ligging van het terrein en de hoge grondwaterstand vulden de grachten zich in korte tijd met water.

De Vlaming Simon Stevin (1548-1620) heeft bij het uitvoeren van Italiaanse vestingbouwkundige vormen in aarde een grote rol gespeeld. Hij is daarmee de grondlegger van het zogenoemde Oud-Nederlands Stelsel geworden. In 1594 verscheen in Leiden van zijn hand over dit onderwerp het boek *Stercktenbouwinge*. De in aarde uitgevoerde bastions werden aanvankelijk voorzien van teruggetrokken flanken. Omdat het binnenplein van het bastion te klein bleek, werd na verloop van tijd voor rechte flanken gekozen.

De aanleg van vestingwerken

Omdat met reeds bestaande verdedigingswerken en bebouwing rekening moest worden gehouden, verschillen de plattegronden van Sluis en Hulst heel sterk van elkaar. Vooraleer met de aanleg begonnen kon worden, moest een vestingbouwkundig ingenieur een ontwerp met bijbehorend bestek opmaken; wanneer dat door de Staten was goedgekeurd, kon men het uitvoeren.

Eerst werd het grondplan van de vesting met behulp van palen in het terrein uitgezet, waarna het graven kon beginnen. In de meeste gevallen werd het werk uitgevoerd door aannemers die ervaring hadden met de aanleg van dijken. Wanneer er grote haast geboden was werd het werk soms bij de soldaten aanbesteed: zij hadden voor het aanleggen van kampementen en tijdelijke vestingwerken voldoende kennis opgedaan. De grond die bij het graven van de grachten vrijkwam, werd gebruikt om de contrescarp en de wallen op te werpen. Indien de bodem uit een slappe ondergrond bestond, zouden er later gemakkelijk verzakkingen in de wal kunnen optreden. Om dat te voorkomen werden er eerst vakken uitgegraven waarin een laag rijshout van anderhalve voet dik in kruisverband werd gelegd. De vakken lagen onderling twee voet uit elkaar. Omdat het rijshout onder het gewicht van de opgeworpen grond in elkaar gedrukt werd, wierp men er op die plaatsen extra aarde op.

Het talud van de wallen was vrij steil. Ook daardoor konden verzakkingen optreden. Om die te voorkomen werden de taluds verstevigd met kleizoden en staken. Aan de buitenkant van de gracht werd in enkele gevallen, rondom de reeds aangelegde contrescarp, tijdelijk een extra diepe sloot gegraven die diende voor de drainage. Het grondwater uit de gracht werd via een buis van grenenhout, die dwars door de contrescarp liep, afgevoerd naar de sloot. Wanneer de graafwerkzaamheden beëindigd waren, werd de buis afgesloten en de sloot gedempt.

Bovenop de hoofdwal werden olmen (ook iepen genaamd) geplant. Tijdens belegeringen konden ze dienen als dekking. Bovendien bleef de kruitdamp van de kanonnen gemakkelijker tussen de bomen hangen, waardoor een rookgordijn ontstond. In geval van nood konden de bomen worden gekapt voor het dichten van bressen, het maken van afsnijdingen en andere versperringen. De taluds van wallen, bolwerken, ravelijnen en halve manen werden beplant met hakhout en de onderwal met een zeer dichte haag van hagendoorn, meidoorn, sleepruin, stekelbrem of acacia. De buitenwerken van de vesting waren voorts geheel boomloos. Aan de kant van de stad liep langs de wal een walgang die diende voor transport. Voordat de kanonnen op de wal werden geplaatst, legde men licht hellende opritten aan. Omdat de kanonnen door hun eigen gewicht zouden kunnen verzakken, zette men ze op een vuurbedding van planken. Op de bolwerkpunten werden wachthuisjes gebouwd.

In de wallen lagen op verschillende plaatsen stadspoorten

die men via een brug over de gracht kon bereiken. Midden onder de hoofdwal, vlak boven het water van de gracht, lagen op diverse plaatsen sorties: tunnels die afgesloten konden worden met ijzeren deuren om de vesting in tijden van beleg veilig in en uit te gaan. Tegenover de sorties lagen in de vestinggracht ravelijnen, volledig door water omgeven bolwerken die aan de stadskant onbeschermd lagen. Aan de overzijde van de gracht, buiten de stad, lag het glacis: een geheel boomloos, schuin aflopend deel van het verdedigingswerk dat ervoor zorgde dat geen enkele vijand de stad ongezien kon naderen of er zich verschuilen. Aan de binnenzijde van het glacis, aan de stadszijde, liep de gedekte weg – een verbindingsweg waar men tegen vlakbaangeschut beveiligd was. In sommige gevallen was de vesting dubbel omgracht. Dan lag tussen de beide grachten een extra verdedigingswal: de enveloppe. Het water tussen beide grachten werd door middel van verlaten op peil gehouden.

Garnizoen en militaire gebouwen

Het garnizoen bestond in de 17de eeuw uit ruiterij, infanterie en artillerie. Het voetvolk was bewapend met pieken en musketten. Trommelslagers gaven signalen aan de verschillende legeronderdelen. De piekeniers waren voorzien van een essenhouten piek van vijf à zes meter lang. Als bescherming droegen ze een 'stormhoed' (helm) en een borst- en rugpantser.

Musketiers waren specialisten. Het laden, richten en afvuren van een musket was erg omslachtig. Meer dan vijftig verschillende handelingen kwamen erbij kijken. De vuurkadans bedroeg een schot per twee minuten; met bijna de helft ging iets mis. Ook het doordringingsvermogen van de kogel was niet groot, zodat men de vijand dichtbij moest laten komen. De walmende lonten waren het voornaamste bezwaar. Een hinderlaag was vrijwel onmogelijk omdat de vijand 'lont' kon ruiken. Omstreeks 1700 werd het musket verdrongen door de snaphaan, een geweer dat niet voorzien was van een lont maar van een vuursteen. De opkomst van de bajonet aan het eind van de 17de eeuw maakte dat het geweer ook als stootwapen kon dienen. Begin 18de eeuw werd de piek daarom als wapen afgeschaft.

Bij de artillerie waren ruwweg twee soorten wapens te onderscheiden: kanonnen (vlakbaangeschut) en mortieren (krombaangeschut). De gietijzeren en bronzen kanonnen hadden verschillende kalibers. Meestal werden 'halve kartouwen' gebruikt met een eigen gewicht van 2223 kilogram. Ze schoten kogels af met een gewicht van 24 pond over een afstand van ongeveer 3200 meter.

Het laden, richten en vuren van een kanon was erg omslachtig en tijdrovend. Per uur konden ongeveer tien schoten worden gelost, waarna het schieten een uur moest worden gestaakt om het kanon te laten afkoelen. Men gebruikte ijzeren kogels of kartetsen: een bus gevuld met musketkogels en schroot.

Een mortier was ook een soort kanon; het had een korte, brede loop waarin een bom werd geplaatst. De bom was een holle kogel gevuld met kruit en schroot en voorzien van een lont. Nadat de lont was aangestoken, werd de bom afgevuurd. Het moment van ontploffen werd dus bepaald door de lengte van de lont.

Ten behoeve van het garnizoen dat in de vestingstad gelegerd was, stonden er op diverse plaatsen militaire gebouwen. Bij de ingangspoorten stonden wachthuizen waarin soldaten per toerbeurt de wacht hielden en zorgden voor de veiligheid van burgers en garnizoen. Midden in de stad bevond zich de hoofdwacht, het centrum van waaruit de verdediging werd geregeld. De kazernes stonden aan die kant van de stad waar men het minst een aanval vreesde. Gehuwde soldaten woonden in 'barakken': kleine huisjes met aan de straatzijde een voordeur en één raam, en voorzien van een zolderverdieping. Tussen de militaire behuizingen stonden turfmagazijnen en secreten (primitieve toiletten).

Binnen de omwalling bevonden zich ook de arsenalen. Het waren gebouwen waarin de wapens werden opgeslagen, de paarden gestald en in de winter de affuiten van de kanonnen. In sommige vestingen bouwde men voor dit doel affuitloodsen.

Vanwege het ontploffingsgevaar stonden de kruitmagazijnen over de stad verspreid aan de rand van de bebouwing, ofwel werden ze ondergronds aangelegd. Bovengrondse kruitmagazijnen waren voorzien van dikke zijmuren en een minder zwaar uitgevoerde dakbedekking om in geval van een explosie de kracht van de ontploffing naar boven toe te laten ontsnappen. Als extra beveiliging waren de magazijnen in de meeste gevallen nog door een zware muur omgeven.

De grootste vijand van buskruit was vocht. Om het kruit droog te houden, hanteerden de Staatsen een doeltreffende werkwijze volgens een strak gereglementeerd schema: wekelijks wisselden de tonnetjes van plaats in het magazijn en werden ze gecontroleerd op vochtigheid. Indien het kruit te vochtig werd bevonden, werden de tonnen naar buiten gebracht en leeggemaakt op kleden die vervolgens met de kruitkorrels erop in de zon te drogen werden gelegd. Na droging werden de kruitkorrels gezeefd en weer in de vaatjes gedaan. De mensen die dit werk uitvoerden, hanteerden vanwege het ontploffingsgevaar uitsluitend vonkvrij koperen gereedschap en droegen vilten schoenen. Voor de aanvang van de werkzaamheden moesten jas- en broekzakken worden leeggemaakt ter controle op rookgerei. Wanneer er buskruit gelucht werd, moesten de vuren in de huizen worden afgedekt: een vonk was voldoende om een alles verwoestende explosie te veroorzaken.

Voedselvoorziening en medische verzorging

Een vestingstad was voorzien van een permanente bezetting. Vanuit de stad konden uitvallen worden gedaan. Ook legers op mars vonden er een veilige plek om zich terug te trekken. Het was de machtsbasis van waaruit door de strijdende partijen oorlog werd gevoerd. Het grootste probleem voor een legermacht was de voedselvoorziening voor mens en dier. Toen in de loop van de 17de en in het begin van de 18de eeuw de legers steeds groter werden, was een veldtocht onmogelijk geworden zonder voorafgaande aanleg in de vestingen van voorraden rogge en fourage.

Ter illustratie: in de eerste helft van de 17de eeuw bestond een leger uit circa 30 000 manschappen, begin 18de eeuw was het uitgegroeid tot 120 000. De verhouding was dan 40 000 ruiters op 80 000 manschappen infanterie, artillerie, wagenvoerders en dergelijke. Het totale aantal paarden lag echter veel hoger dan het aantal ruiters omdat duizenden paarden nodig waren voor het trekken van de artillerie, de munitie-, bagage- en broodwagens. Gedurende de eerste helft van de 17de eeuw kon een leger op mars zich nog wel tijdelijk voeden met 'de vruchten des velds'. Zodra de kampementen waren opgeslagen, moesten schepen met levensmiddelen en, afhankelijk van het seizoen, fourage worden ingezet. Vanwege de problemen bij de voedselvoorziening waren oorlogen gedurende de tweede helft van de 17de en de eerste helft van de 18de eeuw noodgedwongen vooral belegeringsoorlogen geworden. Het gevaar bestond dat tijdens een veldtocht het leger zich te ver verwijderde van zijn bevoorradingsplaatsen. Voldoende proviand voor de hele veldtocht meenemen was, gezien de grote aantallen soldaten en paarden, ondoenlijk. Omdat transport per schip de gemakkelijkste manier was voor het vervoer van grote hoeveelheden, legde de vijandelijke partij langs bevaarbare rivieren vestingen aan om de transporten te verhinderen.

Wanneer de Raad van State plannen had voor een legertocht werd vooraf een aanbesteding gehouden voor levering van brood en fourage aan de troepen. Omdat geheimhouding van de plannen geboden was en een stipte levering gewenst, werd de opdracht in de meeste gevallen gegund aan enkele joodse families die zich met die materie bezighielden. Een van de bekendste contractanten was Machado, die begin 18de eeuw jarenlang de voedselvoorziening voor de Staatsen heeft verzorgd. Niet omdat hij de goedkoopste was, maar omdat hij zich steeds goed van zijn taak kweet en bovendien vermogend en dus voldoende kredietwaardig was.

In door de Raad van State aangewezen vestingen werden vooraf voorraden rogge aangelegd en zonodig extra ovens gebouwd. Omdat men afhankelijk was van het beschikbare aantal molens, werd vóór de aanvang van een veldtocht al begonnen met malen. Niet te veel, want meel was aan bederf onderhevig. Het roggebrood werd met broodkarren naar het leger te velde gebracht dat om praktische redenen op maximaal vier dagreizen afstand van de bevoorradingsplaatsen kon opereren. In het zomerseizoen konden de paarden normaal gesproken voedsel van het land betrekken. Indien de vijand in een eerder stadium alle beschikbare fourage had laten weghalen, moest dat per schip of per wagen aangevoerd worden, met alle problemen van dien.

De medische verzorging in het Staatse leger was voor die tijd goed. Zieke en gewonde soldaten werden verpleegd in legerhospitalen of in burgergasthuizen. Chirurgijns moesten gebroken ledematen spalken of in sommige gevallen amputeren. Operaties vonden midden in de ziekenzaal plaats. Om besmetting te voorkomen brandde men wierook of jeneverbeshout; ook goot men azijn over gloeiende bakstenen. Bij blijvende invaliditeit opgelopen ten gevolge van oorlogshandelingen, werd een uitkering voor het leven toegekend.

De vesting Sluis

Geschiedenis

Vanwege de strategisch gunstige ligging aan de zeearm het Zwin en omdat Sluis als gevolg daarvan veel te lijden had van het nabijgelegen Brugge en Gent, kreeg het in 1382 van de Vlaamse graaf Lodewijk van Male toestemming vestingwerken aan te leggen. De stad werd versterkt met grachten, muren, poorten en een kasteel buiten de omwalling. De bouw van de vesting duurde tien jaar. Omstreeks 1450 was de stadsmuur voorzien van muurtorens; aan landzijde lag een dubbele gracht. In 1456 was de Westpoort, de zogenoemde Stenen Beer, klaar.

De Spanjaarden begonnen in 1573 – de Tachtigjarige Oorlog was inmiddels in volle gang – de vestingwerken te verbeteren onder leiding van ingenieur Jan Faiet. In 1579 sloot het Vrije van Brugge, waartoe ook Sluis behoorde, zich aan bij de Unie van Utrecht. Sluis werd dus een Staatse stad. De Staatsen begonnen op hun beurt verbeteringen aan de vestingwerken uit te voeren.

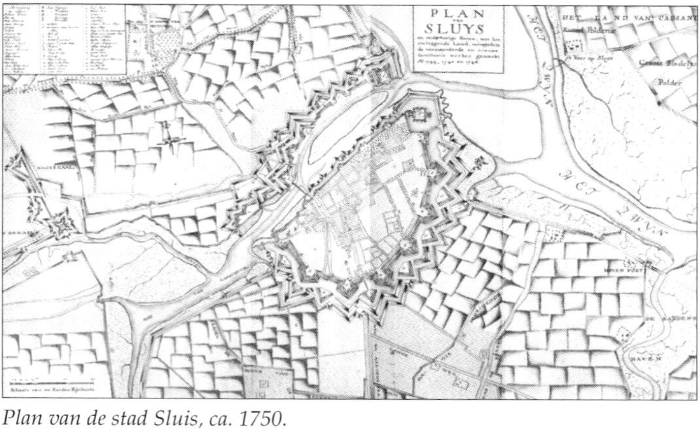

Plan van de stad Sluis, ca. 1750.

Aan de kant van het Zwin werden de muren vervangen door aarden bastions. Aan de overzijde van het Zwin werden een hoornwerk (Kleine Pas) en een kroonwerk (Grote Pas) aangelegd. Alexander Farnese, hertog van Parma, slaagde er in 1587 in Sluis voor de Spanjaarden te veroveren. Voor zover bekend, werden er in die periode geen werkzaamheden aan de vestingwerken uitgevoerd.

Prins Maurits wist in 1604 de stad op de Spanjaarden te heroveren. Sluis werd nu een Frontier Stadt ter controle van de grens met Vlaanderen. De vestingwerken werden opnieuw verbeterd, waarbij het middeleeuwse basispatroon gehandhaafd bleef. De stad telde nu vier poorten. Van 1699 tot 1702 werden door Menno van Coehoorn wederom belangrijke uitbreidingen en verbeteringen uitgevoerd. In 1795 werd Sluis na een zware belegering door de Fransen veroverd.

Tijdens de Tweede Wereldoorlog (oktober-november 1944) speelde de vaart naar Antwerpen wederom een belangrijke rol. In het kader daarvan werden Sluis en omgeving door de Duitsers fel verdedigd. De bevrijdingsstrijd had als gevolg dat dit gebied tot de zwaarst getroffen delen van Nederland behoorde.

Vestingwerken

Van de middeleeuwse vestingwerken zijn de 15de-eeuwse Westpoort, enkele aansluitende stukken stadsmuur, de Waterpoort en de Zuidpoort nog overblijfselen. De Westpoort lag op de weg naar Brugge. Het complex bestond uit een poortdoorgang, die met deuren kon worden afgesloten, een wapenkamer, een ruimte voor de manschappen en enkele opslagplaatsen. In 1978 werd de Westpoort gerestaureerd. Langs de Waterpoort kwam het overtollige water uit de omgeving van Aardenburg de stad binnen om vervolgens via een sluis uit te monden in de haven, die in verbinding stond met het Zwin. De Zuidpoort, ook wel Sluisse poort genoemd, was de oude toegangspoort vanuit Aardenburg naar Sluis. In 1399 werd met de bouw ervan begonnen.

De 17de-eeuwse vestingwerken werden aangelegd volgens het principe van het Oud-Nederlands Stelsel. Aan landzijde kwam een hoofdwal te liggen, waarin acht bastions waren opgenomen. Aan de voet van de hoofdwal lag een onderwal. Rondom de vesting werd een gracht aangelegd die aan de overzijde door een contrescarp werd afgesloten. De acht bastions heetten: Bekaf, Oranje, Nassau, Zeeland, Schuttershof, Magdalena, Galgen Bolwerk en Stenen Beer.

Van 1699 tot 1702 werden door Menno van Coehoorn belangrijke werkzaamheden aan de vesting uitgevoerd. In de gracht werden zeven ravelijnen en *couvre-faces* aangelegd. De buitenwerken werden uitgebreid met een glacis met gedekte weg en wapenplaatsen. Aan de kant van het Zwin werd een rechte aarden wal aangelegd, waarin vijf kleinere bastions waren opgenomen: Paape Muts, Steene Batterij, Leugenaar,

Mayendam en Sint-Jansdam. Aan de overzijde van het Zwin kwam een getenailleerd liniestelsel (een aaneenschakeling van bolwerken zonder flanken), waarin een reeds bestaand hoornwerk en een kroonwerk werden opgenomen.

In 1816 werd de Vesting Sluis opgeheven. De omwalling aan de noordoostzijde en de zuidzijde is nog heel goed herkenbaar. Ook de grachten zijn nog duidelijk te zien. De buitenwerken zijn geëgaliseerd en enkel nog aan kleine verhogingen in het terrein herkenbaar.

Bezoek aan Sluis

De vestingwerken kunnen zowel met de fiets als te voet bezocht worden. Rondom de hele vesting ligt een prachtig net van fietspaden waardoor men telkens vanuit een ander gezichtspunt naar de vestingwallen kan kijken.

Voor een wandeltocht kan men het best vertrekken vanaf de Zuidpoort, op de weg naar Aardenburg. Aan de stadszijde is een poortwachterswoning in de vestingwal gebouwd. Met behulp van een trap is het mogelijk boven op de wal te komen. Hier kan men kiezen in welke richting men met de wandeling begint.

Midden in de stad staat het Belfort, het stadhuis van Sluis. In het gebouw bevindt zich een prachtige zaal met kunstvoorwerpen die betrekking hebben op de geschiedenis van stad en streek. De toren van het Belfort kan beklommen worden. Van daar af is het uitzicht op de vestingwerken prachtig.

Aan de noordoostzijde van Sluis ligt binnen de omwalling een kampeerterrein.

De vesting Hulst

Geschiedenis

Aanvankelijk was Hulst een onversterkte plaats. Uit de stadsrekening van 1341 blijkt dat Hulst dan slechts omgeven is door een primitieve gracht en een aarden wal. In 1452 werd de stad door de Gentenaren grotendeels verwoest. Vervolgens werd in 1460 met de aanleg van vestingwerken begonnen. Omstreeks 1480 was Hulst vermoedelijk omringd door een combinatie van stadsmuren en stukken aarden wal. Op de plaats waar de havengeul de stad binnenkwam en waar ook het landverkeer uit het Land van Axel en het Land van Hulst samenkwam, lag een aarden bolwerk. Hier werd in 1506 met de bouw van de Bollewerckpoort begonnen. De kaart van Jacob van Deventer (ca. 1560) toont Hulst in zijn volle glorie van middeleeuwse vestingstad.

Tijdens de Tachtigjarige Oorlog werden in 1572 de vestingwerken door de Spanjaarden versterkt. Van 1578 tot 1583 werd de stad bezet door de Gentse calvinistische Republiek; met de overgave aan de hertog van Parma in 1583 kwam hieraan een einde. In september 1591 slaagde prins Maurits erin Hulst te

Plan van de stad Hulst door D.W.C. Hattinga, uit de 'Atlas van Staats-Vlaanderen', 1751.

veroveren. Tegen de middeleeuwse stenen verdedigingswerken aan werd een aarden borstwering opgeworpen. Ook werden er in de grachten verschillende ravelijnen aangelegd. De werkzaamheden waren nog maar half voltooid toen aartshertog Albrecht van Oostenrijk in juli 1596 het beleg voor Hulst sloeg. Eind augustus werd de stad aan de Spanjaarden overgegeven. Tijdens het Twaalfjarig Bestand (1609-1621) werd vanaf 1615 begonnen de vestingwerken aan te leggen volgens het principe van het *trace-italienne.*

In 1626, 1637, 1639, 1640 en 1643 ondernam prins Frederik Hendrik pogingen om Hulst met geweld aan Staatse zijde te krijgen. Het bezit van de stad ter beheersing van de linker-Scheldeoever was noodzakelijk, omdat van daaruit een dertigtal forten van bemanning konden worden voorzien. In 1645 lukte het de 'Stedendwinger' de stad te veroveren. Hulst werd daarmee een Staatse Frontier Stadt: een vestingstad van waaruit de grens tussen de Republiek der Zeven Provinciën en de Spaanse bezittingen in de Lage Landen verdedigd kon worden.

Na de Tachtigjarige Oorlog was er een korte periode van rust, maar in 1702 werd de Republiek der Zeven Provinciën betrokken bij de Spaanse Successieoorlog. Aan de oostzijde van de stad probeerden de Fransen een doorbraak te forceren, maar dat mislukte. Tijdens de Oostenrijkse Successieoorlog werd Hulst in 1747 overgegeven aan de Fransen.

Toen de Fransen in 1794 het oostelijke deel van Staats-Vlaanderen veroverden, was er van tegenstand nauwelijks sprake. Prins Willem V had opdracht gegeven de troepen terug te trekken. Slechts enkele soldaten waren in Hulst als symbolische legermacht achtergebleven omdat onverdedigd gebied rechtstreeks eigendom werd van de veroveraar. Bij het Haags Verdrag van 16 mei 1795 werd Staats-Vlaanderen aan Frankrijk afgestaan. De Franse bezetting duurde tot 1814. Hulst werd in 1816 als vesting opgeheven; de stadspoorten werden tot 1859 nog 's avonds gesloten. Toen in 1918 de gemeenteraad van Hulst besloot de wallen te slechten, rees er een storm van protest en werden de afbraakplannen opgeborgen. Zo is Hulst een der fraaiste voorbeelden van Oud-Nederlandse vestingbouwkunde gebleven.

Vestingwerken

Van de middeleeuwse vestingwerken rest enkel de ruïne van de Bollewerckpoort in het huidige Brederodebolwerk. In 1957 werd begonnen met de opgraving van deze land- en waterpoort. De poort bestaat uit twee flanktorens, twee landingangen en een front boven de havengeul dat voorzien is van schietcellen. Tegenover de beide landpoorten zijn hoofden gemetseld, waarop valbruggen werden neergelaten. Tussen de beide flanktorens en het front hebben houten poorten gehangen. De havendoorgang kon worden afgesloten met grote deuren, die uit spijlen bestonden. Aan de zeezijde van de haveningang zijn aan weerskanten wit-arduinen beren gebouwd die dienden voor de scheiding tussen het zoute haven- en het zoete grachtwater. De havengeul, die binnen de omwalling doorliep tot aan de Vismarkt, stond immers in verbinding met de Honte (Westerschelde). De poort is grotendeels opgetrokken uit rode baksteen. De buitenzijde van de muren bestaat uit witte arduinsteen. De beide torens hadden vermoedelijk spits toelopende ronde daken.

De huidige omwalling, die is aangelegd volgens het principe van het Oud-Nederlands Stelsel, is niet overal even hoog. In het zuiden bedraagt het hoogteverschil tussen kruin en onderwal slechts acht meter, omdat het buitengebied aan die kant van de stad geïnundeerd kon worden. Ten gevolge van overstromingen had zich aan de zuidzijde van Hulst een kreek gevormd, waardoor een dubbele omgrachting ontstond: de Buitenvest.

Het gebied ten noorden van de stad kon vanwege de hogere ligging niet onder water worden gezet. Daarom zijn de wallen daar niet alleen steiler, maar ook meer dan tien meter hoog. Oorspronkelijk lagen er vijf ravelijnen in de vestinggracht, waarvan vier aan de noordzijde. Tussen de ravelijnen en de hoofdwal lagen houten bruggen.

Negen bolwerken omringen de stad: het Brederode-, het Nassau-, het Oranje-, het Prince-, het Solms-, het Oude Molen-, het Doelen-, het Galge- en het Molenbolwerk.

De verdedigingswerken tussen het Galge-, het Molen- en het Brederodebolwerk zijn de indrukwekkendste gedeelten van de vestingstad Hulst. Op het Molenbolwerk staat de in 1792 voor rekening van de Generaliteit gebouwde Stadsmolen. Boven de oostelijke ingang bevindt zich het wapen van de Generaliteit.

Drie poorten geven toegang tot de stad. Aan de noordzijde ligt de in 1620 gebouwde Dobbele- of Dubbelepoort, genoemd naar de onder de Molenberg bedolven Dobbele- of Bollewerckpoort. In 1932 werd deze poort uitgebreid met twee extra doorgangen. De Bagijne- of Graauwsepoort aan de oostzijde van de stad stamt in zijn huidige vorm uit 1704. Omstreeks 1960 werd ernaast in de wal een betonnen tunneltje aangelegd. De aan de zuidkant gelegen Gentsepoort dateert in zijn huidige vorm uit 1780; ernaast is in 1902 een doorsnijding in de vestingwal gemaakt ten behoeve van de stoomtram.

Bezoek aan Hulst

De vestingwerken van Hulst kunnen zowel per fiets als te voet verkend worden. Voor een fietstocht kan men het best aan de zuidzijde van de stad vanaf het Havenfort vertrekken (parkeergelegenheid). Vlakbij het Havenfort begint een uitgestrekt park, van waaruit men een schitterend gezicht op de vestingwerken heeft. Het is mogelijk om rond heel de stad te fietsen.

Voor een wandeling over de vestingwallen is het nabij het Havenfort gelegen Oranjebolwerk een aangewezen startplek. Vanaf het bolwerk kan men gemakkelijk bovenop de wal komen. Tijdens de wandeling passeert men de Bollewerckpoort, de middeleeuwse land- en waterpoort die aan de noordzijde van de stad ligt. Het is aan te raden om vanaf de poort richting molen te wandelen. De vestingwerken aan deze kant van de stad zijn nog vrijwel volledig intact.

In de Steenstraat staat het streekmuseum, waarin een speciale vestingkamer is ingericht die informatie geeft over het krijgsverleden van stad en streek.

Vanaf de toren van de Sint-Willibrordusbasiliek is het uitzicht op de stad en haar vestingwerken werkelijk fantastisch. Regelmatig zijn er excursies naar de toren (aanmelden bij de VVV). Ook een wandeling binnen de wallen is aan te bevelen.

(Met dank aan ing. K.J.J. Brand te Hulst en P. Everaers te Terhole voor het nalezen van de tekst.)

Bibliografie

Stockman, P. en **Everaers, P.**, *'Frontier Steden en Sterckten'. Vestingwerken in Oost-Vlaanderen en Oost-Zeeuws-Vlaanderen 1584-1839*, Hulst, 1997.

Stockman, P. en **Everaers, P.**, *Versterckt Zeeland*, derde uitgebreide druk, Middelburg, 2001.

FORT SINT-PIETER IN MAASTRICHT

JOS NOTERMANS

De stad Maastricht was in 1632 veroverd door prins Frederik Hendrik en daarmee onder het gezag van de Republiek van de Verenigde Provinciën gebracht. Daarnaast bezat ook de prinsbisschop van Luik bepaalde rechten in de stad, die dus tweeherig was. Voor de Republiek vormde Maastricht een vooruitgeschoven sleutelpositie aan de Maas. De verdediging van de stad, die tot 1632 eigenlijk nog sterk op de oude middeleeuwse ommuring leunde, werd door Frederik Hendrik op spectaculaire wijze uitgebreid met een samenhangend systeem van buitenverdedigingswerken.

Maastricht was eigenlijk een dubbelvesting: op de westelijke Maasoever het eigenlijke Maastricht en op de oostelijke de voorstad Wyck. Beide stadsdelen waren door middel van een stenen brug met elkaar verbonden – de nog steeds bestaande Sint-Servaasbrug, genoemd naar de stadspatroon. Het meest oostelijke bruggedeelte bestond uit een houten boog die in tijd van nood kon worden weggenomen. Dat bood theoretisch de mogelijkheid om de verbinding tussen beide delen van de vesting te verbreken en de verdediging voort te zetten als één deel door een vijand was veroverd.

De inname door de Fransen

Maastricht werd in 1673 na een verrassend korte belegering ingenomen door de Fransen onder aanvoering van Lodewijk XIV. Dat was des te opmerkelijker omdat Maastricht bekend stond als een sterke vesting die zowel in 1579 als in 1632 pas na een maandenlange belegering op de knieën werd gekregen.

Het Fort Sint-Pieter te Maastricht.

Nadat een Franse voorhoede op 6 juni 1673 bij de vesting was aangekomen, begonnen de eigenlijke aanvalswerken op 13 juni. Op 30 juni gaf de stad zich over, waarna het garnizoen op 2 juli op eervolle wijze vertrok. Vermeldenswaard is nog dat musketier d'Artagnan, bekend uit het werk van Alexandre Dumas, bij deze belegering sneuvelde.

De snelle val van de stad was vooral te danken aan een nieuwe aanvalstactiek die de beroemde Franse vestingbouwer en strateeg Sébastien le Prestre de Vauban (1633-1707) hier voor het eerst toepaste. De tactiek werd gekenmerkt door het stelselmatig toepassen van naderingsloopgraven en parallellen, waardoor de aanvallers zich gedekt naar de verdedigingswerken toe konden bewegen. Daarnaast stelde Vauban op de noordhelling van de Sint-Pietersberg, een heuvel ten zuiden van de stad, een deel van zijn belegeringsgeschut op. Vanop de helling kon hij zijn aanval buiten de Tongersepoort goed overzien en met behulp van het geschut ook van opzij ondersteunen.

Strategische overwegingen en diplomatieke verwikkelingen

Nadat de Fransen Maastricht hadden veroverd, zouden ze er vijf jaar – tot aan de Vrede van Nijmegen (1678) – heer en meester blijven. Vauban zelf ondernam al de eerste stappen om de dreiging die kon ontstaan bij een beschieting met kanonnen te verminderen. Hij versterkte een verhoogde geschutsopstelling op de stadsmuur bij de Tongersepoort - de Tongersekat – zodat van daaruit de noordhelling van de Sint-Pietersberg met verdedigend geschut bestreken kon worden.

Pas toen de oorlogsdreiging als gevolg van de Spaanse Successieoorlog (1701-1714) weer toenam, kreeg de gevaarlijke situatie aan de zuidzijde van de vesting opnieuw aandacht. Daniel Wolff, baron van Dopff (1650-1718), commandant van de vesting, stelde voor op de noordhelling van de Sint-Pietersberg een vestingwerk te bouwen, het Fort Sint-Pieter. Waarschijnlijk in verband met de vrees voor een nieuw beleg door de Zonnekoning werden de plannen zeer snel goedgekeurd. Ook de uitvoering geschiedde vliegensvlug: op 15 augustus 1701 werd opdracht gegeven tot aanbesteding van het vestingwerk en reeds acht dagen later kon een aannemer worden aangetrokken om het grondwerk uit te voeren. Het gehele vestingwerk zou op 1 maart 1702 zijn voltooid.

De bouw van het fort leidde tot een langdurig voortslepend conflict tussen de Republiek en de prins-bisschop van Luik. De plaats waar het fort kwam, was Luiks grondgebied en de bisschop liet zijn gezant in Den Haag een scherp protest uitspreken tegen de aantasting van zijn grondgebied. De Staten-Generaal verdedigden zich door aan te voeren dat in het verleden vaker vestingwerken waren aangelegd op Luiks gebied ter bescherming van Maastricht. Het fort moest worden beschouwd als een uitbreiding van de fortificaties van Maastricht en diende ter bescherming van de stad waar de bisschop medeheer was. Het conflict zou overigens pas in 1717 worden bijgelegd...

Beschrijving

Het vestingwerk op de Sint-Pietersberg lag enkele honderden meters vooruitgeschoven ten opzichte van de overige werken op het zuidelijk front van de vesting. Door die positie was de kans niet uit te sluiten dat het in oorlogstijd voor langere of kortere tijd van de stad afgesneden zou kunnen raken. Het vestingwerk is dan ook in alle richtingen verdedigbaar en zou enige tijd zelfstandig en onafhankelijk van de stad moeten kunnen functioneren. Om die reden wordt het een fort genoemd.

Het Fort Sint-Pieter heeft een vijfhoekige plattegrond met een omtrek van 225 meter en is aan alle kanten voorzien van schietgaten. In de beide flanken of zijkanten van het fort treffen we kanonschietgaten aan en in de overige drie zijden schietgaten voor geweren, in twee rijen boven elkaar. De onderste rij was gericht op de bodem van een droge gracht die rond een groot deel van het fort liep, de bovenste rij op de gedekte weg aan de overzijde van de gracht. De constructie van de schietgaten, die voor een deel recht door de muur lopen en voor een deel schuin, is ingenieus te noemen. De schuine schietgaten kruisen elkaar in het metersdikke muurwerk.

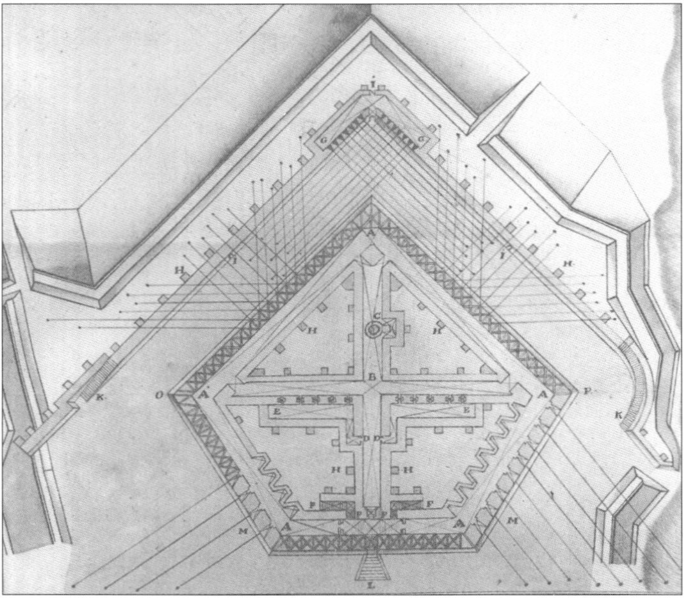

Plattegrond van het Fort Sint-Pieter omstreeks 1702. Duidelijk zijn de schietgaten en een aantal vuurlijnen aangegeven.

In het binnenste van het fort treffen we een gangenstelsel aan; het bestaat uit een rondgaande galerij die toegang geeft tot de gevechtsopstellingen aan de schietgaten. Een tweetal verbindingsgangen vormen respectievelijk de verbinding tussen de ingang van het fort en de saillant, de naar de vijand gekeerde hoek, en tussen de beide schouderhoeken. Via de eerstgenoemde verbindingsgalerij kan men een tweetal kazematten bereiken die bedoeld waren als opslagruimte; hier ligt ook de waterput. Een wenteltrap van meer dan honderd treden leidt langs de putschacht naar de mergelgroeven onder het fort. In de mergelgroeven werden enkele verdedigingsmuren met schietgaten gebouwd om de vijand onder het fort weg te houden.

Via de galerij achter de keel kan men langs een tweetal trappen het bovenvlak van het vestingwerk bereiken. Bovenop stond oorspronkelijk een stenen wachthuis. De droge gracht werd in de oorspronkelijke opzet van het fort nog verdedigd door een bunker of caponnière die tegenover de saillant lag.

Uit de geschiedenis van het fort

Tijdens de Spaanse Successieoorlog zou Maastricht niet belegerd worden en het Fort Sint-Pieter werd tijdens die oorlog dan ook niet op zijn werkelijke waarde getoetst. In 1717 kreeg het hoog bezoek toen de Russische tsaar Peter de Grote Maastricht aandeed. Tijdens zijn verblijf van drie dagen in de stad vond hij de tijd om het fort te bekijken en via de wenteltrap rond de waterput af te dalen in de mergelgroeven.

De eerste belegering die het fort moest doorstaan vond plaats in 1748. Het Franse leger koos er echter voor om de noordzijde van de vesting aan te vallen en het fort werd dus ongemoeid gelaten. Uit die tijd weten we wel dat het toen bemand was door vierhonderd soldaten onder leiding van een kolonel. In verband met de geïsoleerde ligging werden ook voorbereidingen getroffen voor de inrichting van een noodhospitaal.

Het vestingwerk raakte voor het eerst echt in de strijd betrokken tijdens de belegering van 1794. Er werd toen eind oktober een aanval op het fort zelf ingezet. Zware artilleriebeschietingen vanaf de Cannerberg legden de rechterzijde van het werk grotendeels in puin. Ook langs de mergelgangen onder de Sint-Pietersberg probeerden de Fransen het fort te naderen en op te blazen. De fortbemanning zelf liet zich ook niet onbetuigd en probeerde door middel van onderaardse explosies Franse posities op de Sint-Pietersberg uit te schakelen. Die pogingen hadden echter geen resultaat, ze resulteerden in grote koepelgewelven in de mergelgroeven en in het gunstigste geval tot een kleine krater aan de oppervlakte van de berg. Maastricht capituleerde in de nacht van 3 op 4 november 1794.

Na de Franse bezetting, die tot 1814 duurde, werd het fort in de jaren 1816-1822 nog ingrijpend gemoderniseerd. De oorspronkelijk 8,40 meter hoge buitenmuren werden met drie meter verhoogd en bovenop werd een in de saillant verzonken mortierbatterij gebouwd die vuur kon uitbrengen op het plateau van de Sint-Pietersberg. Bovenop de batterij werd een grote kanonbatterij gebouwd die twee vleugels had, respectievelijk voor vijf en voor zeven kanonnen. De beveiliging van de droge gracht werd verbeterd door de bouw van vier nieuwe caponnières; de caponnière tegenover de saillant kwam te vervallen.

Met de opheffing van de Vesting Maastricht in 1867 kwam ook een einde aan het militaire bestaan van het Fort Sint-Pieter. Delen van de batterijen bovenop werden gesloopt alsmede een van de vier nieuwe caponnières.

Nieuwe bestemmingen

Omdat het fort op enige afstand van de stad lag, werd het in het kader van uitbreidingsplannen ontzien. Veel andere vestingwerken vielen onder de slopershamer omdat ze de uitbreiding van stad of industrie belemmerden. In de eerste decennia na de ontmanteling werd het fort als een soort agrarisch bedrijf uitgebaat. Enkele caponnières werden ingericht als boerenwoning en door de droge gracht werd een dam gelegd zodat de koeien ook bovenop konden grazen.

In de jaren 1930 werden er voor het eerst feesten en partijen op het fort georganiseerd. De feestelijkheden vonden aanvankelijk vrijwel uitsluitend in openlucht plaats, maar al spoedig werd een gedeelte van het terrein achter de keel overkapt. In onze tijd vond er nog een grote uitbreiding plaats van het café-restaurant, maar tegenwoordig gaan ook weer stemmen op die pleiten voor het herstel van de oorspronkelijke toestand.

Sinds jaar en dag is het ook mogelijk het fort onder begeleiding van een VVV-gids te bezoeken. Men krijgt dan een uitgebreide toelichting over de vestingbouwkundige kwaliteiten en eigenschappen van het monument. Voor de bezoekers werd een van de kanongalerijen opnieuw ingericht. Daarnaast is natuurlijk het schitterende uitzicht op stad en omgeving een attractie op zich. Ook de natuur op het fort heeft zich door de jarenlange verwaarlozing kunnen ontwikkelen en verdient respect en bescherming.

Bibliografie

Baalbergen, J. (red.), *Atlas van historische vestingwerken in Nederland, Limburg*, Utrecht, 1998, p. 115-137.

Kamps, P. e.a., *Terminologie verdedigingswerken, inrichting, aanval en verdediging*, Utrecht, 1999.

Morreau, L.J., *Bolwerk der Nederlanden*, Assen, 1979, p. 240-256.

Notermans, J., *Fort St.-Pieter*, Maastricht, 1980.

NIEUWSTE TIJD

1789 TOT NU

INLEIDING
VERSTERKINGEN IN DE NIEUWSTE TIJD

LUC DE VOS • ROBERT GILS • RUBEN VERBIST

Evolutie van het krijgsgebeuren

De ontwikkeling van de wetenschap maakt nieuwe technologieën mogelijk die niet alleen betrekking hebben op de bewapening en hun munitie maar ook op het transport (zoals spoorwegen, motorvoertuigen en vliegtuigen) en de telecommunicatie (telegraaf, telefoon en radio). Met de industrialisatie produceert de maatschappij deze middelen in grote hoeveelheden. Een rationelere organisatie van de staat maakt een meer performante belastingheffing mogelijk en het nationalisme laat toe de bevolking te militariseren. De kaders van de legers professionaliseren. Door dat alles kunnen zeer grote legers opgesteld worden, die voorzien zijn van de modernste uitrusting, terwijl hun mobiliteit en de snelheid van bevelvoering toenemen.

Daarbij liggen de versterkingen te wachten op de gebeurtenissen... Hun onbeweeglijkheid maakt dat ze minder en minder passen in een steeds mobielere oorlogvoering. Gebouwd om de tand des tijds te trotseren, 'verouderen' ze snel. Door hun beperkte oppervlakte kunnen ze gemakkelijk voorbijgestoken, geneutraliseerd of stukgeschoten worden door steeds krachtiger wapens.

Aanvankelijk werden de fortificaties uit de 18de eeuw behouden; ze speelden evenwel geen grote rol meer. Enerzijds noodzaakten de bevolkingstoename en de economische groei vanaf het midden van de eeuw dat steden hun omwallingen sloopten zodat de stadsuitbreiding niet belemmerd werd. Anderzijds was het belang van de belegering in militaire operaties sterk geslonken. Napoleon voerde zelden belegeringen uit. Hij behield het initiatief. Voor een leger van vele honderdduizenden soldaten vormde een versterking met een bemanning van zo'n vijfduizend manschappen niet echt een bedreiging: er werd gewoon omheen getrokken. Veldslagen brachten nu de beslissing. Waar het Franse koninklijke leger in 1789 155 000 soldaten telde, was het republikeinse van 1793 reeds 400 000 manschappen sterk. Het leger van het jaar II (22 september 1793 – 21 september 1794) had 700 000 manschappen op de rollen.

Op lange termijn bekeken, stellen we vast dat de periode 1815-1850 relatief rustig was inzake het krijgsgebeuren, vooral in Europa. Nadien kwam er weer leven in de brouwerij met de Krimoorlog (1853-1856), de Amerikaanse Secessieoorlog (1861-1865), de Frans-Duitse oorlog (1870-1871) en de Boerenoorlog (1899-1902). De versterkingen waren in de eerste decennia van de Belgische onafhankelijkheid niet zozeer naar Duitsland gericht, maar veeleer naar Nederland en Frankrijk, die droomden van hereniging of aanhechting. Pas in de jaren 1860 zal de militaire macht van Pruisen als een bedreiging worden ervaren.

Na twee bloedige jaren van strijd in de open vlaktes tijdens de Amerikaanse Burgeroorlog, werden vanaf 1863 opnieuw veel veldfortificaties aangelegd. De Europeanen trokken hieruit geen lessen; in 1914 begonnen ze hun eigen stellingenoorlog. Het klimaat van onveiligheid vanaf de jaren 1860 zorgde ervoor dat fortificaties opnieuw in trek kwamen. Voorheen werden er bakstenen versterkingen opgericht, voortaan waren de sperforten en versterkte posities (Luik, Namen, Antwerpen) in beton, later zelfs in gewapend beton.

Aan het einde van de 19de eeuw was de meest bevolkte staat van West- en Centraal-Europa, het Duitse rijk, tevens de meest geïndustrialiseerde. Het werd op industrieel vlak op de hielen gezeten door Groot-Brittannië, België en Frankrijk. Ook in delen van Rusland en Oostenrijk (nu Tsjechië) en in Noord-Italië was het industrialiseringsproces op gang gekomen. Er heerste grote rivaliteit omtrent grondstoffen en afzetmarkten. Frankrijk droomde van revanche. Het wilde de in 1871 verloren grensprovincies Elzas en Lotharingen heroveren.

Die spanning tussen de Germaanse en de Romaanse wereld had in de Balkan een tegenhanger. Servië droomde ervan om de volkerenmozaïek Bosnië-Herzegovina afhandig te maken van de meervolkerenstaat Oostenrijk-Hongarije. Het kruitvat ontplofte in de Balkan met de moord op aartshertog Frans-Ferdinand, de troonopvolger van Oostenrijk-Hongarije, en zijn echtgenote in Sarajevo op 28 juni 1914. Heel snel echter kozen de bondgenoten van Servië partij voor de terroristen. Europa viel ten prooi aan een opgeklopt nationalisme en de vrees in de minderheid te raken, leidde tot een snelle mobilisatie. Duitsland, dat het opnam voor Oostenrijk-Hongarije, viel daarop Frankrijk aan. Het hoopte zijn grote westerbuur te verslaan vooraleer Rusland klaar was om in het strijdperk te treden. Rusland zelf meende zijn interne problemen te boven te komen door zich op te werpen als het boegbeeld van de Slavische en orthodoxe volkeren. De voorafgaande blokvorming leidde tot een kettingreactie van in het strijdperk tredende legers.

De middelen die op het einde van de 19de eeuw uitgevonden waren, werden nu ingezet: onderzeeërs, gewapend beton, kanonnen met wiegrem en goniometer, handgranaten, mortieren en vooral mitrailleurs. Het summum van het toenmalige industriële kunnen, het slagschip, kwam nauwelijks uit de haven. De omvangrijke Britse vloot kon door zijn aanwezigheid de Duitse vloot binnengaats houden. De Britten gebruikten hun vloot volgens de indirecte strategie van de Amerikaanse admiraal Alfred Mahan. Een maritieme blokkade leidde in Duitsland onder andere tot een tekort aan nitraten, nodig voor de productie van springstoffen. De latere Nobelprijswinnaar Fritz Haber paste zijn procédé van stikstoffixatie uit de lucht toe voor het vervaardigen van de broodnodige explosieven.

Het Duitse massaleger – 3 800 000 manschappen (zes procent van de bevolking) – leek aanvankelijk het succes van 1870 te zullen overdoen. De Belgische forten werden snel uitgeschakeld: daarvoor zorgden, naast de kanonnen met kaliber 210 millimeter, vooral het zeer zware Duitse geschut met kaliber 305 en 420 millimeter. Door dat uiterst zwaar geschut, met projectielen van 400 tot 1000 kilogram, viel er 60 000 kilogram op de Luikse forten, 380 000 op de Naamse en 1 418 727 op de Antwerpse. De bouw van de forten van Namen en Luik was begonnen in 1887; ze waren opgetrokken uit ongewapend niet-continu beton. Ook voor de buitenste fortengordel van Antwerpen gebruikte men niet-gewapend en slechts lichtgewapend beton.

Vooral de *Position fortifiée de Liège* (PFL) speelde een belangrijke rol in de Duitse aanvalsstrategie, het 'plan Schlieffen-von Moltke'. Het ging ervan uit dat een tweefrontenoorlog onvermijdelijk was en dat het Russische rijk zijn troepen traag mobiliseerde. Daarom moest Frankrijk in een snelle, korte bewegingsoorlog op de knieën gedwongen worden – zoals in 1870 – alvorens de krachten te verleggen naar het Russische front. De hoofdkrachtinspanning in augustus 1914 lag ten noorden van Samber en Maas. Wilden de Duitse troepen snel opmarcheren doorheen België, dan moest de PFL zo vlug mogelijk ingenomen worden. Ook Frankrijk trachtte zijn grens met de Duitse erfvijand te beschermen door de constructie van een reeks forten, onder meer rond Metz en Thionville en in Maubeuge.

Het Franse leger (negen procent van de bevolking), dat even talrijk was als het Duitse, wist met Britse en Belgische hulp de vijand tot staan te brengen. In november 1914 viel het front stil van de Noordzee tot Zwitserland. De twee partijen groeven zich in. Het werd geen korte, vrolijke oorlog. Het was niet *'over by Christmas'* 1914. Alleen loopgraven boden bescherming tegen het nietsontziende vuur van geweren, mitrailleurs en kanonnen.

Normaal waren er twee tot drie opeenvolgende linies. Iedere stelling bestond uit twee min of meer parallelle loopgraven (*tranchées, trenches, Schützengraben*), ongeveer tweehonderd meter van elkaar verwijderd. Tussen twee linies lag twee à drie kilometer. Daarnaast was er veel prikkeldraad, de eerste en tweede linie waren tot driehonderd meter diep. Allerlei zigzagverbindingsgangen (*boyaux, Laufgraben*) verbonden de loopgraven. Mitrailleurs in of naast bunkertjes (*pillboxes*) hielden het *no man's land* onder schot. Een paar kilometer achter het front lagen de artillerie en de reserve-eenheden.

Het leven in de loopgraven was, vooral in de winter en bij regenweer, bijzonder hard. Met pompen en planken vloeren poogde men ze niet te vochtig te laten worden. Dysenterie, bevriezingsverschijnselen en gangreen waren de problemen in onze gewesten; malaria, cholera en zonnesteken in het zuiden. De bloedtransfusie, een uitvinding van de Belg Albert Hustin, werd geperfectioneerd en liet voortaan ingewikkelde medische ingrepen toe.

Het fundamentele probleem van de Eerste Wereldoorlog was het realiseren van de doorbraak. Lange beschietingen, het gebruik van oorlogsgassen (voor het eerst op een efficiënte, zij het slecht geëxploiteerde manier op 22 april 1915 in Steenstraat bij Ieper), vlammenwerpers (voor de eerste maal op ruime schaal op 30 juli 1915 bij Het Hoge bij Ieper) en dynamietladingen (dynamiet is een uitvinding van Alfred Nobel uit 1866) die men tot ontploffing bracht onder de linies van de tegenstrever, boden geen oplossing. Massale aanvallen leidden tot echte slachtpartijen. De eerste vliegtuigen deden hun intrede op het strijdtoneel. Naar het einde van de oorlog leek de gepantserde, op rupsbanden voortbewogen tank de oplossing te brengen. De eerste tanks werden door de Britten op 15 september 1916 in Flers aan de Somme ingezet. Het eerste adequate tactische gebruik ervan dateert van 20 november 1917, toen de Britten de Duitsers bij Kamerijk (Cambrai) een zware slag toebrachten. Toch waren het de 1 800 000 Amerikaanse soldaten die in 1918 uiteindelijk de balans zouden doen doorslaan.

In de ogen van velen is de Eerste Wereldoorlog een terugkeer naar de barbaarse oorlogvoering van de vroegmiddeleeuwse volksverhuizingen. De Britse generaal en historicus John Fuller stelt dat een mensenleven zo goedkoop was als stront.

De radicalisering van de Eerste Wereldoorlog was niet alleen een gevolg van de veralgemeende dienstplicht en de betrokkenheid van de volledige bevolking, maar ook van de verregaande industrialisering van de oorlog. In 1815 beschikte Napoleon in Waterloo over ongeveer 20 000 artillerieprojectielen die samen zo'n honderd ton wogen. In 1917, voor de slag van Malmaison, vuurden de Fransen op zes dagen 80 000 ton projectielen af – tien miljoen stuks. Om dat aan te voeren hadden ze 226 treinstellen van ieder dertig wagons nodig. De voorbereiding had één maand in beslag genomen. De Fransen hadden vóór de oorlog berekend dat ze dagelijks 10 000 projectielen van 75 millimeter zouden afvuren. In 1915 produceerden ze er dagelijks reeds 200 000.

Tijdens het interbellum bouwde men voort op de lessen uit de Eerste Wereldoorlog. Het Duitse vliegwezen en tankwapen, en vooral de samenwerking tussen beide, werden uitvoerig uitgetest in de Spaanse Burgeroorlog (Condorlegioen). Ironisch genoeg had Duitsland in de jaren 1930 een overeenkomst afgesloten met de Sovjetunie om zijn blitzkriegtechnieken te oefenen op de Russische vlakten. Dat er een derde dimensie bestond, had het Duitse leger goed begrepen – met de oprichting van luchtlandingstroepen die zo performant zouden optreden in Scandinavië, de toekomstige Beneluxlanden (Rotterdam, Eben-Emael) en zelfs nog op Kreta; hoewel ze bij die laatste operatie zulke zware verliezen leden dat ze nooit meer geparachuteerd werden.

Toch negeerden de andere Europese mogendheden deze tekenen aan de wand. Ze beperkten zich hoofdzakelijk tot een kwantitatieve bewapeningswedloop en een niet-mobiel defensief. Aan het Albertkanaal werd een defensieve lijn van bunkers ingebouwd. Een tweede defensieve linie spreidde zich uit van Koningshooikt tot Waver (de KW-linie) en bestond eveneens uit betonnen constructies, aangevuld met tankhindernissen. Belangrijke bruggen zoals die van Veldwezelt, Vroenhoven, Kanne en Visé werden bewaakt door een fort (bv. Eben-Emael). In de Angelsaksische milieus was een doorbraakrol weggelegd voor het tankwapen, terwijl de Duitsers het zouden inzetten als een exploitatiewapen dat de weerstandsnesten omtrok – daar mocht de infanterie zich mee bezighouden.

De doorbraak in de Ardennen, de overschrijding van de Maas en de verbluffende opmars naar de monding van de Somme waren echter het werk van een beperkte elite. Hooguit 300 000 manschappen wisten daarbij met de tandem vliegtuig/tank de doorbraak en exploitatie te bewerkstelligen. De *Luftwaffe* gaf de nodige nabije luchtsteun, onder meer met de duikbommenwerpers, de Stuka's Ju-87, van Ernst Udet. Na enkele dagen was de veldtocht in het Westen virtueel gewonnen, wat volgde was de ineenstorting. Professionele soldaten, niet-conformistisch tactisch denken en een beperkte hoeveelheid moderne wapens brachten de massalegers een zware slag toe.

Bovendien zouden de geallieerden zich in mei 1940 lineair opstellen, terwijl het Duitse rijk de diepe orde zou toepassen. Had West-Europa de lessen uit de Eerste Wereldoorlog dan toch niet goed begrepen? Hoewel een aantal militaire denkers zoals De Gaulle en Fuller wel één en ander hadden opgestoken, konden ze de conservatieve legerleiding niet overtuigen en bleven oubollige doctrines gehandhaafd. Toch waren er al enige veranderingen te bespeuren binnen de zeemacht en het vliegwezen.

Het Verenigd Koninkrijk had als enige een degelijk systeem van luchtverdediging, gestoeld op de radar en waarnemingsposten. In Albion zou tevens de geallieerde strategische luchtmacht zich materialiseren, zoals ze werd beschreven door militaire denkers als Douhet, Mitchell, De Seversky, Wever en Trenchard. Groot-Brittannië, de Verenigde Staten en Japan beschikten over vliegdekschepen, het wapen bij uitstek dat het pleit zou beslechten in de strijd om de Stille en de Atlantische Oceaan. Toen de Amerikaan Billy Mitchell begin jaren 1920 experimenteerde met het tot zinken brengen van schepen door middel van bombardementen, werd hij ondanks de verbluffende resultaten niet toegejuicht. Yamamoto, die als marineattaché de demonstratie bijwoonde, was wel onder de indruk. Dit resulteerde in de briljant georchestreerde aanval op Pearl Harbor op 7 december 1941.

Rusland bleef traditioneel de reus op lemen voeten met een doctrine die dateerde uit de Eerste Wereldoorlog. Zelfs het kleine leger van lichtbewapende Finnen was in staat de Russische industriële pletwals zware verliezen toe te brengen. Toch beschikte de Sovjetunie over een geducht pantserwapen: de T-34, slechts een medium-tank, was beter dan alles wat Duitsland kon opbrengen. Ook het Japans leger in Mantsjoerije ondervond tot wat het Rode Leger in staat was als de doctrines van een statische oorlogvoering opzij werden geschoven.

Tegen de blitzkriegmethode, die de Tweede Wereldoorlog karakteriseerde, waren versterkingen niet opgewassen, omdat ze meestal niet frontaal werden aangevallen. Gebeurde dat wel, dan maakte de verdediger een behoorlijke kans, zoals het halsstarrig verzet van Belgische en Britse troepen op de KW-linie illustreerde. De positie werd echter opgegeven omdat het risico op overvleugeling te groot was. Ook de Franse Maginotlinie – de fortengordel die Elzas-Lotharingen tegen een Duitse agressie moest beschermen – werd simpelweg omtrokken en in de rug aangevallen. De Finnen wisten tijdens de Winteroorlog meer rendement te halen uit hun Mannerheimlinie, waar de Russen frontaal op inbeukten. Dit complex, genoemd naar de Finse maarschalk en president Carl Gustav Mannerheim, bestond uit moerassen, dichte bossen, meren en was op de toegangspunten voorzien van bunkers en forten.

Waar de bliksemoorlog geen voet aan wal kreeg, bleven de traditionele fortificaties hun taak vervullen. Dat moesten de Amerikaanse *marines* maar al te vaak ondervinden op de door Japan bezette atollen. Evenwel konden – net zoals in de Tweede Golfoorlog – laagbouw-bunkerlinies simpelweg overwonnen worden met bulldozers. Dat was niet het geval tijdens de ontscheping in Normandië. De *Atlantikwall* werd slechts overwonnen door de individuele moed van infanteristen in combinatie met de niet-aflatende bombardementen en beschietingen door scheepsgeschut.

Het driedimensionaal denken – en het tweedimensionaal denken van de tegenstander – maakte het tevens mogelijk om fortificaties vanuit de lucht te overmeesteren, zoals het geval

Eben-Emael rijkelijk illustreert. Het moeilijkst in te nemen bolwerk blijft de stad: de voordelen van de korte, mobiele oorlog vallen hier immers weg. Drie opties blijven over om de overgave te bewerkstelligen: uithongering, platbombarderen of bloedige straatgevechten.

In elk gewapend conflict gaat de technologie met rasse schreden vooruit. De Tweede Wereldoorlog vormt daarop geen uitzondering. Het operationele arsenaal werd uitgebreid met draagbare antitankwapens (*bazooka*, *Panzerschreck*, *Panzerfaust* en PIAT), geleide en niet-geleide projectielen, helikopters, V-wapens, de A-bom en het straalvliegtuig. De wetenschappelijke oorlog werd meer en meer een feit: zonder de V-wapens had de Apollo 11-expeditie niet reeds in 1969 op de maan kunnen landen. Door toedoen van de rakettechnologie leek het minder waarschijnlijk dat in een toekomstig conflict de belligerenten elkaar nog op korte afstand zouden treffen. Het opduiken van de dekolonisatieoorlogen nuanceert die stelling evenwel. Algerije, Indochina, Cyprus, Maleisië: telkens weer was het de infanterist die de zware klus moest opknappen.

In de naoorlogse periode veranderde er weinig aan de doctrines en basisconcepten, alleen de uiterlijke verschijning onderging wijzigingen. Het materieel werd perfomanter: sneller en mobieler, dankzij de informatica en de elektronica intelligenter, beter beschermd, trefzekerder, polyvalenter, maar uiteraard ook veel duurder. Na de val van de Berlijnse muur nam de rol van het vliegtuig verder toe in de hoogtechnologische oorlogen die deze periode karakteriseerden. In eerste instantie is het vliegtuig de wegbereider van vrijwel elke operatie van grondtroepen. Zodra grondtroepen van start gaan, doen ze een beroep op de luchtmacht voor vuursteun op het slagveld. Kortom: de legers worden kleiner, professioneler en technologischer.

In Indochina zouden de communistische strijdkrachten tunnelcomplexen in gebruik nemen. Onttrokken aan het oog van de vijand, maakten ze ongehinderde troepenverplaatsingen mogelijk. Voorts dienden de tunnels als schuiloord en uitvalsbasis en waren ze zwaar verdedigd door middel van opgezette valstrikken (*booby-traps*), onder water gezette gedeelten die het uitroken en het gebruik van handgranaten minder efficiënt maakten, een ingewikkeld grondplan, de duisternis en een aantal natuurlijke vijanden zoals slangen. Het beroemdste complex vormden wellicht de Cu Chi-tunnels.

Voor het overige veranderden de fortificaties weinig. Bunkers bleven combinaties van staal en beton. Ze werden hoogstens dieper ingegraven om te ontkomen aan stralingsgevaar en om de penetratiekracht van explosieven in de diepte te overtreffen. Een fortificatie is pas honderd procent doeltreffend als een waarschuwingstijd in acht wordt genomen; voor de lancering van de Spoetnik in 1957 bedroeg die enkele uren, nadien slechts een twintigtal minuten.

Versterkingen tijdens de hedendaagse periode

19de eeuw

Franse overheersing (1794-1814) – Omdat onder Jozef II de meeste vestingen waren afgebroken, liggen de Oostenrijkse Nederlanden open voor de Franse invasies van 1792 en 1794. Die worden trouwens beslecht met de veldslagen van Jemappes en Fleurus.

Zowel tijdens de Republiek (1792-1804) als tijdens het Eerste Keizerrijk (1804-1815) voeren de Fransen hun oorlogen op vijandelijk gebied, wat de vestingbouw in Frankrijk op een laag pitje zet. In ons land worden er enkel in Oostende en Antwerpen werken uitgevoerd. In Oostende wordt de omwalling verbeterd en ontstaan er twee voorliggende forten, waarvan enkel Fort Napoleon nog rest. Antwerpen wordt één groot marinearsenaal, *'un pistolet braqué contre le coeur de l'Angleterre'*. Er zijn werken aan de Spaanse omwalling, terwijl ook de Scheldeverdediging ter hand wordt genomen. Van die werken getuigen nog slechts de kat van Fort Liefkenshoek en het kruitmagazijn van Fort Lillo.

De Wellingtonbarrière. (1815-1830) (tekening J. Cannaerts)

Nederlandse periode (1815-1830) – Na de slag van Waterloo ontstaat de Wellingtonbarrière, een reeks gemoderniseerde of nieuwe vestingen die gebouwd worden om het Koninkrijk der Nederlanden tegen een Franse inval te beschermen. De kosten worden betaald door Frankrijk, Groot-Brittannië en de Nederlanden.

Aan de Franse grens vinden we tien vestingen; aan zee zijn er Oostende en Nieuwpoort (mogelijke ontschepingsplaatsen voor Britse troepen); op de Schelde zijn er Oudenaarde, Gent, Dendermonde, Antwerpen en de Scheldeforten; op de Maas ten slotte de citadellen van Dinant, Namen, Hoei en Luik en verderop Maastricht. Bij een Franse bedreiging zouden de Britten de versterkingen op de Schelde houden en de Pruisen die van de Maas, terwijl het Nederlands leger het centrum zou verdedigen. In 1830 zijn de meeste versterkingen klaar, maar enkele tientallen jaren nadien worden er een groot aantal afgebroken.

In Vlaanderen vinden we overblijfselen van omwallingen en enkele militaire gebouwen in Menen en Dendermonde, een kruitmagazijn in Ieper en het tegenmijnstelsel van het Oudenaardse Kezelfort. In Wallonië zijn er nog de citadellen van Namen en Hoei en de *Chartreuse* in Luik bewaard gebleven. In Maastricht vinden we uit die periode Fort Willem.

Tegen Nederland – Na de Belgische Omwenteling komt ons land in het bezit van de meeste vestingen van de Wellingtonbarrière, maar de vijand zit nu in het noorden.

In 1835 wordt het besluit genomen Diest te versterken met een nieuwe omwalling, Fort Leopold en de Citadel; die laatste versterkingen en een gedeelte van de omwalling bestaan nog.

Een verschanste legerplaats in Antwerpen – Zodra onze problemen met de Nederlanders achter de rug waren, wordt Frankrijk opnieuw de potentiële vijand. De Wellingtonbarrière uitsluitend met het Belgisch leger verdedigen, is onmogelijk en door ons neutraal statuut is een preventieve bezetting ervan door andere mogendheden uitgesloten. Daarenboven kost het onderhoud veel te veel geld.

In 1851 wordt besloten de vestingen Ieper, Menen, Aat, Philippeville, Mariembourg en Bouillon te slechten. Antwerpen wordt een verschanste legerplaats. Vóór de Spaanse omwalling wordt een fortengordel van zeven gebastioneerde fortjes en een lunet gebouwd. Op de linkeroever wordt een nieuw fort opgericht (Vlaams Hoofd) en de Scheldeverdediging wordt verzekerd door een gekazematteerde batterij op Fort Sint-Marie. Naast Fort Sint-Marie bestaat nog enkel het reduit van het Fortje Deurne, nu de Arenasporthal.

Het concentrationisme en het polygonaal systeem – Door de verbetering van de communicatiemiddelen (meer wegen en bruggen en later de spoorwegen) krijgen grensversterkingen zoals de Wellingtonbarrière minder zin. Stemmen gaan op om de versterkingen te concentreren – vandaar 'concentrationisme' – rond een of meerdere grote vestingen, opnamevestingen genoemd, waarin een heel leger zijn toevlucht kan zoeken om van daaruit verder te opereren..

De Vaubanse aanval leidde in feite het begin van het einde van het gebastioneerd front in. Door allerlei voorliggende werken trachtte men wel het vijandelijke bresschieten zolang mogelijk uit te stellen, maar dergelijke werken belemmeren een krachtdadige verdediging. Om aan die toestand te verhelpen wordt, aanvang 19de eeuw in Duitsland, het polygonaal systeem voor het eerst toegepast. Kenmerkend voor dat systeem is het uitgangspunt dat de verdediger tijdens elke fase van de belegering meer artillerie moet kunnen aanwenden dan de aanvaller. De flankering van de gracht gebeurt niet meer vanuit de flanken van de bastions maar vanuit een speciaal gemetseld verdedigingsorgaan, caponnière genoemd. De caponnière, meestal in het midden van een front opgesteld, beschikt over kazematten, waarin de flankeringsartillerie goed beschermd staat opgesteld. De lange, rechte wallen kunnen een omvangrijke verdedigingsartillerie dragen.

Het systeem wordt in ons land toegepast op een gedeelte van de wallen van Diest en vooral op de Antwerpse Brialmontvesting.

Antwerpen, het Nationaal Reduit – Tussen 1860 en 1914 wordt Antwerpen uitgebouwd tot een grote opnamevesting, het Nationaal Reduit van België; daar zouden regering en leger de oorlog uitzitten, wachtend op de hulp van de mogendheden.

Antwerpen krijgt een nieuwe, zogeheten Grote Omwalling en een nieuwe gordel met acht forten. Voorts is voorzien in een aantal inundatiegebieden. De fortengordel moet de agglomeratie tegen een bombardement beschermen en bakent een verschanst kamp af van waaruit het veldleger kan opereren. Op de Maas worden de citadellen van Luik en Namen behouden, op de Schelde de Vesting Dendermonde en op de Demer de Vesting Diest. Na 1870 wordt de Vesting Antwerpen uitgebreid met de forten Merksem, Kruibeke en Zwijndrecht.

Het geschut met getrokken loop en de oorlog van 1870 – Een eerste technologische doorbraak bij de artillerie is de invoering na 1860 van het geschut met getrokken loop (voorzien van trekken of groeven). Hierdoor wordt de trefzekerheid vergroot alsook de dracht, die van duizend meter bij het glad geschut oploopt tot meerdere kilometers. De bijbehorende spitsprojectielen hebben ook een groter volume dan de vroegere bolvormige projectielen – en bijgevolg ook een grotere uitwerking.

Tijdens de Frans-Duitse Oorlog van 1870-1871 wordt het geschut met getrokken loop op grote schaal toegepast. Een van de lessen uit die oorlog is dat voortaan de fortengordels verder van de omwalling gebouwd moeten worden om de agglomeratie te beschermen tegen een bombardement.

De Antwerpse Buitenlinie – In 1878 wordt beslist de Antwerpse Hoofdweerstandsstelling van de bestaande fortengordel te verplaatsen naar een nieuwe op te richten 'Buitenlinie'. De politieke wil ontbreekt echter om een volledig nieuwe fortengordel te bouwen. Tussen 1878 en 1906 worden er met mondjesmaat tien forten gebouwd. Ook de Scheldeverdediging wordt aangepast met de bouw van de forten De Perel en Sint-Filips.

De brisantgranaat en het betonnen pantserfort – Een tweede technologische ontwikkeling die een grote invloed zou uitoefenen op de vestingbouw is de invoer van de brisantgranaat na 1885. De nieuwe munitie is gevuld met een brisante springstof in plaats van met buskruit. Het groot aantal effectieve scherven die het produceert, noodzaakt het onderbrengen van het verdedigingsgeschut onder pantserkoepel. De grotere uitwerking tegen gewelven uit baksteenmetselwerk maken de toepassing van beton noodzakelijk. De bestaande forten worden in die zin gemoderniseerd, nieuwe forten worden als betonnen pantserforten gebouwd.

Maasforten – Frankrijk en Duitsland versterken na de oorlog van 1870-1871 in hoge mate hun gemeenschappelijke grens. Ons land vreest nu minder een agressie vanwege Frankrijk maar wel dat, bij een volgende oorlog, een der belligerenten door België zou opmarcheren. De valleien van Samber en Maas zijn klassieke invalswegen... Tussen 1887 en 1890 worden de spervestingen Luik en Namen opgericht, met fortengordels maar zonder omwallingen. Die Maasforten zijn de eerste betonnen pantserforten ter wereld; Fort Loncin is er een voorbeeld van.

20ste eeuw

Modernisering van het Nationaal Reduit – Als gevolg van een verslechterende internationale toestand wordt in 1906 eindelijk besloten de Antwerpse Buitenlinie vol te bouwen met elf forten en twaalf schansen. De Grote Omwalling wordt gedeklasseerd en vervangen door een Veiligheidsomwalling, ter hoogte van de fortengordel van 1859. Ze bestaat uit de gemoderniseerde oude forten en achttien nieuwe schansen.

Zeer zwaar geschut – De technologische ontwikkeling maakt het rond de eeuwwisseling mogelijk zeer zware stalen kanonnen en mortieren te vervaardigen. Wanneer hun kalibers verdubbelen, vergroot de inhoud en ook de uitwerking van de munitie met een derde macht!

Eerste Wereldoorlog – De bestaande forten blijken niet te kunnen weerstaan aan de zeer zware artillerie; op enkele dagen worden ze weerloos geschoten... Ook de opnamevestingen beantwoorden niet aan de verwachtingen. Hun verdediging vraagt om veel middelen, maar een groot gedeelte ervan blijft inactief. Ze passen trouwens niet meer in het continue front – van de Noordzee tot Zwitserland – dat zo kenmerkend is voor de Eerste Wereldoorlog.

Tijdens het verdere verloop van de oorlog, gekenmerkt door zijn loopgravenstelsels, komt er een totaal nieuw soort versterking op het voorplan: de schuilplaats uit gewapend beton, later 'bunker' genoemd. Een bunker is een klein en weinig lonend doel voor de zwaarste artillerie, goed verborgen in het terrein en degelijk beschermd tegen het infanterievuur en de veldartillerie. Duizenden worden er gebouwd, van allerlei types en bestemmingen. Ingepast in een loopgravensysteem vormen ze wat later een 'bunkerstelling' gaat heten

De kust en vooral de zee- en luchtmachtbasis Oostende-Zeebrugge-Brugge, wordt door de Duitsers verdedigd met een stelsel van batterijen en stellingen; zo'n batterij vinden we terug op het Domein Raversijde.

Tussen de zee en Turnhout leggen de Duitsers in 1917 de *Hollandstellung* aan, ter bescherming tegen een mogelijke aanval van de geallieerden doorheen het neutrale Nederland. In Antwerpen leggen ze bunkerstellingen aan in enkele sectoren van de Buitenlinie.

Permanente verdedigingswerken veldtocht mei 1940. (tekening J. Cannaerts)

Interbellum – Tijdens het interbellum worden er zowel bunkerstellingen als forten van het ouvragetype gebouwd. Een ouvragefort wordt uitgerust met een ondergrondse kazerne en goed verspreide bovengrondse verdedigingsblokken; de Franse Maginotforten zijn er een voorbeeld van. In ons land worden de beide types versterkingen toegepast: ouvrageforten in Luik (bv. Fort Eben-Emael) en bunkerstellingen, zoals de KW-lijn.

In tegenstelling met de periode vóór de Eerste Wereldoorlog, waar men uitging van één concept – het Nationaal Reduit Antwerpen, later aangevuld met Luik en Namen – is dat niet het geval tijdens het interbellum. Een veranderende buitenlandse politiek, de tegengestelde visies op 's lands defensie en de toenemende invloed van de openbare opinie op de besluitvorming maken dat achtereenvolgens verschillende plannen worden goedgekeurd. Aangezien hun uitvoering over meerdere jaren wordt gespreid, worden ze onvolledig uitgevoerd of zijn ze bij hun voltooiing politiek achterhaald...

In mei 1940 wordt ons land doorsneden met bunkerlinies die als 'voorbereidende slagvelden' fungeren:

- de Stelling Grens, van Antwerpen tot Aarlen, met de Noord-Kempische kanalen, de Maas in Limburg en bunkers ten oosten van Luik en in de Ardennen;
- de Dekkingstelling langs het Albertkanaal en langs de Maas tussen Luik en Namen;
- de Hoofdweerstandsstelling, de KW-linie, tussen Antwerpen en Waver;
- het Reduit achter de Schelde met Bruggenhoofd Gent.

Dit dispositief wordt aangevuld met enkele versterkte stellingen:

- de *Position fortifiée d'Anvers* (PFA), met de oude forten en schansen ingericht als infanteriestelling, talrijke bunkers in de intervallen en een antitankgracht;
- de *Position fortifiée de Liège* (PFL), bestaande uit vier opeenvolgende verdedigingsstellingen met vier ouvrageforten (waaronder Eben-Emael), gemoderniseerde oude forten en bunkers in de intervallen;
- de *Position fortifiée de Namur* (PFN), met gemoderniseerde oude forten en bunkers in de intervallen;
- het Bruggenhoofd Gent, tussen Leie en Beneden-Schelde, uitgerust met bunkers.

Voorts is er nog de Stelling Ninove-Waver, die naar het zuiden gericht is, en ten slotte een bescheiden Stelling Kust.

Tijdens het interbellum besteedt ons land zeer veel geld aan de bouw van permanente versterkingen. Zo worden er vier moderne forten gebouwd, vijftien forten gemoderniseerd en 27 forten en schansen omgebouwd tot infanteriesteunpunten. Er wordt meer dan negenhonderd kilometer verdedigingslinie opgericht (met zo'n tweeduizend bunkers) veelal gedekt door een natuurlijke hindernis, door veertig kilometer antitankgracht en door tweehonderd kilometer metalen antitankhindernissen.

Tweede Wereldoorlog – De verdediging van een continue stelling, zo succesvol in de Eerste Wereldoorlog, blijkt in mei 1940 niet meer te voldoen tegen de Duitse *Blitzkrieg*. Van de negenhonderd kilometer verdedigingslinie worden er wel 780 kilometer door Belgische, Franse en Britse troepen bezet maar enkel op tachtig kilometer (nog geen tien procent) wordt er gevochten. Ook de geallieerde stellingen worden doorbroken en de Maginotlinie omtrokken.

Aan de kust bouwen de Duitsers vanaf 1942 hun *Atlantikwall*, bestaande uit een opeenvolging van steunpunten van verschillende grootte. Zo was Oostende een *Stützpunktgruppe*, Zeebrugge slechts een *Pantzerstützpunkt*. De Duitse verdediging aan de Vlaamse kust wordt bevolen vanuit een bunkercomplex in het Antwerpse Park Den Brandt. De *Atlantikwall* zal de geallieerde landing niet kunnen beletten, ook de *Westwall* (Siegfriedlinie) zal ze niet tegenhouden: de drakentanden worden door gepantserde bulldozers met een laag aarde bedekt ...

Tijdens de Tweede Wereldoorlog spelen de permanente versterkingen dus geen grote rol. Pantserstaal en beton kunnen al te gemakkelijk doorboord worden door allerlei projectielen, zoals de holle lading. Bunkers kunnen voordelig vervangen worden door tanks, de rijdende bunkers.

De naoorlogse periode – De ontwikkelingen na de Tweede Wereldoorlog wijzen er niet op dat de permanente vestingbouw opnieuw een rol zou kunnen spelen, integendeel! Door de zogeheten slimme wapens maken betonnen en stalen constructies en hun schietopeningen geen enkele kans meer. Door de toegenomen mobiliteit van de huidige legers – gemechaniseerde en aëromobiele eenheden – kan een stelling meestal omtrokken worden, eromheen of erover.

Na 1945 beleven we echter ook andere soorten conflicten dan een 'grote oorlog': opstanden, guerrillaoperaties, lokale oorlogen in ontwikkelingslanden, *peace keeping* of *peace enforcing operations...* – die uitgevochten worden met minder gesofistikeerde wapens. In dit soort conflicten hebben de permanente (of beter: de semi-permanente) versterkingen nog niet afgedaan: denken we maar aan de Britse versterkte legerkampen in Noord-Ierland, en ook de onze in ex-Joegoslavië, die ons aan de Romeinse *castra* herinneren. In de Verenigde Staten worden soms hele woonwijken met muren omsloten en voorzien van poorten met gewapende wachters om criminelen buiten te houden; dat herinnert ons dan weer aan de omwallingen rond de nederzettingen van onze voorouders...

Wat de toekomst brengen zal, weten we niet maar we beleven wel het (voorlopig?) einde van de permanente vestingbouw in een oorlog tussen ontwikkelde landen.

Bibliografie

Beaupain, J., *Geschiedkundig overzicht van de versterkingskunst*, cursus Koninklijke Militaire School, Brussel, 1936.

De Vos, L., 'Industriële oorlogvoering: massaproduktie en massavernietiging', in **W. Blockmans**, *Oorlog door de eeuwen heen*, Hilversum, 1993, p. 105-116.

Kamps, P.J.M. (red.), *Terminologie verdedingswerken, inrichting, aanval en verdediging*, Utrecht, 1999.

Van der Hout, W., *Overzicht van de ontwikkeling van de vestingbouw en de vestingoorlog tot op heden*, Breda, 1924.

HET FORT NAPOLEON IN OOSTENDE

FRANK RYON

Uniek restant van een Franse vroeg-19de-eeuwse kringstelling

Aan het einde van de 18de eeuw werden de Oostenrijkse Nederlanden geannexeerd door Frankrijk, dat volop verwikkeld was in een oorlog tegen de Europese grootmachten. Gezien deze situatie besteedden de Fransen grote aandacht aan de militaire organisatie en in het bijzonder aan de kustverdediging van

Algemeen gezicht op het Fort Napoleon anno 2002.
(Postkaartenverzameling Erfgoed Vlaanderen vzw)

de door hen bestuurde gebieden. Reeds van bij de aanvang beseften ze hierbij terdege het strategische belang van Oostende.

In deze bijdrage werpen we een blik op het *Fort Impérial*, in de loop der tijden naar zijn keizerlijke bouwheer Napoleon Bonaparte bekend geworden als 'Fort Napoleon'. Dit gedetacheerde fort is de enig resterende versterking van een door de Fransen geplande kringstelling van vier forten rond de havenstad. Gebouwd in de periode 1811-1813, bleef de versterking vanaf de val van het *Empire* in 1814 voorgoed zonder enig militair belang en, gepaard daarmee, kende ze lange periodes van leegstand en verval. Diverse pogingen werden ondernomen – meer in theorie dan in realiteit – om het fort een nieuwe en eigentijdse bestemming te geven. Pas in 1976 werd het eindelijk als monument beschermd. Toch was het nog twee decennia wachten vooraleer definitief werk werd gemaakt van de restauratie en de herbestemming. Vandaag is het beheer van het Fort Napoleon van overheidswege toevertrouwd aan de vzw Erfgoed Vlaanderen, die de voormalige versterking een educatieve, culturele en recreatieve functie heeft gegeven.

Keuze van het concept

Op 21 mei 1810 gaf Napoleon opdracht aan zijn minister van Oorlog, Jean-Henri-Guillaume Clarke, hertog van Feltre, om een algemeen defensieplan voor Oostende te ontwerpen, met inbegrip van twee forten gelegen in de duinen ten oosten en ten westen van de stad. De Genie tekende diverse plannen voor de duinenforten. Kolonel Boutin opteerde voor een zeshoekige aarden versterking, omringd door een diepe gracht met glacis. Zijn collega Ardant daarentegen verkoos een tienhoekig gemetseld fort met twee verdiepingen, een dakplatform, zonder gracht maar omringd door een Turkse palissade. Ongeveer een jaar later werden de beide voorstellen besproken in het *Comité Central des Fortifications*, dat na beraad de voorkeur gaf aan een totaal ander concept, namelijk dat van de *Tour Modèle 1811, numéro 1*.

Deze – mede door Napoleon zelf ontworpen – modulaire versterking kon op relatief korte tijd en met min of meer bescheiden financiële middelen om het even waar worden opgetrokken. Ze werd gebruikt voor de kustverdediging, de bewaking van een bergpas of de verdediging van een bruggenhoofd. Naargelang hun dimensie kenden de modeltorens vijf varianten met een aantal gemeenschappelijke kenmerken: bomvrije ruimten, een omringende droge gracht en een hoogte van ongeveer negen meter. Ze telden drie niveaus: een gekazematteerde kelder bestaande uit poedermagazijnen, een watertank en een bewaarplaats voor levensmiddelen en kanonskogels; een bomvrije verdieping voor manschappenverblijf en opstelling van het verdedigingsgeschut en een dakplatform voor de zware langeafstandsartillerie. De voet van de toren werd verdedigd door een in het midden van elke zijde aangebrachte 'mezekouw' of werpgat voor granaten. Door hun bij wijze van spreken geijkte en eenvoudige vormen gaven de modeltorens op een aantal plaatsen in het keizerrijk aanleiding tot een min of meer gestandaardiseerde fortenbouw.

Uiteindelijk zou – enigmatischerwijze – op het terrein zelf een experimentele versterking verrijzen, meer bepaald volgens het concept van markies de Monthalembert: een polygonale toren met droge gracht en caponnières, contrescarp, bedekte weg en glacis.

Verloop van de werkzaamheden

In 1811 werden met de inzet van Spaanse krijgsgevangenen de funderingen gegraven. Daarna werd het zware balkenrooster, waarop het fort zou komen te rusten, vervaardigd en op zijn plaats gelegd. Alle bouwmaterialen waren vooraf in voldoende mate aangevoerd zodat niets een vlotte gang van zaken in de weg stond. De funderingen van de contrescarp en van de centrale toren bereikten op het einde van het eerste bouwjaar een hoogte van ongeveer een meter. De muren van de caponnières waren 1,30 meter hoog en het plaveisel van de bevloering was gelegd. De watertanks waren aangebracht en de grondwerken voor de aanleg van het glacis en de bedekte weg waren grotendeels klaar.

Het is interessant te vernemen dat het eigenlijk niet de Fransen zelf zijn die het *Fort Impérial* gebouwd hebben: vanaf het tweede jaar werd de afwerking via een openbare aanbesteding toevertrouwd aan de lokale aannemer *sieur* Pillegrim. De reden hiervoor was enerzijds het gebrek aan voldoende eigen technische middelen en mankracht bij de Genie om meerdere bouwprojecten tegelijk en volledig af te werken, en anderzijds het gegeven dat, zodra de werf opgestart en tot een bepaald stadium gevorderd was, de ingenieurs en bouwploegen op nieuwe werven werden ingezet. In tegenstelling tot nu moest de bieder niet zelf een zo goedkoop mogelijke prijs aan de gunnende overheid voorstellen, maar moest hij percentsgewijs zo laag mogelijk onder de door de Fransen zelf zeer scherp berekende bouwprijs bieden.

De werken gebeurden onder strikte voorwaarden en er was streng werftoezicht vanwege de Genie. Pillegrim werkte vlijtig door en eind 1813 was het fort voltooid, op wat kleiner binnenwerk na, zoals het aanbrengen van sloten en het uitvoeren van het resterende schrijnwerk. Op 1 december kon Feltre dan ook trots melden aan de keizer: '*Je crois devoir rapporter à V.M. que le Fort Impérial est complettement terminé et armé*' – niet helemaal correct: zo ontbrak de borstwering op het dakplatform, zat er in een aantal ramen nog geen glas en waren er afwateringsproblemen, die het aanbrengen van afvoerleidingen onder het glacis nodig maakten.

Beschrijving

Het is moeilijk ons vandaag precies voor te stellen hoe het *Fort Impérial* er destijds heeft uitgezien. In heel wat opzichten verschilde de toenmalige versterking inderdaad van het bijna burgerlijk aandoende Fort Napoleon van vandaag. Dat geldt voor het nu verdwenen omringende glacis, de oorspronkelijke toegang via een stevige valbrug en de vroegere aanwezigheid van geschut en schietgaten. Die elementen contrasteren met de vele vensters en buitendeuren, de uitnodigende toegangspartij en de glazen cafetaria boven een grachtsegment in het actuele fort.

Centraal bevindt zich de tien meter hoge vijfhoekige toren, waarvan de noordelijke punt gericht is naar de zee. Elke zijde bedraagt ongeveer 27 meter, wat neerkomt op een totale omtrek van 135 meter. De muren zijn 2,65 meter dik. Volgens metingen uit het interbellum bevat de toren maar liefst 8772 vierkante meter metselwerk en 8,1 miljoen bakstenen. De bakstenen hebben een zeldzaam formaat van 19 x 9 x 4 centimeter en zijn gemetseld in het bijzonder stevige Vlaamse kruisverband. Het gewicht van de toren bedraagt zestienduizend ton en rust, zoals gezegd, op een zwaar houten balkenrooster. De toren bestaat uit twee bouwlagen en een dakplatform. De verdieping en het dakterras zijn voorzien van smalle en hoge schietgaten.

De toren is gescheiden van de zes meter hoge contrescarp door een tien meter brede droge gracht. De bedekte weg was bovenop de muur aangelegd, waardoor die meteen als ondersteuning voor het van daar vertrekkende glacis diende. De contrescarp, eveneens vijfhoekig maar – in tegenstelling tot de centrale toren – met afgeronde hoeken, is aan elke zijde gesteund door twee zware kubusvormige steunberen. Om de verzanding van de gracht tegen te gaan, werd deze muur in de loop der jaren enkele keren verhoogd, wat vandaag een vertekend per-

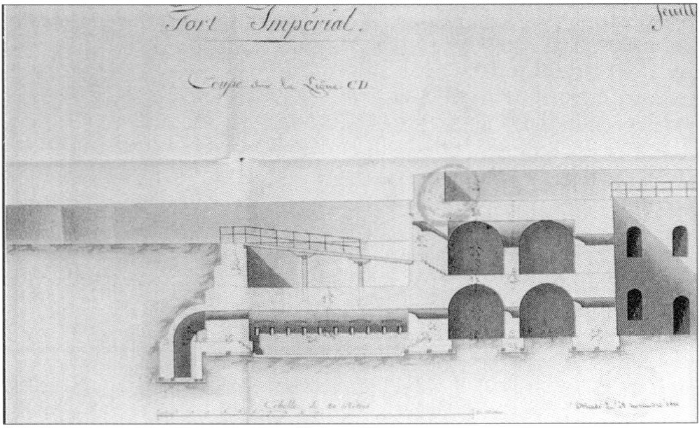

Dwarsdoorsnede van het Fort Napoleon. (SHAT, AG, Carton IV, Doos 3)

spectief biedt ten opzichte van de schietgaten op de verdieping. Aan de basis is de muur bijna drie meter dik, maar versmallingen op vier en zeven meter hoogte zorgen voor een topbreedte van nauwelijks één meter.

De droge gracht is verdeeld in vijf segmenten door evenveel caponnières, die het flankement ervan verzekeren. Ze hebben een lengte van tien meter, tellen dubbel zoveel schietgaten en vormen de verbinding tussen de *escarp* en de contrescarp. Het zadeldak verhindert het plaatsen van ladders die een beklimming van de toren zouden vereenvoudigen. Het flankement van de gracht is optimaal, want een aanvaller die erin zou slagen na de verovering van het glacis en de bedekte weg in een grachtsegment af te dalen, wordt aan weerszijden onverbiddelijk vanuit de caponnières onder vuur genomen. Aan de veldzijde was het fort omringd door een gepalissadeerde, dubbele bedekte weg met glacis, die tegen erosie was bekleed met polderklei en beplant met duindoorn, het prikkeldraad *avant la lettre*. De benedenverdieping is opgedeeld in een binnen- en buitencorridor. Ze werd in beslag genomen door een keuken, een bakkerij en magazijnen voor levensmiddelen, buskruit, kogels enzovoort. De caponnières deden niet alleen dienst als gevechtsstelling, maar fungeerden ook als verblijfsruimte in geval van beleg. De eerste verdieping telt eveneens twee corridors. Hier bevond zich de logiesruimte voor de manschappen, inclusief aparte ruimten voor de officier en de onderofficieren. Verlichting en verluchting werden aan de veldzijde verzekerd door zeven reeksen van telkens vier schietgaten. Aan de zijde van de binnenplaats vinden we telkens drie grote vensters. Vijf kleine open haarden die in de hoeken van elke zijde zijn aangebracht moesten garant staan voor een minimale verwarming.

Het dakplatform ten slotte vormde een ideale geschuts- en waarnemingsstelling voor zowel artillerie- als geweervuur. Twee dakkapellen verleenden toegang via een in de muur ingewerkte trap. Het platform biedt vandaag een adembenemend uitzicht op de stad, de zee en het duinenlandschap.

Garnizoenssterkte en bewapening

De theoretische getalsterkte van het garnizoen blijkt aan wisselingen onderhevig te zijn geweest. Aanvankelijk vinden we een bezetting van 150 manschappen, later opgetrokken tot 260. Nog later zal er een compagnie kannoniers-kustwachters worden toegevoegd. Uiteindelijk moest alles worden voorzien voor een bezetting van vijfhonderd manschappen op oorlogsvoet. Maar dat de realiteit heel anders was, vernemen we uit een brief van 24 januari 1814 van plaatscommandant Luzy: in het fort bevinden zich in volle oorlogstijd 141 soldaten, namelijk honderd fuseliers en 41 kanonniers. Dat betekent een tekort van 359 soldaten en een effectieve bezetting van amper 28%. Luzy klaagt dan ook terecht: '*Quelle défense peut-on attendre contre un ennemi, tant soit peu nombreux, si votre Excellence ne vient bien vite à notre secours par l'envoi d'autant d'artillerie que possible et du restant de troupes de ligne.'*

Ook de bewapening is aan theoretische wisselingen onderhevig. Waar de plannen initieel spreken van zestien kanonnen lezen we in een verslag van 23 januari 1813 dat het fort 'eerstdaags' zal worden bewapend met 34 stukken geschut: negen kanonnen op het platform, tien mortieren op de bedekte weg en vijftien kanonnen op de zeewaartse fronten. Maar weer brengt Luzy klaarheid: in 1814 telt het *Fort Impérial* 36 stukken waaronder tien mortieren. Wanneer we weten dat de bediening van één enkel stuk drie artilleristen vergde, betekent dat een vereist effectief van 180 man. Slechts 41 daarvan waren aanwezig, een bediening van amper 37%. En dat voor de Franse artillerie, destijds de beste van Europa...

Een historisch gebouw zonder geschiedenis

Het is ogenschijnlijk een *contradictio in terminis*, maar het Fort Napoleon is een historisch gebouw zonder geschiedenis. Historisch, wegens de respectabele leeftijd en de keizerlijke bouwheer; zonder geschiedenis omdat er in het fort niets heeft plaatsgevonden dat in mindere of meerdere mate ingreep in het nationale, laat staan het internationale historische gebeuren.

Wat is er dan wel gebeurd in en rond het Fort Napoleon? We vermeldden eerder al dat de versterking nooit heeft gediend waarvoor ze eigenlijk was opgetrokken, namelijk als militair bolwerk tegen een vijand die Oostende wilde belegeren. Tijdens het Verenigd Koninkrijk der Nederlanden (1814-1830) verdween de artillerie dan geleidelijk en werd het fort bewaakt door een militaire *concièrgerie* van zegge en schrijve twee soldaten. Na de onafhankelijkheid in 1830 diende het fort sporadisch voor militaire oefeningen en exercities van de Burgerwacht. Tijdens de Frans-Pruisische Oorlog (1870-1871) werd het gebruikt als interneringsplaats voor een paar honderd over de grens gevluchte Franse soldaten. In de Eerste Wereldoorlog fungeerde het als verblijfplaats en als luxe-biertent voor Duitse mariniers. In het interbellum richtte de stad Oostende er een kleinschalig, zij het aantrekkelijk heemkundig museum in. Tijdens de Tweede Wereldoorlog diende het opnieuw als verblijfplaats voor Duitse soldaten. Na die donkere periode fungeerde het nog een tijd als schakel in de stedelijke kinderspeelpleinwerking. Maar vanaf medio de jaren 1950 scheen het doek gevallen en bleef de eens zo trotse versterking wat vereenzaamd achter.

Bescherming, restauratie en nieuwe bestemming

Het Fort Napoleon werd bij Koninklijk Besluit van 6 juli 1976 beschermd als monument; terzelfdertijd werd een klein gedeelte van het omliggende duinengebied geklasseerd als landschap.

De bescherming belette wel een mogelijke afbraak van de versterking, maar niet de aftakeling die door de desinteresse van de overheid en een gebrek aan middelen ongehinderd voortging. Er was wel belangstelling van particulieren en verenigingen, en in de lokale pers verschenen op gezette tijden de meest uiteenlopende voorstellen voor een herbestemming in de brede socio-culturele richting.

Vooral de in 1992 opgerichte vzw Fort Napoleon probeerde met gestage en gerichte acties, die weerklank vonden tot buiten de stadsgrenzen, de aandacht voor het fort levendig te houden en de bewindslui het belang van een definitieve restauratie en bestemming te laten inzien. De vereniging startte ook het eerste wetenschappelijke onderzoek naar de (bouw)geschiedenis van de oude versterking.

De ommekeer ten goede kwam er uiteindelijk op 8 maart 1995, toen de Vlaamse regering besliste het Fort Napoleon, op dat moment eigendom van de federale regering, te onteigenen, voorwaar een uniek feit in de geschiedenis van de Belgische monumentenzorg. Inmiddels was ook Erfgoed Vlaanderen opgericht. Deze ledenvereniging naar Brits model ontfermt zich met behulp van overheidssubsidies en eigen inkomsten over het beheer in de breedste zin van het woord van gebouwen met het statuut van beschermd monument. In 1996 kreeg de vereniging het fort in erfpacht, met de opdracht in te staan voor een verantwoorde restauratie, herbestemming én uitbating.

Om die opdracht vanuit een doordachte langetermijnvisie tot een goed einde te brengen, werd een wetenschappelijk adviescomité in het leven geroepen. In eerste instantie boog het comité zich over het soort restauratie dat men wilde doorvoeren. Zodra er gekozen was voor een polyvalent concept, werd een beperkte wedstrijd uitgeschreven, waaruit het architectenbureau Govaert&Vanhoutte uit Brugge als winnaar uit de bus kwam. Zij tekenden voor het huidige model, gekenmerkt door een bijzonder artistieke versmelting van oude en nieuwe architecturale elementen. De volledig herdachte toegang tot het fort en de zwevende polyvalente zaal in de droge gracht zijn er de meest frappante voorbeelden van.

Voor de uitbating van het fort werd geopteerd voor een ruim aanbod. Ten eerste is er het fort zelf, dat als militair relict en unieke architectonische prestatie uit de vroege 19de eeuw bezocht en beleefd kan worden. Het gebouw werd bewust zo leeg en sober mogelijk gehouden, met een beperkte thematische voorstelling in slechts twee caponnières. Het betreft meer bepaald een overzicht van de vestingbouw van Caesar tot Napoleon en van het beroemde beleg van Oostende (1601-1604) in het kader van de godsdienstoorlogen. Ten tweede – zeker even belangrijk – fungeert het fort als decor en interieur voor kleinschalige tentoonstellingen, muziek- en theateroptredens, waarbij vooral jonge en onbekende kunstenaars aan bod komen. Meer recreatief en commercieel ten slotte zijn het gebruik van het fort door organisatoren van bedrijfssportdagen en het fungeren als grandioze locatie voor de jaarlijkse grote Halloweennacht, voor huwelijksfeesten, recepties enzovoort. De ondersteunende commerciële functie maakt dat het beheer en de ontsluiting van het Fort Napoleon sinds midden 2001 autofinancierbaar is.

Het Fort Napoleon, met zijn unieke ligging in het duinengebied van de Vlaamse middenkust mag gelden als een schoolvoorbeeld van modern monumentenbeheer. Hoewel sommigen bij valavond nog steeds de zwijgende, met een koperen kijker over zee naar Engeland turende geest van Napoleon menen te ontwaren, is het een site waar ook het heden en vooral de toekomst definitief hun plaats hebben ingenomen. Vlaanderen en militaire monumentenzorg? Erfgoed Vlaanderen heeft in Oostende op een overtuigende manier bewezen dat zoiets, met een ernstig overwogen aanpak en dito strategie, haalbaar én succesvol kan zijn…

Praktische informatie

Fort Napoleon, Vuurtorenweg, 8400 Oostende (Oosteroever). Tel. 059 32 00 48 – fax 059 32 00 56. E-mail: fort.napoleon@skynet.be

Bezoek: tussen 1 april en 31 oktober dagelijks van 11 tot 13 uur en van 14 tot 18 uur (maandag gesloten, uitgezonderd in juli en augustus); tussen 1 november en 31 maart in weekends en schoolvakanties van 14 tot 17 uur; groepsbezoeken met gids het hele jaar door na reservatie.

Toegangsprijzen: 3 euro p.p. individueel en 2 euro vanaf 20 personen; audiogids in meerdere talen: + 1 euro p.p., leden van Erfgoed Vlaanderen en begeleide kinderen jonger dan 12 (niet in groep): gratis; bezoeken met gids: gewoon tarief + 40 euro per gids; nocturnes (18 tot 21 uur): 5 euro p.p. + 50 euro voor de gids; rondleiding voor kinderen met animator: 50 euro.

Bistro-restaurant-seminariezaal: alle dagen vanaf 11 uur (maandag gesloten). Tel. 059 33 21 60 – fax 059 33 21 80. E-mail: resto.fortnapoleon@skynet.be

RESTANTEN VAN DE HOLLANDSE VESTING IN DENDERMONDE

AIMÉ STROOBANTS

Wat voorafging

Dendermonde genoot eeuwenlang de beveiliging van zijn stevige omwalling, die af en toe vreemde legers en plunderende troepen op afstand kon houden. De eerste omwalling van natte grachten, aarden wallen en poorten dateerde uit het midden van de 11de eeuw, toen het gebied tussen Dender en Schelde (Rijksvlaanderen) door de Duitse keizer in leen werd gegeven aan de Vlaamse graaf. De graaf vertrouwde nadien de verdediging van Vlaanderens oostgrens toe aan de heren van Dendermonde en Aalst. Reingot I de Kale (ca. 1034-1067), heer van Dendermonde, koos toen vermoedelijk een eiland in de Dender als inplantingsplaats voor zijn burcht en bezorgde de stad haar eerste wallen.

In de loop van de 12de en in het eerste kwart van de 13de eeuw kende Dendermonde in oostelijke en zuidelijke richting tweemaal een uitbreiding ten koste van de gemeente Sint-Gillis-Zwijveke. De stadsversterkingen bestonden toen uit een natte gracht en een vestingmuur met vier poorten: Steenpoort, Veerpoort, Mechelsepoort en Brusselsepoort. In 1368 liet Lodewijk van Male, graaf van Vlaanderen en heer van Dendermonde, de stadsmuren verstevigen en verhogen. In 1377-1378 voorzag hij de stad van een tweede vestinggracht en werden de stadsmuren aangepast aan het gebruik van vuurwapens. Na de inname van de stad door de Gentenaren in 1380, zou het vele jaren duren vooraleer alles hersteld was.

Tussen 1577 en 1590 kreeg Dendermonde een gebastioneerde versterking, bestaande uit de middeleeuwse stadsmuren, een dubbele vestinggracht en acht halve manen met drie- of vijfhoekige bastions. Op de landtong tussen Dender en Schelde werd tussen 1584 en 1590 een driehoekige citadel opgericht ('Spaans Kasteel'). Aan dat alles koppelde men een ingenieus sluizensysteem, waarmee in 24 dagen tijd de hele omgeving over een breedte van vierhonderd meter onder water gezet kon worden. Hoewel de versterkingen met wisselend succes enkele belegeringen doorstonden in de 17de en 18de eeuw, verminderde hun militaire waarde vanaf de jaren 1750. Op 16 april 1782 gaf keizer Jozef II de toelating de versterkingen van de gewezen Barrièrevesting openbaar te verkopen en te slopen, wat gebeurde tussen 1782 en 1789.

Oprichting, versterking en verval van de Vesting Dendermonde

Na de val van Napoleon (18 juni 1815) vatten de geallieerden, op verzoek van de hertog van Wellington, het plan op in het nieuwe Koninkrijk der Nederlanden een reeks vestingen op te richten of te moderniseren als een barrière tegen het Franse imperialisme. De zogenoemde Wellingtonbarrière, die tussen 1816 en 1830 onder leiding van hoofdzakelijk Hollandse ingenieurs werd gerealiseerd, zou volgens de plannen van Wellington en generaal Krayenhoff vier verdedigingslinies tellen. De Vesting Dendermonde, die tot de Scheldelinie behoorde en samen met Oudenaarde en Gent het laatst aan de beurt kwam, werd pas tussen 1822 en 1830 gerealiseerd. De plannen werden getekend door enkele van de 124 Nederlandse militaire ingenieurs die met de uitvoering van de reusachtige onderneming belast waren. In Dendermonde stonden ze onder leiding van 'Kapitein Ingenieur

De Hollandse Vesting te Dendermonde in het begin van de 20ste eeuw.

Commandant der Genie Cornelis Alewyn'. Men begon met de aanleg van nieuwe wallen, natte grachten, kruitmagazijnen en vier stadspoorten in neoklassieke stijl (1822-1824). Samen met de directe toegangswegen (1823) werden ook de daarop aansluitende steenwegen vernieuwd (Mechelen 1823, Wetteren 1827, Gent 1828) en kwam er een 'rondgaande straatweg' (1826).

Tussen 1825 en 1830 kwamen de grote militaire gebouwen aan de beurt, zoals het groot arsenaal of tuighuis (1824-1825; 99 000 gulden) op het gewezen Dendereiland, het bomvrije arsenaal (1828) op het terrein van het voormalige brigittinessenklooster (Zuidlaan), de grote bomvrije kazerne (1828-1830; 184 000 gulden) aan de noordkant van de stad en een bruggenhoofd op de linkeroever van de Schelde (1830); de uitvoering werd toevertrouwd aan Wouter Verdoorn. De vestingwerken hernamen in grote lijnen die welke op het einde van de 18de eeuw waren verdwenen. De vroegere stadsmuren werden vervangen door een gebastioneerde omwalling met elf *saillanten* (hoekpunten, genummerd van I tot XI) en elf fronten (vestinggedeelte tussen twee saillanten). De omwalling bestond uit een natte gracht (ca. 40 meter breed en max. 2,5 meter diep) en een aarden, onbeklede wal (ca. 15,40 meter hoog), die dienst deed als opstellingsplaats van de verdedigingsinfanterie en -artillerie. Door hun massa beschermden deze wallen de stad tegen rechtstreeks vuur van vijandelijk geschut.

Rond de gracht liep een bedekte weg. De Belgische Genie zou later tussen de saillanten II en IX nog een voorgracht aanleggen. Het profiel van de wallen bestond van buiten naar binnen uit een rondeweg (ca. 1,50 meter breed) aan de voet van de wal; een steil oplopende escarp of helling aan de veldzijde; een 2,5 meter hoge borstwering met uitgespaard schietbanket voor de verdedigers en ruimte voor het eigen geschut; een walgang voor de circulatie van de verdedigers; en ten slotte de helling aan de vestingzijde. Met uitzondering van de saillanten I en X, waren alle andere uitgebouwd in de vorm van een bastion of vijfhoekige uitbouwing van de wal, zodat men de gracht zijdelings onder vuur kon houden. De wallen van de courtines en de bastions waren voorzien van traversen en holtraversen die de verdedigers beschermden tegen zijdelingse schoten. In oorlogstijd werd de rondeweg extra beschermd met een reeks drie meter hoge, gepunte houten palen. Om het binnendringen van de vesting nog meer te bemoeilijken werden soms hagen van meidoorn aangeplant.

De bastions waren aan de vestingzijde hol en voorzien van een *terreplein* of binnenplein, waarop in de Hollandse periode enkele militaire gebouwen werden opgericht, zoals een bomvrij kruitmagazijn (Bastion IV) en een laboratorium (Bastion V). De bastions waren groot en afgeplat, zodat men nog bomvrije gewelfde ruimtes in de wallen kon steken. Mooie voorbeelden bleven bewaard bij de Bastions V (watertoren) en IX (Sint-Vincentiusinstituut). In de gracht vóór de Gentse-, Brusselse- en Mechelsepoort lag een ravelijn, dat de poort aan de veldzijde dekte. De weg maakte vanuit de vesting over de deels ophaalbare binnenbrug een scherpe bocht in het ravelijn, om die dan via een eenvoudige bakstenen buitenpoort met valbrug opnieuw te verlaten. De binnenwal telde elf bastions. Op de linkeroever van de Schelde kwam er een versterkt bruggenhoofd. In 1825-1826 verving men voor 282 000 gulden de houten Scheldebrug door een nieuw exemplaar. In 1853-1855 werd ze verbreed ten behoeve van de spoorlijn Dender & Waas. Tijdens de Belgische periode werd de vesting uitgebreid met een tweede natte gracht (voorgracht), een bijkomend ravelijn VI-VII en drie lunetten: aan het huidige zwembad Olympos, achter het spoorwegstation en buiten Bastion VII.

Hoewel Dendermonde rond 1850 een sterke vesting was, zou de snelle ontwikkeling van de artillerie hieraan spoedig een einde maken. Toen de Vesting Antwerpen na de troonsbestijging van Napoleon III tot een Nationaal Reduit werd uitgebouwd, vormde Dendermonde één van de acht versterkte plaatsen rond deze vesting. In dat kader realiseerde men in 1867-1869 op de linkeroever van de Schelde een citadel ter versterking van het bestaande bruggenhoofd.

Op basis van de opgedane ervaringen tijdens de Frans-Duitse oorlog werden tussen 1879 en 1883 in oostelijke en zuidelijke richting drie kleine forten of batterijen gebouwd. Korte tijd nadien verhoogde de invoering van de brisantgranaat de uitwerking van het artillerievuur zó sterk dat betonnen versterkingen met pantserkoepels noodzakelijk werden. Zo ver kwam het niet meer in Dendermonde, waar het vestingstatuut als een bron van voortdurende hinder voor de gewenste economische expansie van de stad werd ervaren. Vanaf de tweede helft van de

19de eeuw ondernamen het stadsbestuur en diverse politici en industriëlen steeds nieuwe pogingen om dit statuut te laten opheffen. Dendermonde werd, tegen het advies van generaal Brialmont in, bij Koninklijk Besluit van 20 april 1906 eindelijk als versterkte plaats gedeklasseerd.

Eind 1909 startte de ontmanteling van de vesting en bracht men ter hoogte van de Brusselse-, Mechelse- en Gentsepoort een 'doorsteek' aan, om het steeds drukker wordende verkeer te ontlasten van de lange wachtbeurten aan de smalle vestingbruggen. Bij het uitbreken van de Eerste Wereldoorlog besloot de legerleiding de nog bijna intacte resten van de Vesting Dendermonde opnieuw in staat van verdediging te brengen. Toen de Belgische troepen in de loop van september 1914 op de linker-Scheldeoever bijna één maand lang weerstand boden tegen de Duitse troepen, werd de stad door de Duitsers systematisch in puin gelegd.

Na de oorlog volgden meer dan vijftien jaar onderhandelingen rond het verwerven van militair domein ten bate van de urbanisatie van de stad. Pas op 12 mei 1936 kwamen eindelijk ongeveer 72 hectare krijgsgronden in stadsbezit. De geschiedenis van Dendermonde als vestingstad eindigde toen definitief. De Tweede Wereldoorlog en zijn nasleep hadden echter tot gevolg dat het nog tot in de jaren 1960 zou duren vooraleer het militaire garnizoen zich definitief terugtrok uit de kazerne en de laatste bastions.

Het uitbreken van de Tweede Wereldoorlog verhinderde ook de uitvoering van de bijna twintig jaar oude ambitieuze urbanisatieplannen die de totale opruiming van alle restanten van de Vesting Dendermonde beoogden. Na 1945 groeide het besef dat niet alle getuigenissen van ons militair verleden mochten verdwijnen. Aan de zuidwestelijke, de zuidelijke en de zuidoos-

Restanten van de Hollandse Vesting te Dendermonde.

telijke kant bleven de meeste natte grachten bewaard, samen met de Brusselse- en de Mechelsepoort en alle tussenliggende gebouwen en bastions. Op een deel van de versterkingen werd in de jaren 1940 en 1950 het Stadspark aangelegd. Van noordwestelijke tot noordoostelijke kant onderging de vesting de grootste veranderingen en verdwenen zo goed als alle sporen van de grachten, wallen en militaire gebouwen. Enkel de kazerne overleefde de tand des tijds. In 2002 wordt vermoedelijk het grootste gedeelte van de Vesting Dendermonde als monument beschermd. Hopelijk zal dat het begin betekenen van een langdurige en grondige restauratiecampagne ter vrijwaring van alle overblijvende elementen.

Wandelen langs de restanten van de vesting

Bij een wandeling tussen het weelderige groen aan beide zijden van de natte grachten, ontdekt men in Dendermonde een reeks bouwsels die ons een goed beeld geven van glorie en verval van het nu bijna honderd jaar geleden in onbruik geraakte militaire patrimonium.

Het grootste militaire gebouw is ongetwijfeld de 'bomvrije kazerne voor één bataillon' (1828-1830) aan de huidige Noordlaan. In tegenstelling tot de sterk verbouwde kazernes van Luik en Namen, bevindt het centrale hoofdgebouw zich in een nog vrij oorspronkelijke staat. Toen de werken op 27 augustus 1830 grotendeels klaar waren en de overheid het inrichtingsplan goedkeurde, telde het gebouw twee bouwlagen met elk veertien zalen. Zoals in het arsenaal, hadden de gelijkvloerse zalen een stevige houten zoldering en de zalen op de verdieping een bakstenen gewelf, afgedekt met aarde. Op de benedenverdieping was de eerste zaal ingericht als broodmagazijn en bakkerij met drie ovens 'elk voor 250 Rations per baksel'; een verdieping hoger lag het meelmagazijn. De veertiende zaal herbergde beneden de politiekamer, de soldatenkeuken en de keuken en eetkamer van de onderofficieren, die tevens gebruikt werd als instructielokaal. Een verdieping hoger bevonden zich de politie- en provoostkamers voor soldaten en onderofficieren. De twaalf tussenliggende slaapzalen op elke verdieping telden elk '39 éénmansbedden' voor soldaten en een kleine kamer (of magazijn) voor de onderofficieren.

De gewelven van de kazerne waren oorspronkelijk met aarde bedekt en dus bomvrij. In de jaren 1950 werd de aarde weggenomen en vervangen door een dak dat inmiddels dringend aan vervanging toe is. De omliggende gebouwen dateren uit de Belgische periode. Aan de westzijde staan het meelmagazijn, de gevangenis en de magazijnen van de genie en de artillerie. Tegen de zuidelijke afsluitingsmuur bemerken we de lokalen bestemd voor de onderofficieren van de artillerie en de infanterie, met slaapkamers, bibliotheken, instructielokalen, keukens, eetkamers... Links van de hoofdingang lag het wachtlokaal en verder naar het oosten toe een kantine, latrines, loodsen en paardenstallen.

Het hoofdgebouw is van een sobere, imponerende monumentaliteit, die geaccentueerd wordt door de grote open gaanderij die over de beide verdiepingen doorloopt. Grote rondbogen rusten op hoge monumentale pijlers, voorzien van arduinen sokkels en van een over de zijgevels doorlopende kordonlijst. Elke zaal telt een deur en een venster of twee steekboogvensters. De metersdikke zijgevels zijn spaarzaam doorbroken met één tot twee deuren en enkele rondboogvensters. De achtergevel telt op de benedenverdieping per travee een rondboogpoort en een steekboogvenster en op de verdieping telkens twee grote steekboogvensters.

In deze kazerne bracht in 1835-1836 de bekende Vlaamse schrijver Hendrik Conscience (Antwerpen 1812-Brussel 1883) de laatste zeven maanden van zijn legerdienst door. Toen hij hier op 22 oktober 1835 aankwam, trad hij in dienst als hulponderwijzer voor de lagere klassen van de regimentsschool. In zijn vrije tijd schreef Conscience liederen, gedichten, opera's en tafelspelen en liet hij in plaatselijke herbergen Franstalige satires op de officieren voordragen.

In 1836 gaf hij in de voormiddag les in de regimentsschool; na de middag verrichtte hij onbezoldigd schrijfwerk op het kantoor van Louis Verstraeten, inspecteur van de directe belastingen. Toen hij op 23 mei 1836 de militaire dienst verliet, schreef commandant O. Brutixel-Nadal als aanbeveling 'dat de genaemde Conscience Hendrik, gedurende het jaer 1836 het ambt van onderwyzer der eerste klas met vlyt, bekwaemheid en goed gevolg heeft uitgeoefend, en dat hij, door zyn onbesprekelyk gedrag, zich de achting zyner oversten, en de myne in 't byzonder, heeft verworven'.

Op de parking aan de L. de Bruynkaai bleef de *monnik* bewaard van de grote versterkte sluis naast de Dendermonding. De sluis regelde de waterstand in de zuidelijke vestingen en speelde een belangrijke rol bij het onder water zetten van de omgeving. Even verderop achter het woonblok Scheldezicht, op de hoek van de Leopold II-laan en de Mechelsesteenweg, liggen de restanten van de vroegere versterkingen rond het Front III-IV: vestinggracht, brugpijlers, een bakstenen restant van de buitenpoort en de profielmuur van een afgedankte spoorlijn. Deze in 1856 opengestelde spoorlijn Dender & Waas, die Aat met Sint-Niklaas verbond, kwam de vesting binnen via de rechterflank van Bastion III en verliet ze via de Veerpoort.

Van hieruit bereiken we, via de gedempte grachten en de grotendeels afgegraven wallen van Ravelijn III-IV, de tweedelige holtraverse die dienst deed als poedermagazijn en uitgeeft op de vervallen bak- en natuurstenen pijlers van de houten binnenbrug van de Mechelsepoort (1822). De poort bleef, op de profielmuren, de twee flankerende wachtlokalen en de afgegraven wallen na, in een vrij oorspronkelijke staat bewaard. Ze ondergaat momenteel een grondige restauratie.

Rechtover de Sint-Jacobstraat en de Rijksgevangenis liggen de resten van Bastion IV met zijn afgegraven wal en op het binnenplein één van de drie bomvrije Hollandse kruitmagazijnen (1825), dat met zijn tachtig centimeter dik bakstenen gewelf en een twee meter dikke grondlaag tot in 1885 niet door inslaande mortierbommen vernield kon worden. Hoewel het gebouw na de Tweede Wereldoorlog tot woongelegenheid werd omgevormd, bleef de grote zaal vrij intact bewaard. Op de plaats van de volledig afgevoerde wallen werden na 1950 een reeks villa's opgetrokken. In de richting van de Brusselsepoort passeren we de resten van de Belgische lunet, waar in de jaren 1970 het zwembad Olympos werd ingeplant.

Even verder liggen de uitstekend bewaard gebleven resten van Bastion V, met zijn 52 meter brede hoofdgracht, de 15,40 meter hoge vestingwal, twee holtraversen (gewelfde één- en tweedelige kruitmagazijnen) en negen op het binnenplein uitgevende bomvrije gewelfde lokalen (na 1860). Ze bestaan uit een centrale gang met aan de beide zijden respectievelijk een kruitmagazijn met toegangen tot twee projectielmagazijnen en een latrine. Deze bunkers herbergden vanaf de Eerste Wereldoorlog tot eind juni 1942 het Stedelijk Slachthuis. Het stadsbestuur liet hier in 1923 een betonnen watertoren oprichten, die de streek van Dendermonde en Sint-Niklaas van drinkwater zou voorzien. Na diverse andere functies (noodwoningen, brandweerarsenaal, schietstand enzovoort) te hebben vervuld, herbergen de lokalen sedert de jaren 1960 de Stedelijke Waterdienst (nu TMVW), de Honky Tonk Jazzclub en het jeugdlokaal Zep.

Op het plein aan de straatzijde staat nog het tot woning verbouwde laboratorium (1829), waar de vuurwerkmakers bij een nakend conflict de projectielen van buskruit voorzagen. Dit oorspronkelijk 34,65 meter lange gebouw werd na 1860 aan de achterzijde ingekort om de oprichting van de bunkers mogelijk te maken. Rond 1938 werd het gebouw aan de voorzijde ingekort ten bate van de verbreding van de Leopold II-laan. Het deed tot in 1995 dienst als woning van de stadsfonteinier en zal eerlang onderdak verlenen aan het Honky Tonk Jazzcentrum voor Vlaanderen.

De Brusselsepoort zal in de loop van 2002 volledig gerestaureerd zijn. Ze beschikt nog over één van de ijzeren tegengewichten waardoor men met behulp van kettingen de houten valbrug gemakkelijk op en neer kon laten. De poort werd oorspronkelijk geflankeerd door twee bakstenen keer- of profielmuren, met aan de straatzijde twee wachtlokalen. De tijdens de Eerste Wereldoorlog afgebrande houten brug werd na 1950 door de huidige bakstenen brug vervangen. Op het tegenover de poort liggende Ravelijn V-VI staat een tweedelige holtraverse die oorspronkelijk dienst deed als bomvrij kruitmagazijn. Een deel van het ravelijn, de grachten en de buitenpoort verdwenen bij het bouwen van het viaduct (1933-1934) en het aanleggen van het Stadspark.

Aan de overzijde van het Rond Punt, ter hoogte van de Geldroplaan en het Koninklijk Atheneum, verdwenen na de Tweede Wereldoorlog Bastion VI en VII. Op de Zuidlaan bleef wel een – voor ons land uniek – bomvrij arsenaal bewaard. Het dateert uit 1828 en telt twee bouwlagen van elk vijf zalen van 15 x 6,30 meter. Vier zalen van elke bouwlaag vormden een veilig onderkomen voor artilleriemateriaal. De vijfde was beneden ingericht als smidse en op de verdieping als berglokaal. De monumentale oostgevel telt in zijn onderste bouwlaag vijf rondboogpoorten, elk geflankeerd door twee rondboogvensters. Op de verdieping is de gevel per travee doorbroken door drie rondboogvensters. Het gewezen arsenaal is sedert enkele jaren in privé-bezit en krijgt vermoedelijk een horecafunctie.

Achter de bebouwing van de Begijnhoflaan bevinden zich de resten van de lunet tussen Bastion VII en VIII, met een dubbele holtraverse en de verbouwde restanten van enkele van de vele tientallen houten noodwoningen die hier tijdens en na de Eerste Wereldoorlog op Krijgsgronden werden opgericht.

In de buurt van het Dendersas lag Bastion VIII met een groot binnenplein, dat zowel door het leger als door de burgerwacht als oefenplein werd gebruikt. Het ruimde inmiddels de baan voor het Rijksadministratief Centrum. Meer naar het zuiden toe, op de plaats van de binnenwal en een reeks gewelfde bunkers, werd door het Gemeenschapsonderwijs een natuureducatief reservaat aangelegd. Eén van de twee bewaard gebleven holtraversen doet nu dienst als vleermuizenreservaat. Aan de overzijde van de Dender maakt Bastion IX deel uit van het Sint-Vincentiusinstituut, dat de overwelfde zalen (gewezen artilleriemagazijnen) gebruikt als fietsenstalling. Ook een voormalige patronenfabriek staat hier nog overeind.

Wat losstaand van dit parcours bezit Dendermonde nog enkele merkwaardige restanten van zijn militair verleden. In de Zwyvickstraat, palend aan het Heldenplein, werden in 1926 de Rijksscholen ondergebracht in de neoklassieke bakstenen gebouwen van het (nooit in gebruik genomen) krankzinnigengesticht, dat in 1863-1865 werd gerealiseerd naar de plannen van architect Johan Beeckman (1785-1870). Nadat de panden in 1867 door de Belgische staat waren verworven, werden ze verbouwd tot Krijgshospitaal en uitgebreid met een hospitaalvleugel in eclectische stijl.

Langsheen de Gentsesteenweg (nr. 115-119) bleef het hoofdgebouw bewaard van de voormalige Stadsschietbaan of Het Schijf. Het gebouw, in 1909-1910 in eclectische stijl opgetrokken naar de plannen van stadsarchitect Alexis Sterck (1869-1921), werd gebruikt door de burgerwacht, het leger, de brandweer, de politie en de voormalige rijkswacht bij hun schietoefeningen naar de meer dan tweehonderd meter verderop gelegen schietschijven. Het centrale gedeelte herbergde het schutterslokaal; elke zijvleugel omvatte een wachtzaal.

Van de drie permanente batterijen, opgericht op zo'n twee kilometer vóór de omwalling (1879-1883), werd nr. I (Hoogveld) volledig gesloopt, bleef nr. II (Lange Dijkstraat) vrij intact bewaard en onderging nr. III (Fortstraat) een storende verbouwing.

Begin 2002 waren de volgende gebouwen als monument beschermd: de Brusselsepoort (KB 24.6.1993), de Mechelsepoort (KB 7.12.1993), het bomvrije arsenaal (KB 30.9.1991) en de infanteriekazerne met oefenterrein (KB 24.6.1994). In de loop van dit jaar zullen er nog meer militaire constructies uit de Hollandse en de Belgische periode als monument beschermd worden.

Het stadsbestuur wil in de nabije toekomst werk maken van de integrale restauratie en toeristische valorisatie van al deze getuigen van ons militair verleden.

Bibliografie

Dauwe, J., 'De militaire gebouwen van de vestingsstad Dendermonde naar de atlas van Nicolas Jamez (1755)', in *G.O.K.D.*, IV, 6, 1983, p. 3-128.
Gils R., *De Vesting Dendermonde*, verslag, Temse, 1997.
Stroobants, A., *Door het vuur gespaard. Bouwkundige resten van het vooroorlogse Dendermonde*, Dendermonde, 1999.
De Landtsheer, P., *De vestingstad Dendermonde*, ontwerptekst, Dendermonde, 2001.

Praktische informatie

Historische informatie – Stedelijke Musea, Nijverheidsstraat 1, 9200 Dendermonde. Tel. 052 21 30 18.
Rondleidingen – Dienst Toerisme, Stadhuis, Grote Markt 1, 9200 Dendermonde. Tel. 052 21 39 56.

HET KEZELFORT VAN OUDENAARDE EN DE MIJNENOORLOG

ROBERT GILS

Het Kezelfort

De overblijfselen van het Kezelfort bevinden zich in Oudenaarde, op een hoogte ten oosten van de stad. Oudenaarde maakte tijdens de Nederlandse periode (1815-1830) deel uit van de Wellingtonbarrière, een reeks van negentien vestingen die als een dam tegen Frankrijk werden opgericht. Het Kezelfort moest daarbij dienst doen als voorliggend werk van de Vesting Oudenaarde en beletten dat vijandelijke aanvalsbatterijen zich op de Kezelberg zouden installeren. Het gaat om een vijfhoekig fort, verdedigd door droge grachten die onder geweervuur werden gehouden vanuit de schietgaten van de contrescarpgalerij. Het fort werd reeds op het einde van de 19de eeuw grotendeels geslecht; het mijnstelsel is overgebleven.

Mijnenoorlog

Laat ons eerst aandacht besteden aan de mijnenoorlog, waarvoor het tegenmijnstelsel diende. Met de mijnenoorlog bedoelen we de ondergrondse oorlog die belegeraars en verdedigers van versterkingen voerden.

Het ondermijnen van vestingmuren is zeer oud. Er werden hierbij mijngangen naar de belegerde versterking gegraven. De muur werd ondermijnd door het wegnemen van stenen of aarde en de aldus ontstane mijnkamer werd gestut door een houten constructie. Die werd in brand gestoken door middel van takkenbossen, gedrenkt in pek of vet. Hierop stortte de muur in en door de bres verkreeg de aanvaller toegang tot de versterking. Wanneer de verdedigers lucht kregen van de activiteiten van de vijandelijke mijnwerkers, werd er dikwijls een tegenmijngang gegraven om de mijngang te onderscheppen.

De toepassing van het buskruit in de mijnenoorlog opende nieuwe perspectieven: met een buskruitmijn – een met buskruit gevulde mijnkamer – zou men immers grotere effecten kunnen bereiken. Na enkele mislukte of slechts gedeeltelijk gelukte pogingen in de 15de eeuw, slaagden de Spanjaarden er in 1503 in met een buskruitmijn een grote bres te slaan in de muur van het door de Fransen verdedigde Castel dell'Ovo bij Napels.

De mijnenoorlog met buskruitmijnen kwam pas goed op gang bij de beroemde belegering van Candia (nu Iraklion of Heraklion) op Kreta. De vesting werd tussen 1667 en 1669 door de Republiek Venetië tegen de Turken verdedigd. Het verloop van de belegering maakte veel indruk en sprak erg tot de verbeelding, en met reden! De verdedigers sloegen maar liefst 69 stormaanvallen af en deden zélf 80 uitvallen. Er waren in totaal 1364 mijnontploffingen, rond de vijfhonderd aanvalsmijnen werden onderschept en er werden een veertigtal ondergrondse gevechten geleverd. Hoe gingen de verdedigers tewerk? Op de bodem van uitgegraven putten beluisterden ze de Turkse naderingspogingen. Ze groeven op hun beurt tegenmijngangen, onderschepten de Turkse *mineurs* of drukten hun mijngangen in door tegenmijnen. De ondervindingen uit Candia werden al snel algemeen toegepast en er verschenen zowat overal permanente tegenmijnstelsels.

Mijnstelsels werden opgericht ter verdediging van de hoofdwal en/of ter verdediging van het glacis. Door dat laatste kon men niet alleen de vijandelijke mijngangen onderscheppen maar ook op het glacis de vijandelijke bovengrondse veldwerken vernielen, zoals sappen, loopgraafkatten of batterijen.

Een tegenmijnstelsel bestond uit permante gemetselde gangen, die dienst deden als verbindingsgang of als luistergang. Hierin waren er *amorces* – aanzetten afgesloten met zwak metselwerk – aangelegd; van daaruit kon men bij een belegering door hout gestutte tegenmijngangen graven.

De mijnenoorlog vroeg om gespecialiseerd personeel, de mineurs, die bij de mijnwerkers werden gerekruteerd. Mineurs opereerden onder de grond in een benauwende omgeving. Het was er donker, koud en vochtig en er was weinig verluchting. Het werk was zwaar, de gangen smal en laag, er moest steeds geknield worden gewerkt. Er bestond niet alleen gevaar voor instortingen, maar achter elke (donkere) hoek kon een vijand zitten, die in het mijnenstelsel was doorgedrongen. Soms hoorde men de vijandelijke mineurs graven en dan niets meer... Wanneer ontploft de mijn die de gang zal vernielen en de mineurs levend begraven? Zo ver zou het echter in het Kezelfort nooit komen.

Een permanent mijnstelsel was enkel uitvoerbaar bij versterkingen met lage grondwaterstand (bij droge grachten). Bij hoge grondwaterstand (natte grachten) waren onderaardse gangen, bij gebrek aan technische middelen, onverwezenlijkbaar en dat was het geval in het grootste gedeelte van Vlaanderen. Het Kezelfort is dan ook de enige versterking in Vlaanderen die met een dergelijk mijnstelsel is uitgerust.

Tegenmijnstelsel

Bekijken we even het mijnstelsel van het Kezelfort. Aan de veldzijde van de droge gracht loopt de contrescarpgalerij: 2,80 meter hoog, 3 meter breed en maar liefst 850 meter lang. Ze is toegankelijk langs een onderaardse gang die onder de droge gracht doorloopt en langs enkele deuren die op de droge gracht uitgeven. De contrescarpgalerij zelf is voorzien van schietgaten en op de hoeken vinden we telkens dertien koffers, kleine kazematten met vier schietgaten.

Vanuit de contrescarpgalerij vertrekken de mijngangen die onder het glacis doorlopen en elk vijftig meter lang zijn. Er zijn 21 gangen van 1,50 meter breed en slechts 1,50 meter hoog, en 21 gangen met een hoogte van 1,90 meter. De laatstgenoemde beschikken over een zogeheten kapel met de amorces. Op de hoeken van de contrescarpgalerij vinden we gangen met vertakkingen. De bedoeling van het stelsel is vooreerst het ontdekken van vijandelijke mijnactiviteit; vervolgens dienen ze als vertrekpunt van de tegenmijngangen. Vijandelijke mijnactiviteit werd gedetecteerd door het gebruik van de toenmalige 'seismografen': de rimpeling van het water in een emmer of de dans van droge erwten op een trommelvel. De activiteiten werden beluisterd langs diepe, met speciale boren geboorde gaten of met het

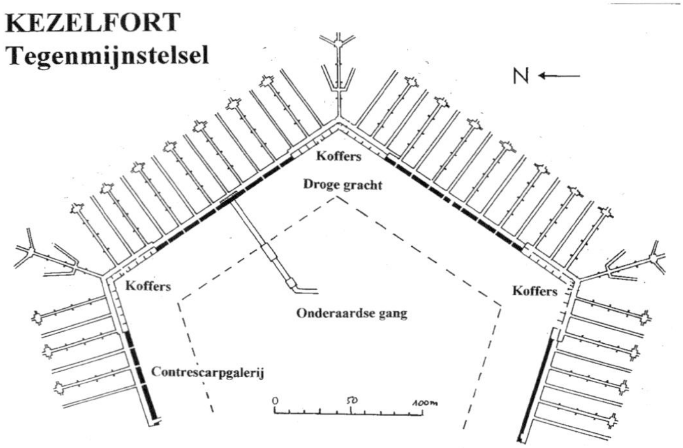

oor op een zware metalen plaat... Met een tegenmijngang tracht men onder de vijandelijke mijngang te komen om die te laten instorten door een buskruitlading.

De mijngangen van het Kezelfort werden ver genoeg uit elkaar gebouwd om bij een vijandelijke mijnontploffing bovenop het glacis nooit meer dan één mijngang te verliezen (de afstand tussen twee gangen moet minimum vijfmaal het hoogteverschil bedragen tussen het glacis en het gangenstelsel).

In de 19de eeuw neemt het belang van de mijnenoorlog af, om diverse redenen. Wanneer eind 1914 het Westfront verstart in een loopgravenoorlog verschijnen er opnieuw mijngangen, met als doel de vijandelijke stellingen op te blazen, en luistergalerijen om dat te verhinderen. Aanvankelijk zijn het slechts bescheiden mijnen maar in 1915 worden de gangen dieper en langer. Krachtige pompen zuigen nu het water weg en ventilatoren zorgen voor luchtverversing. Zo worden er in juli 1917 tijdens de Britse aanval in Wijtschate-Mesen, negentien mijnen op een totaal van 24 tot ontploffing gebracht, met alles samen 450 ton explosieven.

Na het slechten van het Kezelfort werden de gangen nog een tijdlang gebruikt, onder meer voor de witloofteelt en als opslagplaats voor glazen potten. Zijn voornaamste functie is nu die van vleermuizenoverwinteringsplaats.

Het bestaan van dergelijke mijnstelsels in enkele versterkingen leiden bij vrijwel alle forten tot wilde verhalen over geheimzinnige onderaardse gangen die tot ver buiten het fort lopen – en die bij voorkeur in nonnenkloosters uitkomen...

Bibliografie

Lagrange, *Essai historique sur les mines militaires*, Parijs, 1866.
Vauban, *Traité des mines*, Parijs, 1702.

Praktische informatie

Wie een mijnstelsel wil bezoeken doet dat bij voorkeur op plaatsen waar er regelmatig veilige rondleidingen worden georganiseerd, zoals in Namen (inlichtingen: VVV Namen) of in Maastricht (inlichtingen: VVV Maastricht).

DE DIESTSE 19DE-EEUWSE FORTENGORDEL

DANIËL JANNES

Bouw van de fortengordel

Ontstaansreden

Tijdens het eerste decennium na 1830 had Diest een spilfunctie in de Belgische verdediging, gericht tegen Nederland wegens de latente spanning tussen de beide landen. Het was een logisch gevolg van het strategisch belang van Diest, tot uiting gekomen in de Tiendaagse Veldtocht (2-10 augustus 1831), waarin de Nederlandse koning een laatste poging ondernam om België opnieuw in te lijven.

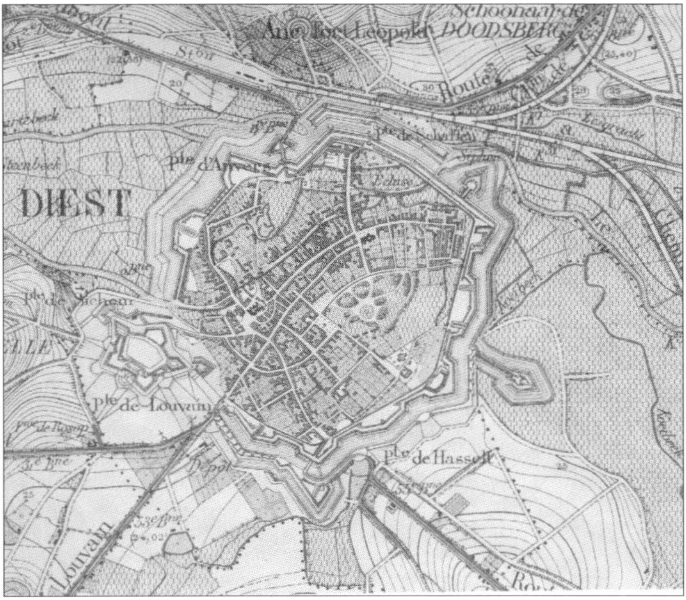

Deze stafkaart van 1860 geeft een duidelijk totaalbeeld weer van de vesting Diest. De stad Diest wordt omringd door de stadswallen, bestaande uit getenailleerde, polygonale en gebastioneerde fronten. In het zuidwesten leunt de citadel aan tegen de stadswallen en in het noorden bevindt zich het Fort Leopold.

In september 1831 ontstond in Diest het eerste noemenswaardig Belgisch opleidings- en observatiekamp. Daarnaast koesterde de Belgische regering plannen om er een nieuwe vesting te bouwen, als onderdeel van een nieuwe Maas-Schelde-verdediging om zo de toegang voor de Nederlanders naar het centrum van België af te sluiten.

Maar de bouw van nieuwe vestingen had niet alleen militaire maar ook sociaal-economische motieven. Door de vijandige houding van Nederland was België verplicht in het noorden van zijn grondgebied talrijke troepen onder te brengen. Inkwartieringen betekenden een zware belasting voor de burgers. De bouw van de forten ontlastte de lokale bevolking van dat euvel, zorgde voor werkgelegenheid in deze agrarische streken, gaf aanleiding tot een forse daling van Belgische troepen tegenover het Noorden en leidde tot een betere verdediging.

De bouw

De bouw van de vesting begon pas vanaf 1837, wegens financiële en diplomatieke problemen. Tenslotte ging het om een enorme som, bestemd voor lokale onteigeningen en militaire werken, bovenop de hoge defensie-uitgaven die België al had. Bovendien verzette Pruisen zich heftig tegen de geplande bouw in Diest als begin van de nieuwe fortengordel tussen Maas en Schelde vermits die gordel in strijd zou zijn met de opgelegde neutraliteit. Het Verenigd Koninkrijk vreesde dat de bouw aanleiding kon geven tot een polarisatie tussen België en Nederland.

De bouw van de fortificaties ving aan op 8 juni 1837 en duurde ongeveer zestien jaren. De Vesting Diest bestond uit drie onderling afhankelijke entiteiten, met name de kernvesting of de stadswallen, het Fort Leopold en de citadel.

De uitbesteding van de stadswallen, tussen 1837 en 1844, verliep in elf percelen met de wijzers van de klok mee, beginnend vanaf het noordwesten van de stad en eindigend in het zuidwesten. De kernvesting, hoofdzakelijk gelijklopend met het tracé van haar middeleeuwse voorganger, had de vorm van een twaalfhoek met afwisselend getenailleerde, polygonale en gebastioneerde fronten. Door een vernuftig overstromingsstelsel, gebruikmakend van het heuvelachtig landschap en het water van de Demer en de Zwarte Beek, konden de toegangswegen en de onmiddellijke omgeving ten oosten van de kernvesting onder water gezet worden.

Het Fort Leopold (1841-1845) – volledig ingebouwd in de terreinhelling van de Lazarijberg die in het noorden de wallen domineerde – moest enerzijds voorkomen dat een agressor in het noorden de kernvesting rechtstreeks kon beschieten en anderzijds de mogelijkheid scheppen om bij een bestorming van de noordelijke wallen de vijand in de rug te bestoken, gebruikmakend van twee *revers*-batterijen.

Op een uitloper van de hoogten ten zuiden van de Demer, als sluitstuk tussen het eerste en het elfde perceel van de stads-

Deze sluispoort is de spil van het inundatiebekken, gelegen ten oosten van de stad en bestaat onder meer uit een waaiersluis van Nederlandse origine. Een dergelijke sluis kan tegen de stroming geopend of gesloten worden en is enig in zijn soort in België.

wallen, lag de citadel (1846-1856) die Diest beheerste. Bij een inname van de stad kon haar geschut alle uitgangen – de Zichemse en de Leuvense Poort, in mindere mate de Hasseltse – ten zuiden van de Demer danig onder vuur nemen en de vijand beletten Diest te verlaten en op te rukken richting Brussel. De citadel was een gebastioneerde vijfhoek met tweehonderd meter zijde, verdedigd door droge grachten en uitgerust met twee stads- en drie aanvalsfronten met een tenaillesysteem volgens de methode van Chasseloup-Laubat, waarbij de kanonnen in de flanken van de bastions door een voorliggend masker werden beschermd.

Sociaal-economische context

Tijdens de bouw

De bouw van de Diestse vesting, binnen een termijn van zestien jaar, was een enorme prestatie – rekening houdend met de omvang en de complexiteit ervan en de veeleer primitieve werktuigen waarover de arbeiders beschikten. De uitvoering van de werken was grotendeels gebaseerd op mankracht. 'Een paal van 24 meter lang werd aan de Schaffensestraat in de grond geheid. 35 man trokken herhaaldelijk het 1000 pond wegende heiblok naar boven. De karwei duurde een half uur.' De enorme arbeidsprestatie moet een keerzijde gehad hebben. Over de arbeidsomstandigheden bestaan geen rechtstreekse gegevens. Toch vielen er doden te betreuren. 'Tijdens de uitgravingswerken aan de Schaffense poort vonden twee arbeiders de dood, een derde werd zwaar gewond. Een bres aarde schoof naar beneden en bedolf de arbeiders. Tot op heden *[5 november 1839]* kwamen reeds twaalf arbeiders om het leven…'

Voor ontspanning ter bekroning van de voltooiing van een perceel was toch ook nog tijd. 'Op de goede afloop van de werken aan de waterpoort gaf de aannemer Beeckman 4 à 5 tonnen bier aan de arbeiders.'

Ongetwijfeld waren talloze Diestenaren werkzaam bij de bouw van de militaire werken, maar talrijk moeten ook de arbeiders van buiten de regio geweest zijn. Bijgevolg verbleven heel wat vreemdelingen, met of zonder gezin, in de stad. In 1846 waren 1713 huizen bewoond en 72 woningen leeg, op een totaal van 1771 gezinnen. In 1856, het einde van de bouw, daalde het aantal bewoonde huizen tot 1616 en steeg de leegstand tot 216; er waren nog 1664 gezinnen. Dit verschijnsel is te verklaren door het vertrek van de 'gastarbeiders' na de voltooiing van de forten.

De meeste materialen voor de bouw van de vestingwerken werden wellicht via de Demer vervoerd. In 1850 waren er 165 geladen schepen, met een totale tonnenmaat van 8855, bestemming Diest. Vanaf 1855 meerden nog 88 geladen schepen aan in de stad.

De vesting, een trauma voor Diest

Zodra de bouw voltooid was, werd het bolwerk een trauma voor de Diestenaren. De stad was als het ware ingesloten in een militair keurslijf. In een strook van 585 meter van het buitenste glacis van de militaire werken mochten geen gebouwen in duurzaam materiaal opgetrokken worden. Bestaande gebouwen mochten blijven staan tot een slopingsbevel volgde, op kosten van de eigenaar. Houten constructies waren toegelaten, na goedkeuring door de militaire overheid.

Bijgevolg bleef Diest verhinderd enige economische vooruitgang te realiseren. Nieuwe industrieën konden of mochten zich niet vestigen buiten de wallen. In 1865 kwam de eerste spoorverbinding met Aarschot tot stand. De onderneming *Grand Central*, die de spoorlijn uitbaatte, kreeg evenwel geen toelating haar werkplaatsen in Diest op te richten. Het houten treinstation lag te dicht bij de stadswallen. Noodgedwongen week ze uit naar Aarschot. De gronden, belast met militaire erfdienstbaarheden, verminderden in waarde. Diest bleef een klein agrarisch provinciestadje. De smalle stadspoorten stremden bovendien elk vlot verkeer.

Op sociaal vlak voelden de Diestenaren de forten aan als een belemmering. Diverse militaire terreinstroken, verpacht aan tuiniers of landbouwers, waren verboden terrein. De volksbuurten tegen de wallen ondervonden stankhinder van het stilstaand water in sommige gedeelten van de grachten. De gemoedstoestand van de Diestenaren leed onder die restricties en hinder. Tussen 1840 en 1900 bleven de bevolkingscijfers vrij stabiel. In 1840 waren er 7286 inwoners, in 1900 amper 8134.

Militaire waarde

Rol in het Belgisch vestingsysteem

De Diestse vesting was nog niet voltooid of haar echte bestaansreden – het stoppen van een Nederlandse agressie – was reeds achterhaald door de politieke gebeurtenissen. Er werd vermoedelijk voortgebouwd in het kader van de reorganisatie van het Belgisch leger, voortaan bestaande uit een veld- en een vestingcomponent. De vestingtroepen konden hulp leveren aan het veldleger in geval van agressie. De vestingen konden dienst doen als versterkte schuilplaatsen in afwachting van de tussenkomst van de garanten. Bijgevolg paste de Diestse fortengordel in de heersende militaire doctrine.

In 1851 was het defensiesysteem gebaseerd op het veldtochtplan van het leger, dat zoveel mogelijk defensieve stellingen moest innemen en manoeuvreren om tijd te winnen. In dat kader werd gekozen voor Diest en Antwerpen als versterkte posities op de as Rupel-Dijle-Demer. De Franse dreiging vanaf 1851 leidde tot het vestingsysteem van 1859, waarin het aantal forten sterk gereduceerd werd en de rol van Antwerpen toenam. Diest bleef eenzaam achter op de Demer.

Vanaf 1864 ontstond het gevaar dat België betrokken zou geraken in een Frans-Pruisisch conflict. De fortenbouw spitste zich toe op Antwerpen, Luik en Namen. Voortaan had Diest als versterkte stad geen nut meer. Maar omdat de Vesting Diest nu eenmaal bestond, kreeg ze een (fel bekritiseerde) rol in het nieuwe defensiesysteem, met name 'bruggenhoofd aan de Demer'.

Invloed van de technische vooruitgang

De Diestse fortengordel, opgetrokken uit in kruisverband gelegde bakstenen volgens het principe 'vol en zat', met een kalkspecie als bindmiddel, was enige jaren na de voltooiing niet meer bestand tegen de technische ontwikkeling in de artillerie. De komst van de getrokken loop en de brisantgranaat bezegelde het lot van Diest vanuit technisch standpunt. De vesting moderniseren was niet meer verantwoord in het kader van haar rol in het Belgische vestingsysteem.

Grootte van het garnizoen

De getalsterkte van het plaatscommando, de permanente diensten en het garnizoen stonden in functie van het belang van de Diestse vesting.

Het plaatscommando vervulde een spilfunctie tussen de militaire autoriteiten en het stadsbestuur. Hoewel het nooit het bevel voerde over het garnizoen, was het verantwoordelijk voor de interne veiligheid en het behoud van de goede zeden en de discipline binnen de stad. Onder zijn bevoegdheid ressorteerde de stadswacht, verantwoordelijk voor het openen en sluiten van de stadspoorten en de ordehandhaving. De burgers waren eveneens verplicht om bij deze dienst een bouwvergunning aan te vragen. Vanaf 1890 was er nog één officier die de functie van adjunct-plaatscommandant uitoefende.

De permanente diensten, hoofzakelijk genie en artillerie, stonden in voor het toezicht en het onderhoud van de vesting en haar bewapening. Logisch nam het aantal en het belang van het geniepersoneel af nadat de bouw was voltooid. De geniecommandant werd in 1842 door vijf adjuncten bijgestaan, in 1844 door vier en in 1854 door drie. Vanaf 1855 waren de adjuncten vervangen door nog slechts toezichters. Een omgekeerd verschijnsel deed zich voor bij de artillerie. Pas in 1856 – de vesting was bijna voltooid – verscheen de officier die het verdedigingsvuur moest leiden; rond 1897 verdween deze functie.

De aanwezigheid van gevechtseenheden bepaalde de echte operationele waarde van de Diestse vesting. Zonder de periode van het kamp van Diest (1831-1835) en het verblijf van troepen op doortocht naar Beverlo te beschouwen, verscheen pas in 1844 het eerste infanteriebataljon en in 1848 de eerste artilleriebatterij. Tussen 1845 en 1890 was Diest een niet-onbelangrijke garnizoensstad. Vanaf 1890 begon een snelle aftakeling. Aan de vooravond van de Eerste Wereldoorlog waren zelfs de overgebleven opslagplaatsen of depots niet meer bestemd voor actieve eenheden.

Ontmanteling

Met de deklassering van de kernvesting, het Fort Leopold in 1895 en de citadel in 1906 hoopten de Diestenaren op een vlugge afbraak van de wallen en een dringende sanering van de stinkende grachten, maar een nieuwe desillusie wachtte hen. Het stadsbestuur eiste dat het Departement van Oorlog, eigenaar van de militaire werken, de ontmantelingskosten zou betalen. Maar dat ministerie schoof de hete brij handig door naar de Departementen van Financiën en Openbare Werken. Ook die waren niet bereid om het kostenplaatje te dragen en het bleef bij oeverloos gepraat.

Al vlug werd de afbraak een bitsig politiek thema, met name bij de tussentijdse gemeenteraadsverkiezingen van 1903 en 1907. De katholieken en de liberalen verweten elkaar onvoldoende inspanningen te leveren of zelfs tegen te werken. De lokale partijgekleurde pers goot olie op het vuur door veelvuldige publicatie van opruiende artikels. De katholieke Gazette van Diest schreef in oktober 1903: 'Wij wisten wel... dat de geuzen van onzen gemeenteraad hun botten veegden aan de afbraak der forten...dat ze de stad afloopen en de kleinneiverraars willen bang maken van dat zoo nuttig werk...dat de afbraak de stad zal benadeelen met het dagloon te doen klimmen...' In april 1904 berichtte de liberale Demerbode: 'Eindelijk zullen eenige werken van weinige beteekenis begonnen worden.'

Bij het uitbreken van de Eerste Wereldoorlog waren er slechts enkele toegangspoorten en -wegen afgebroken, respectievelijk rechtgetrokken. Vanaf 1916 zette het stadsbestuur werklozen in om een klein tracé van de wallen te slopen, maar in 1919 wilde de Belgische staat niet meer opdraaien voor de kosten. Er gebeurde verder niets tot de stad op 17 september 1927 een gedeelte van de wallen in haar bezit kreeg als gevolg van een omstreden verkoop van één van haar waardevolste schilderijen, *Het Laatste Oordeel*. In het kader van de werkloosheidsbestrijding en de creatie van goedkope bouwpercelen hervatte de stad vanaf 1933 op grotere schaal de afbraak van haar wallen. In de periode 1948-1951 zorgden de laatste grote afbraakwerken opnieuw voor politieke commotie wegens het ontbreken van een algemeen urbanisatieplan.

Ontsluiting als erfgoed

Reeds in 1898 lanceerden twee ondernemers, Vandenhove en Maton, hun voorstellen tot herschikking van de forten. Hun plannen omvatten wandelparken, boulevards langsheen de forten, nieuwe of rechtgetrokken straten, en woon- en nijverheidsgebieden. Maar hun project verdween roemloos in een lade van het stadsbestuur. In 1921 bracht de Vereeniging tot behoud van natuur en stedenbouw een bezoek aan Diest en 'drukten daarbij den wensch uit deze vestingen bewaard te zien'.

In 1949-1950 trachtte de Koninklijke Commissie voor Monumenten en Landschappen alsnog een uigebreide sloop te vermijden: '...vanwege de stad... eene kortzichtige doch overheerschende meerderheid bestond, als zou enkel het slopen der vestingen de intresten der stad Diest dienen... Met deze wallen te slopen doet de stad een belangrijke en interessante getuige uit hare geschiedenis verdwijnen alsook een merkwaardigheid welke door een verstandige propaganda veel toeristen zou kunnen aanlokken.'

Ondertussen ging de verloedering van de vervallen en verwaarloosde wallen gestaag door. Decennialang gebeurde er niets. In 1994 kocht de huidige provincie Vlaams-Brabant vier vijfde van de resterende wallen aan. Sedert 20 mei 1996 beschermt de Vlaamse Gemeenschap de overblijvende stadswallen, Fort Leopold en de citadel als monument. In 1986 gaf de militaire overheid reeds de citadel het statuut van beschermd militair monument en in 1998 startte ze de procedure om dezelfde erkenning te verlenen aan het Fort Leopold.

In het najaar van 1996 werden enkele schuchtere restauratiewerken aan de wallen uitgevoerd. Momenteel probeert de provincie Vlaams-Brabant via een project van de Koning Boudewijnstichting ('Management van erfgoedprojecten') een globaal businessplan te laten maken om de stadswallen beter te onsluiten voor een breder publiek.

Bibliografie

Jannes, D., *Diest als vestings- en garnizoensstad 1830-1914*, onuitgegeven eindverhandeling, Koninklijke Militaire School, Brussel, 1990.

Praktische informatie

Toegankelijk voor het grote publiek zijn: de citadel tijdens de opendeurdag van het garnizoen 1Bn Para (meestal eind augustus) en het Fort Leopold (enkel op 11 november). De stadswallen zijn vrij toegankelijk. De Diestse Gidsenbond verzorgt rondleidingen: Toeristische dienst, Stadhuis, Grote Markt 1, 3290 Diest. Tel. 013 35 32 71 of 013 35 32 73.

DE BRIALMONTVESTING ANTWERPEN

ROBERT GILS • LODE WILS

De politieke strijd

In het Europese revolutiejaar 1848 besliste België om de Vesting Antwerpen uit te bouwen tot de voornaamste van het land. Tijdens een oorlog met Frankrijk, waarvoor gevreesd werd tot aan de Franse nederlaag tegen Duitsland in 1871, zouden de regering en het leger daar kunnen standhouden totdat de garanten van de Belgische neutraliteit opdaagden en ter hulp schoten.

De bestaande omheining van de stad liep over de huidige Italiëlei, Frankrijklei en Britse Lei. Vóór 1853 werd een reeks van zeven vooruitgeschoven forten gebouwd, die de buitenwijk van de stad ('de vijfde wijk') en de kern van de randgemeenten Berchem en Borgerhout beschermden. Om het schietveld van de forten open te houden, mochten eromheen geen burgerlijke gebouwen meer opgetrokken of hersteld worden, wat de verdere bevolkingsaangroei onmogelijk maakte. Dat lokte een jarenlange protestbeweging uit, die werd georganiseerd door een Commissie der Vijfde Wijk.

De beroering kreeg een antimilitaristische inslag tijdens de Krimoorlog, toen in 1854-1855 de vesting Sebastopol gedurende elf maanden in puin werd geschoten. Toen de Frans-Oostenrijkse oorlog in 1859 een nieuw bewijs leverde van het expansionisme van Frankrijk onder Napoleon III, besloten de regering en het parlement tot de reusachtige uitgaven die nodig waren voor een algemene vergroting van de vesting, waardoor tegelijk de Antwerpse grieven zouden worden weggenomen.

Een nieuwe omheining met veertien poorten werd gebouwd, waarin de recent opgerichte forten werden opgenomen; ze lag waar nu de Ring en de Singel de uitgebreide stadskern omgeven. Een grote citadel werd opgetrokken in het noorden, bij Austruweel, samen met een gordel van acht vooruitgeschoven

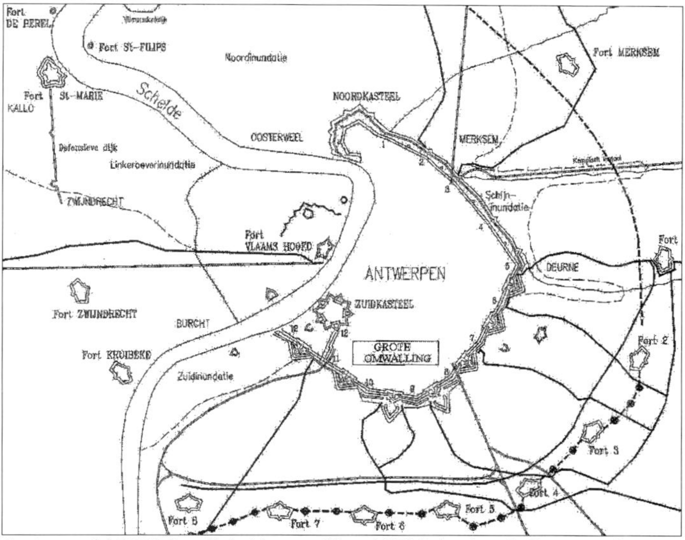

Fortengordel 1859 & veligheidsomwalling 1906 (tekening: J. Cannaerts)

forten op het grondgebied van Wijnegem, Wommelgem, Borsbeek, Mortsel, Edegem en Hoboken. Jarenlang waren dertienduizend man aan de slag: aardewerkers, metselaars, steenkappers, voerlieden enzovoort. De maatschappij die de werken uitvoerde had steenbakkerijen opgericht, een steengroeve en bossen aangekocht, houtvlotten geplaatst op de Schelde en het Kempisch kanaal, een spoorweg aangelegd die was aangesloten op het Belgische en het Nederlandse net... Zeven locomotieven, 158 paarden en zeshonderd wagens verzekerden het transport. Een massa pompen, waaronder 23 stoomtuigen, hielden het terrein droog.

In oktober 1861 ontstond er beroering in de randgemeenten, waar nu duizenden eigenaars werden getroffen door de militaire erfdienstbaarheden, voornamelijk door het verbod om te bouwen of om bestaande woningen, werkhuizen en stallen te herstellen – alles zonder enige vergoeding. Een Commissie der Krijgsdienstbaarheden werd gevormd om de protesten te bundelen en druk uit te oefenen op de overheden.

In de stad zelf wekte het grote opwinding dat de nieuwe citadel, het Noordkasteel zoals ze genoemd werd, was opgevat om nog stand te houden nadat een vijand de stad had veroverd. Dan zou Antwerpen worden gebombardeerd, zoals in 1830 door de Hollandse generaal Chassé vanuit de oude citadel, het Zuidkasteel. De Commissie der Krijgsdienstbaarheden nam als dubbel programma aan: een financiële vergoeding voor de erfdienstbaarheden en de afbraak van de binnenfronten der twee kastelen, zodat er van daaruit geen bombardement op de stad meer zou te vrezen zijn.

De Commissie der Krijgsdienstbaarheden maakte niet alleen gebruik van de traditionele drukkingsmiddelen: moties, protesten op aanplakbiljetten en in de periodieke pers, brochures, het sturen van delegaties naar de overheden. In het spoor van wat de Commissie der Vijfde Wijk al had geprobeerd, ontwikkelde ze naar Engels voorbeeld een politiek wapen dat in België nog nieuw was: volksvergaderingen of *meetings*, waarop niet alleen de kiezers uitgenodigd werden, dus welgestelde burgers, maar waarvoor massa's uit alle bevolkingslagen werden gemobiliseerd. Voor duizenden toehoorders werden daar niet langer bedaarde Franstalige toespraken gehouden, maar opzwepende redevoeringen in de volkstaal, waarin verzet werd aangetekend tegen de dominantie van de legerleiding die met de burgerlijke overheden en belangen geen rekening scheen te houden.

De explosieve kracht van deze 'Antwerpse beweging' werd niet alleen verklaard door de verderwerking van het succesvol verzet uit 1854-1859. De beweging was ingeschakeld in een veel ruimere 'radicale' stroming voor democratische en sociale hervormingen, beperking van de staatsmacht, bescherming van de burgerrechten en van de volkstaal, verzet tegen het militarisme dat destijds optrad als een staat in de staat, ongeveer zoals in Pruisen. Heel wat radicalen wilden de tegenstelling tussen liberaal en klerikaal vervangen door de tegenstelling tussen progressief en conservatief. In Antwerpen steunden zij bovendien op een krachtige Vlaamse beweging en op een tijdelijke ontevredenheid van de groothandelaars over de politiek die de regering voerde met het oog op de aanstaande afkoop van de internationale Scheldetol.

De beweging keerde zich uitgesproken tegen de liberale regering van Charles Rogier en Walthère Frère-Orban (1857-1867), in het bijzonder tegen de minister van Oorlog, generaal P. Chazal. Ze kreeg een antiroyalistische inslag, want als opperbevelhebber van het leger besliste uiteindelijk Leopold I bijna soeverein in militaire aangelegenheden.

In mei 1862 boycotten de 6662 Antwerpse kiezers, op 151 na, de verkiezing van een senator, ten teken van protest. Net zoals de woelige meetings werd dit als een revolutionair en onvaderlands optreden veroordeeld door de regering en haar pers. In november daaropvolgend namen de meeste gemeenteraadsleden ontslag nadat hun ultiem beroep op de koning niets had opgeleverd; de meeste provincieraadsleden volgden hun voorbeeld.

De Commissie der Krijgsdienstbaarheden trad nu in conflict met de Liberale Associatie, aan wie ze het monopolie van de aanduiding der kandidaten niet wilde laten. Door die rol over te nemen werd de Commissie zelf in feite het bestuur van een partij. Ze onderwierp haar kandidaten niet aan een poll onder partijleden, maar aan de toejuichingen of afkeuringen op een grote volksvergadering. Vele kiezers bleven weg van de stembus maar de kandidaten van de Commissie haalden een grote meerderheid.

De enige oplossing voor de Meetingpartij, zoals ze weldra genoemd werd, was de 'doctrinaire' regering-Rogier-Frère ten val te brengen door ook elders in het land coalities uit te lokken tussen radicalen en katholieken. Die coalities zouden een hervorming van de nationale politiek voorstaan 'in plaats van het versleten liberaal-klerikaal getwist'. De Meeting verscherpte een latente crisis in de Belgische politiek. Ze actualiseerde die crisis bij de parlementsverkiezingen van juni 1863, doordat de regering toen niet alleen de vijf Antwerpse Kamerzetels verloor, maar ook in verschillende andere arrondissementen verzwakt werd. Toen in januari 1864 in Brugge een herverkiezing moest worden gehouden, werden vanuit Antwerpen met succes de flaminganten uit het hele land gemobiliseerd en de regering ten val gebracht.

De enige kans voor een katholieke regering om , door nieuwe verkiezingen, een parlementaire meerderheid te verwerven, lag in een belofte een oplossing voor het Antwerpse vraagstuk te zoeken, plus het aanvaarden van een vooruitstrevend programma, waarmee radicalen uit het hele land zouden worden aangetrokken om een coalitie te vormen. Maar Leopold I weigerde het programma waarmee de katholieke voorman Adolphe Dechamps zich aandiende, precies omdat er een uitbreiding van het kiezerskorps in opgenomen was. De koning bevestigde zijn vertrouwen in de regering-Rogier en in augustus 1864 herstelde die haar parlementaire meerderheid na algemene verkiezingen. De tijd was niet rijp voor een coalitie van radicalen en katholieken in het hele land.

De nederlaag van augustus 1864 betekende de mislukking van de stormloop der Meetingpartij, die zich moest ingraven voor een stellingenoorlog. Mettertijd zou ze zich integreren in de katholieke partij, waarop ze een antimilitaristische en Vlaamsgezinde stempel zou drukken. Ze zou haar specifiek Antwerpse eisen zien inwilligen en de meeste van haar radicale aanhangers zien terugkeren naar hun liberale thuishaven. Al in december 1862 had de erevoorzitter van de Commissie der Krijgsdienstbaarheden, de industrieel W. Wood, wiens bedrijf in de zone der erfdienstbaarheden lag, een arrest van het Hof van Beroep verkregen dat hem toeliet zijn gebouwen te herstellen en er zelfs veranderingen in aan te brengen. De regering had dan beloofd dit door een wet te veralgemenen.

Op het einde van 1867 kwamen de jonge koning Leopold II en Frère-Orban tot een akkoord om een 'verzoening met Antwerpen' na te streven door het Zuidkasteel af te breken en het gevaar van een beschieting vanuit het Noordkasteel te neutraliseren; dat zou worden gecompenseerd door de vesting uit te bouwen op de linker-Scheldeoever. Rogier en enkele andere ministers werden, onder meer wegens die koerswijziging, uit de regering geweerd. Inderdaad keerden heel wat radicalen na de toezeggingen terug naar de liberale partij. In oktober 1869 werd het Zuidkasteel verkocht voor sloping, de wet van 28 maart 1870 liet niet alleen herstellingen toe in de zones met erfdienstbaarheden, maar zelfs de heropbouw van versleten gebouwen werd mogelijk. In 1872 zou de liberale partij, na tien jaar Meetingbestuur, opnieuw het stadhuis van Antwerpen veroveren. In 1881 zou, weer onder een regering-Frère-Orban, het binnenfront van het Noordkasteel worden afgebroken.

Bij de parlementsverkiezingen van 1870 had de regering-Frère-Orban haar liberale meerderheid verloren voor acht jaar, als gevolg van radicaal-katholieke coalities in enkele arrondissementen. De katholieke regering beperkte de straal der erfdienstbaarheden van 585 tot 25 meter, zodat de getroffen oppervlakte tot minder dan één derde werd teruggebracht. Aan de ongeveer negenhonderd overblijvende eigenaars liet ze bij wet van 2 april 1873 een vergoeding van bijna anderhalf miljoen frank toekennen. De katholieke meerderheid breidde het stemrecht uit voor de gemeentelijke en provinciale verkiezingen, vaardigde de eerste taalwetten uit, verzette zich tegen de versterking van de landsverdediging die door de militaire kringen en de koning gevraagd werd en voerde een politiek van staatsonthouding, zelfbestuur en gemeentelijke autonomie. Dat alles lag in de lijn van wat de radicale stroming uit de jaren 1860 had voorgestaan.

Onder invloed van de Meetingpartij en haar geestesgenoten waren de katholieken geëvolueerd tot een centrumpartij, tussen de doctrinaire liberalen en de radicalen in. De sterkste invloed oefende de Meeting uit op de Vlaamse beweging, waaraan ze een democratische en een antimilitaristische impuls gaf. Ze vernederlandste de stedelijke en de provinciale administratie van Antwerpen. Dat hing samen met haar sociaal profiel: tegenover de traditionele bestuurselite van rijke Franstalige zakenlui betekende de Meeting de doorbraak van de kleine burgerij en ook van de intellectuele middengroepen. Vrijzinnige flaminganten als volksvertegenwoordiger Edward Coremans bleven nog tientallen jaren actief in de Meetingpartij, die mede daardoor de parlementaire afvaardiging van het arrondissement Antwerpen behield tot aan de toepassing van de evenredige zetelverdeling in 1900. De Meeting had een grondslag gelegd voor het ontstaan van de christen-democratie in de jaren 1890.

De Versterkte Positie Antwerpen

Bouw

De man die bij de planning en de bouw van de Vesting Antwerpen een cruciale rol speelt is Henri-Alexis Brialmont (1821-1903), toen kapitein bij de Belgische Genie. Hij stelt de typeplannen voor de versterking op en controleert ook de uitvoering ervan. Brialmont past het polygonaal systeem in Antwerpen op een zeer eigenzinnige maar magistrale manier toe. De meeste Belgische genieofficieren staan echter het oudere gebastioneerde systeem voor, zodat hij heel wat tegenwind krijgt.

De bouw van de Vesting Antwerpen is een reusachtige onderneming; op Parijs na wordt het de grootste vesting van Europa. De bestaande 'Spaanse' omwalling uit de 16de eeuw, wordt afgebroken (nu de Leien). De werken starten in 1860 en duren tot in 1865. Er moet maar liefst tien miljoen kubieke meter aarde worden verzet en een miljoen kubieke meter gemetseld. De firma die de werken uitvoert, komt na de afwerking van de vesting in financiële moeilijkheden en gaat in 1867 failliet. De totale kostprijs van de bouw van de vesting loopt op tot 54 miljoen goudfrank.

De nieuwgebouwde, zeer ruime 'Grote Omwalling' omsluit de voorsteden Dam, Borgerhout en Sint-Laurentius. Ze bestaat uit elf fronten van elk ongeveer een kilometer breed, geflankeerd vanuit een centrale caponnière, die voorafgegaan wordt door voorwerken.

De omwalling sluit in het zuiden aan op de Schelde door de oude citadel – het Zuidkasteel – die nog onder Alva werd gebouwd. In het noorden ligt het nieuwgebouwde Noordkasteel. De meest noordelijke fronten 1 tot 6 worden gedekt door een inundatie, net zoals het meest zuidelijke front 11-12. Speciale aandacht krijgt de saillant van Berchem, waar de vestinggracht dubbel is en er twee lunetten worden gebouwd. Aan de Scheldezijde is er geen omwalling maar vanuit de linkeroever verdedigen het Fort Vlaams Hoofd en twee oudere fortjes de rede.

Wat de bevolking het meest opvalt zijn de veertien monumentale poorten en de grote kazernes die aan de vestingzijde van enkele caponnières worden opgetrokken.

Na de oorlog van 1870-1871 wordt het Zuidkasteel afgebroken – Leopold II komt speciaal uit Brussel om de eerste houweelslag te geven – en de terreinen worden verkaveld tot het Zuidkwartier (het centrum ervan was gelegen vóór het Koninklijk Museum voor Schone Kunsten). Een nieuw front 11-12 wordt doorgetrokken naar de Schelde. Door de havenuitbreiding verdwijnen ook de binnenwaartse fronten van het Noordkasteel; in Antwerpen wordt bij die gelegenheid zelfs een gedenkpenning geslagen...

De Grote Omwalling, in 1906 gedeklasseerd, wordt in 1914 opnieuw in staat van verdediging gebracht, maar er valt geen enkel schot. Ze wordt pas na 1970 volledig afgebroken, poorten en kazernes incluis, om plaats te maken voor de Ring R1. Overgebleven zijn een half front van het Noordkasteel, de lunetgracht van front 8-9 (nu rond de jeugdherberg), een gedeelte van de ravelijnsgracht van front 10-11 (gelegen in het gemeentelijk park Brilschans) en twee gedenkstenen met leeuwenkoppen aan de brug over de R1 in Berchem.

Forten

De fortengordel bestaat uit acht polygonale forten die tussen de Schelde stroomopwaarts en de Schijninundatie worden gebouwd. De forten zelf liggen op ongeveer twee kilometer uit elkaar, op minimum 2,7 en maximum 4,5 kilometer van de omwalling verwijderd. De gordel moet een bombardement (met kanonnen) van de agglomeratie beletten en bakent tevens een verschanst kamp af van waaruit het veldleger kan opereren tegen de belegeraar.

Na de oorlog van 1870-1871 komen er nieuwe forten bij: in het noorden Fort Merksem en op de linkeroever de Forten Kruibeke en Zwijndrecht, alsook een Defensieve Dijk die de linkeroeverinundatie moet beperken. Hierdoor ontstaat er nu ook op de linkeroever een verschanst kamp. Voorts wordt een aanvang gemaakt met de oprichting van een nieuwe voorgelegen fortengordel, ter hoogte van de Rupel-Netelijn, de 'Buitenlinie'.

Bij de reorganisatie na 1907 wordt de bestaande fortengordel de 'Veiligheidsomwalling' van de vesting. Hiertoe worden de forten gemoderniseerd, met uitzondering van Fort 8. Tussen de forten op de rechteroever worden er achttien kleine schansen gebouwd (Schansen 1 tot 18), die op de Schelde aansluiten met de Scheldebatterij. In het noorden wordt een gracht met wal gepland om de voorziene havenuitbreiding te beschermen, maar daar was men in 1914 nauwelijks aan begonnen. Op de linkeroever komen er geen bijkomende versterkingen tussen de forten.

Hoe zien de forten eruit? De Forten 1 tot 8 zijn van hetzelfde basistype en verschillen slechts in details. Rond het fort loopt een brede met water gevulde gracht, die de hindernis vormt. De gracht wordt met kanonnen onder vuur gehouden, vooraan vanuit de caponnière, op de zijkanten vanuit de halve caponnières en achteraan vanuit twee lage batterijen. Aan de buitenzijde van de gracht vinden we een bedekte weg beschermd door een zachtoplopend glacis. Hierdoor kunnen de verdedigers ongezien aan de buitenzijde rond het fort circuleren, er patrouilles laten vertrekken enzovoort. Aan de binnenzijde van de

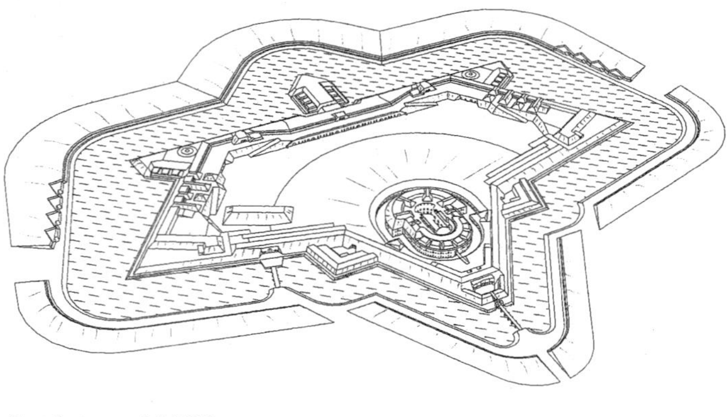

Fort fortengordel 1859.

gracht zijn er hoge aarden wallen die het binnenste van het fort tegen kanonvuur moeten beschermen. De wallen vormen tevens de opstelplaats van de verdedigingsartillerie. Hun opstelling wordt in front gedekt door een aarden borstwering en zijdelings door traversen, aarden ophogingen waarvan sommige uitgerust zijn met een remise. In de meeste forten worden na 1907 de wallen uitgerust met twee pantserkoepels voor een 7,5-centimeterkanon alsook twee betonnen flankeringsbatterijen voor elk twee dergelijke kanonnen.

De reduit-ingang leidt naar het reduit, terwijl de artillerie-ingang toegang geeft tot de rest van het fort. Het reduit vormt de laatste wijkplaats van het garnizoen en wordt verdedigd door een droge gracht, die onder vuur wordt gehouden vanuit geweerschietgaten. Het is een bomvrije kazerne met twee verdiepingen en een gevechtsplatform voor de artillerie bovenop. Een binnenplaats laat lucht en licht toe in het gebouw. Vooraan het fort, onder het hoofdfront, bevindt zich een bomvrije kazerne, het hoofdfrontgebouw. Bij de Forten 2, 4 en 6 vinden we verder, onder de grote traverse, een officierenpaviljoen.

Alle metselwerk is uit baksteen vervaardigd en alle gebouwen zijn bomvrij (tegen de toenmalige mortierbommen). Bij de modernisering na 1907 worden de gewelven van de caponnières en het hoofdfrontgebouw met beton versterkt. Fort 8 wordt niet gemoderniseerd.

De wallen van Fort 3, waaraan het eerst werd begonnen, zijn voorzien van escarpgalerijen met schietgaten, voor een bijkomende grachtverdediging. Ook het hoofdfrontgebouw en de toegangen tot de halve caponnières wijken af van die van de overige forten.

De schansen die na 1907 worden gebouwd, zijn kleine betonnen pantserwerken, voorzien van één pantserkoepel en achteraan een traditorebatterij ter flankering van de intervallen.

De Forten Merksem, Kruibeke en Zwijndrecht vertonen grote gelijkenissen met die op de rechter-Scheldeoever, maar er zijn toch belangrijke verschillen. Zo is het reduit van Fort Merksem omringd door een natte gracht, terwijl de Forten Zwijndrecht en Kruibeke niet over een reduit beschikken maar wel over een inwendige verschansing. Ook die forten worden na 1907 gemoderniseerd maar zonder koepels of flankeringsbatterijen.

Het garnizoen

De forten werden gebouwd om in oorlogstijd een garnizoen van ongeveer duizend man te herbergen. In vredestijd zijn er slechts een vijftigtal soldaten aanwezig, die er hun opleiding tot vestingartillerist ontvangen en het fort en zijn artilleriematerieel moeten onderhouden.

Die soldaten bestaan tot in 1909 hoofdzakelijk uit lotelingen. Aangezien de mogelijkheid bestond om zich tegen betaling te laten vervangen door een *remplaçant*, behoren de soldaten tot de armste en minst ontwikkelde laag van de bevolking. Materieel gaat het hen vrij goed. Ze ontvangen soldij en zijn beter gevoed, gekleed en gehuisvest dan in de meeste gevallen thuis. De dienst is zeker minder zwaar dan het werk in de fabriek of op het veld, maar het gebrek aan vrijheid en de eentonigheid van het garnizoensleven maakt de militaire dienst toch niet populair.

Oorlog
Tijdens de belegering in 1914 worden enkel de Forten 4 en 5 door de Duitse veldartillerie bestookt; de schade was onbeduidend. Het reduit van Fort Merksem wordt gedeeltelijk opgeblazen en later wordt de reduitgracht gedempt.

Alle forten worden na hun deklassering als vestingwerk min of meer getransformeerd om ze aan te passen aan hun nieuwe opdracht – depots van het leger. Na de Tweede Wereldoorlog wordt Fort 1 geslecht; daar bevindt zich nu het Shoppingcenter van Wijnegem. Ook veel schansen zijn intussen afgebroken.

Ondanks de verbouwingen blijven de overgebleven forten imposante bouwwerken, die veel groter en machtiger zijn dan de forten uit dezelfde periode in onze buurlanden.

Bibliografie

Gils, R., *Vesting Antwerpen, Deel I, Bakstenen schoonheid 1830-1885*, Erpe, 1997.
Gils, R., *Vesting Antwerpen, Deel II, De pantservesting 1885-1914*, Erpe, 1998.
Gils, R., *Vesting Antwerpen, Deel III, Schelde- en redeverdediging 1838-1944*, Erpe, 1999.
Gils, R., *Vesting Antwerpen, Deel IV, Bunkers en bunkerstellingen 1914-1945*, Erpe, 2001.
Lombaerde, P. (red.), *Vesting Antwerpen, De Brialmontforten*, Antwerpen, 1997.
Wils, L., *Het ontstaan van de Meetingpartij te Antwerpen en haar invloed op de Belgische politiek*, De Nederlandsche Boekhandel, Antwerpen, 1963.

Praktische informatie

De meeste forten op de rechter-Scheldeoever zijn gedeeltelijk toegangelijk voor het publiek. Fort Merksem is vrij toegankelijk en Fort 5 is een gemeentelijk park. Er worden geregeld bezoeken georganiseerd in Fort 2 (tel. 03 353 76 76) en Fort 4 (tel. 03 446 47 96). Fort 7 is als natuurgebied afgesloten. De forten op de linkeroever zijn niet toegankelijk voor het publiek.

Schans 15 is nu een restaurant en Schans 16, aan de Moerenlei in Hoboken, is vrij te bezoeken.

FORT SINT-MARIE EN DE SCHELDEVERDEDIGING IN DE BOCHT VAN KALLO

ROBERT GILS

Fort Sint-Marie I

Tijdens de fameuze belegering van Antwerpen in 1584-1585 sluit Alexander Farnese de stad af van de zee en van het opstandige Noorden, door in de bocht van Kallo een vlotbrug over de Schelde te bouwen. De bruggenhoofden worden beschermd door twee forten, Sint-Filips op de rechter- en Sint-Marie op de linkeroever; meer stroomafwaarts verrijst Fort De Perel. (In de 19de eeuw vond men bij de bouw van het nog bestaande staketsel van Fort Sint-Marie enkele palen van de vlotbrug terug.) De Antwerpenaren ondernamen enkele pogingen om de brug te vernielen – onder meer door het inzetten van bomschepen – om ten slotte toch te moeten capituleren.

Omdat de opstandelingen, en later de Republiek, de Forten Lillo en Liefkenshoek in hun bezit houden, gaan de drie forten in de bocht van Kallo nu de Scheldeverdediging van Antwerpen uitmaken. De verdediging zal in de volgende eeuwen een bescheiden rol spelen.

Fort Sint-Marie I is een klein vierkant gebastioneerd fort met minder dan honderd meter zijde, zo klein dat de gouverneurswoning en de tuintjes van de soldaten zich buiten het fort bevinden.

Wanneer na de Vrede van Fontainebleau (1785) de Forten Lillo en Liefkenshoek weer aan de Zuidelijke Nederlanden komen, besluit Jozef II de overige Scheldeforten te slechten, dus

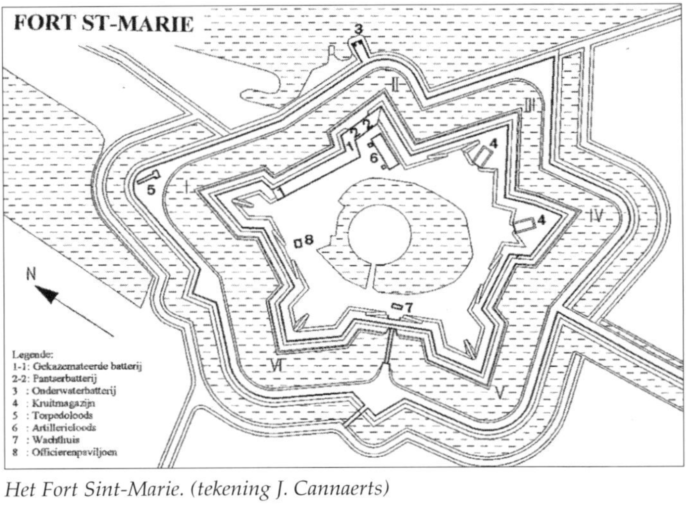

Het Fort Sint-Marie. (tekening J. Cannaerts)

ook Fort Sint-Marie. In oorlogsomstandigheden blijven de vroegere fortsites echter dienst doen voor de opstelling van kustbatterijen. Dat is onder meer het geval wanneer in 1809 de Britten een raid op het Antwerpse vlootarsenaal willen uitvoeren, maar de expeditie wordt op Walcheren gestopt door de polderkoorts.

Na de Belgische Omwenteling in 1830 zijn er schermutselingen op de Schelde, omdat de Nederlanders tot in 1839 de Forten Lillo en Liefkenshoek in hun bezit houden. In die periode worden de wallen van Fort Sint-Marie zelfs opnieuw opgericht. Na 1839 keert de rust weer. In de *Archives de Médecine militaire* uit 1849 lezen we dat de Scheldeforten, en in het bijzonder Fort Sint-Marie, geen gezonde plaatsen zijn om garnizoen te houden. Vooral tijdens de zomermaanden lijden veel militairen er aan polderkoorts, een soort malaria waarvan men toen de verwekker nog niet kende.

Fort Sint-Marie II

In 1850 rijpt het plan om in de bocht van Kallo en op de site van Fort Sint-Marie een grote gekazematteerde kustbatterij te bouwen, die de Schelde stroomafwaarts moet enfileren. Een nieuw en groter Fort Sint-Marie II moet die batterij beschermen tegen landingstroepen.

De gekazematteerde batterij bestaat uit baksteenmetselwerk en is aan de Scheldezijde bedekt door aarde en hardsteen. De gelijkvloerse verdieping is een kazerne. Op de eerste verdieping vinden we 27 bomvrije kazematten die ingericht zijn voor geschut. Bovenop is er nog een aarden batterij voor een tiental zware stukken.

Het fort zelf is een zeshoek met vier gebastioneerde en twee getenailleerde fronten (fronten II-IV). Om over voldoende geschikte aarde te beschikken voor het opwerpen van de wallen ziet men zich verplicht om in het fort een vijver te graven. Voorts vinden we er een aantal militaire gebouwen waaronder twee kruitmagazijnen.

Een bewapeningswedloop

De tweede helft van de 19de eeuw is een periode van snelle ontwikkeling van de technologie, ook bij de vloot. De gekazematteerde batterij is nog maar pas operationeel of in 1859 verschijnen de eerste pantserschepen, waarvan onder meer de waterlijn beschermd wordt door pantserplaten. Ze worden ook uitgerust met stalen kanonnen met getrokken lopen van een groot kaliber.

Weldra staat de gekazematteerde batterij machteloos. Om hieraan te verhelpen ziet men zich verplicht in 1870 de Forten Sint-Filips en De Perel te herbouwen als pantserforten, elk uitgerust met drie pantserkoepels met telkens twee 24-centimeter- of 28-centimeterkanonnen. Het worden zodoende de eerste forten met individuele pantserkoepels voor kustgeschut, maar... de bouw vordert zo tergend langzaam dat nog vóór de oplevering (1881) zowel pantsering als geschut voorbijgestreefd zijn; Fort De Perel wordt zelfs nooit bewapend.

Om bij te blijven wordt in Fort Sint-Marie een gedeelte van de gekazematteerde batterij in 1877 gesloopt en voorzien van een pantserbatterij uit hardgegoten ijzer en bewapend met zes 24-centimeterkanonnen van een nieuwer type. Maar ook die oplossing wordt al snel tenietgedaan door projectielen uit speciale staalsoorten, waartegen het hardgegoten ijzer niet bestand is. In 1881 wordt Fort Sint-Marie uitgerust met een onderwaterbatterij met twee lanceerinrichtingen voor torpedo's, die zowel stroomop- als stroomafwaarts kunnen vuren.

Door de polders en het gebrek aan goede verbindingen – de stoomtram komt er pas na de eeuwwisseling – zijn de Scheldeforten afgezonderd van de 'bewoonde wereld'. De officieren die er gestationeerd worden vragen zich af wat ze in 's hemelsnaam misdaan hebben... Het bezoek van een delegatie van de Krijgsschool, waarbij enkele torpedo's gelanceerd worden, vormt het hoogtepunt van het jaar en over het eenmalig bezoek van de minister van Oorlog in 1885 wordt nog járen nagekaart.

In 1904 doet er zich in Fort Sint-Marie een vreselijke ontploffing voor. In het kader van een mobilisatieoefening worden een aantal buskruitprojectielen geladen. In vredestijd bleven dergelijke projectielen ongeladen wegens de vochtgevoeligheid van het buskruit, dat in houten vaten werd bewaard. De reglementen schreven voor dat het laden in openlucht moest gebeuren. Als gevolg van het slechte weer laat de verantwoordelijke officier het laden dan maar plaatsvinden in de artillerieloods. Op 7 oktober 1904 om 9 uur 's ochtends is er een ontploffing. Twee militairen dringen, op gevaar van hun leven, de loods binnen om de brand te blussen en de eerste zorgen worden verstrekt door de aalmoezenier en twee dokters. Voor twee onderofficieren, een trompetter en zeven kanonniers komt alle hulp te laat. Voorts zijn er twee gewonden en twee man komen er met de schrik vanaf. De doden worden reeds de volgende dag begraven op het kerkhof aan de kerk van Kallo. Het militair gerecht gaat niet over tot strafvervolging maar de militaire onderzoekscommissie is niet mals voor de verantwoordelijke officieren. Twee worden er met pensioen gestuurd, twee anderen worden met arrest gestraft en de artilleriecommandant van de vesting krijgt een blaam van de minister. De aalmoezenier en één dokter ontvangen een burgerlijk ereteken. De beide militairen die de reddingsoperatie ingezet hadden, moeten genoegen nemen met felicitaties – men meende dat hun optreden maar normaal was voor militairen... Op 11 oktober 1905 wordt een monument opgericht op het kerkhof, waar het nog altijd staat.

De technische ontwikkeling gaat onverstoorbaar door. Met de aanvang van de 20ste eeuw draagt het scheepsgeschut zo ver dat de Vesting Antwerpen door een vijandelijke vloot reeds vanaf de Nederlandse grens bestookt kan worden; daar kan de Scheldeverdediging in de bocht van Kallo niet tegenop. Er bestaan plannen voor twee kustforten ter hoogte van Doel maar ze worden nooit gebouwd. Wel ontstaan er in de polders drie kustbatterijen; in 1914 zijn er evenwel slechts twee bewapend en slechts één beschikt over munitie.

Oorlog

In 1914 wordt de Vesting Antwerpen alleen over land aangevallen; op de Schelde valt er geen enkel schot. Gedurende enkele dagen is Fort Sint-Marie het hoofdkwartier van de vesting. Bij de capitulatie blazen de torpedisten de onderwaterbatterij op. Tijdens de bezetting wordt de bestaande Scheldeverdediging zorgvuldig onderhouden door de Duitsers, maar ze zullen er tevergeefs op de Engelse vloot wachten. Na de Eerste Wereldoorlog worden de Scheldeforten hoofdzakelijk nog als depot gebruikt. In 1944 blazen de Duitsers de pantserbatterij op, die naderhand verschroot wordt.

In 1961 wordt Fort Sint-Marie een marinebasis voor riviermijnenvegers. De bestaande militaire gebouwen, met uitzondering van de gekazematteerde batterij en een kruitmagazijn, worden gesloopt en rond de vijver verschijnen enkele moderne gebouwen. Bovenop de batterij wordt een betonnen verdieping opgetrokken. Bij de aanleg van een getijhaven in het fort worden de twee getenailleerde fronten afgebroken.

Nu is Fort Sint-Marie een school van het Gemeenschapsonderwijs voor opleidingen in rivier- en kustvaart. Het is niet vrij toegankelijk voor het publiek. Fort De Perel verdween in de Waaslandhaven en van Fort Sint-Filips is enkel nog de ingang zichtbaar.

Bibliografie

Zie de andere bijdragen van R. Gils.

DE ANTWERPSE BUITENGORDEL

ROBERT GILS

De Buitenlinie

Tijdens de laatste helft van de 19de eeuw kent de artillerie een stormachtige ontwikkeling. Na het in gebruik nemen van het geschut met getrokken loop vergroot de dracht van dit geschut stelselmatig (tot meer dan tien kilometer in 1914). Tijdens de oorlog van 1870-1871 bombarderen de Duitsers Parijs vanop 7,5 kilometer; de Antwerpse forten liggen slechts 2,7 tot 4,5 kilometer van de omwalling verwijderd! Brialmont – die men eerst verweten had dat zijn forten te ver van de stad lagen – krijgt nu te horen dat hij ze te dicht bij de stad had gebouwd...

In 1878 beslist men een nieuwe fortengordel – de zogenoemde Buitenlinie – op te richten op de lijn Rupel-Nete. Er worden plannen gemaakt maar de politieke wil ontbreekt om ze te verwezenlijken. Het leger zal, telkens wanneer er geld vrijkomt, onder meer door de verkoop van overbodig geworden militaire domeinen, enkele forten bouwen op de gevaarlijkste naderingswegen tot de Vesting Antwerpen.

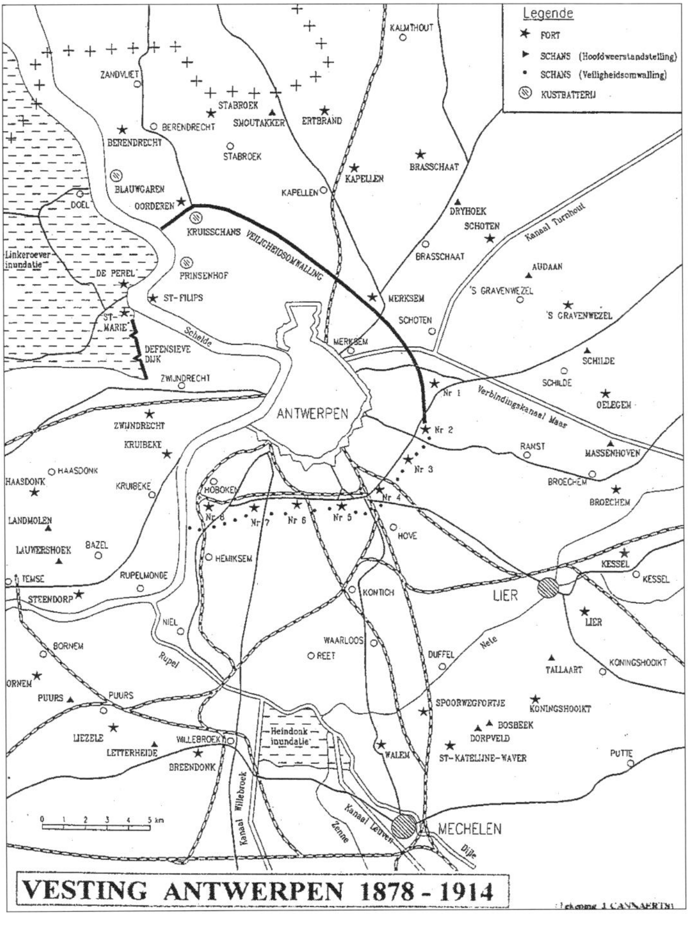

VESTING ANTWERPEN 1878 - 1914

De eerste forten

Vanaf 1879 worden de Forten Walem en Lier gebouwd, om bruggenhoofden over de Rupel en de Nete te verdedigen. Ze vertonen grote gelijkenissen met de Brialmontforten, al ontbreekt er een reduit.

In 1882 start de bouw van Fort Steendorp, als bruggenhoofdfort over de Schelde. In een heuvel gebouwd, is het omringd door een droge gracht, een unicum in Antwerpen. Er is ook een reduit met pantserkoepel.

In 1885, nog tijdens de bouw van de net genoemde forten, doet zich een tweede belangrijke ontwikkeling voor bij de artillerie: de introductie van de brisantgranaat die met een brisante springstof is geladen. De artillerie moet voortaan in pantserkoepels worden ondergebracht en baksteen moet vervangen worden door beton. In de reeds bestaande forten moeten op de wallen pantserkoepels komen, en op baksteengewelven een laag beton.

Vlak na de bouw worden de Forten Walem en Lier met beton versterkt en van pantserkoepels voorzien; op de binnenplaats komt er een bomvrije kazerne. Fort Lier zal na 1906 nog meer koepels krijgen. Ook Fort Steendorp wordt met beton versterkt maar krijgt geen bijkomende pantserkoepels.

In 1886 wordt het Spoorwegfortje in Duffel opgericht. Het moet de spoorlijn Brussel-Mechelen-Antwerpen afsluiten; pantsertreinen waren toen erg in trek. Tijdens de bouw worden de plannen gewijzigd, het fortje wordt met beton versterkt en krijgt enkele pantserkoepels.

In hetzelfde jaar start ook de bouw van Fort Schoten, dat een noordoostelijke toegang tot de vesting moet afgrendelen. Het is vooraan en opzij verdedigd door een natte gracht, achteraan met een droge gracht en het heeft een reduit. Ook hier worden de plannen gewijzigd en krijgt het fort tijdens de bouw pantserkoepels en betonnen gewelven.

De combinatie van pantserkoepels en betonstructuren leidt bij nieuwbouw naar het zogeheten betonnen pantserfort. De bescherming van het inwendige van het fort geschiedt nu niet meer door hoge aarden wallen, maar door een aaneengesloten betonnen structuur waarop de pantserkoepels zijn aangesloten.

In 1888-1893 worden er in het noorden drie kleine pantserforten gebouwd. Fort Kapellen moet de spoorweg vanuit Nederland onderscheppen, terwijl de Forten Berendrecht en Oorderen de controle moeten verlenen over het dijkenstelsel in het noorden van de vesting.

In 1902 ten slotte begint de bouw van Fort Stabroek, dat een noordelijke toegang moet afsluiten, en van Fort Sint-Katelijne-Waver, dat het bruggenhoofd Walem moet vervolledigen. De laatstgenoemde forten zullen pas in 1914 afgewerkt worden. Het zijn echte betonnen pantserforten, van dezelfde types als die welke na 1906 worden gebouwd.

De Buitenlinie na 1906: nieuwe forten en schansen

Als gevolg van een verslechterde internationale toestand zijn er na 1906 wél voldoende kredieten beschikbaar om de Buitenlinie te vervolledigen. Zo komen er tussen 1908 en 1914 elf nieuwe forten en twaalf schansen bij. Op de Buitenlinie is er nu om de vijf kilometer een fort gepland, met tussenin telkens een schans. Van dat principe wijkt men evenwel om diverse redenen af. Zo wordt, om de stemmen van de mandatarissen uit het Waasland te verkrijgen, de bouw van versterkingen ten noorden van Fort Haasdonk uitgesteld.

De na 1902 gebouwde forten in het Antwerpse zijn alle betonnen pantserforten; het merendeel van ongewapend beton, sommige van lichtgewapend beton. De betonstructuur bestaat uit een centrale gang met haaks daarop twee kazernes: de hoofdfront- en de keelfrontkazerne. De betonstructuur was berekend om te weerstaan aan een bombardement met 28-centimeterkalibers – het zwaarste geschut dat toen over de weg en met paardentractie kon worden vervoerd. Kenmerkend voor de forten is de traditorebatterij achteraan, van waaruit de intervallen tussen de versterkingen onder schot worden gehouden. De forten verschillen in belangrijkheid, een fort van eerste orde beschikt over meer pantserkoepels dan een van tweede orde.

Voorts verschillen de forten ook in hun grachtverdediging. Het meest voorkomende type is de grachtverdediging met samengestelde caponnières, dat we terugvinden in de Forten Haasdonk, Liezele, Breendonk, Koningshooikt, Broechem, Oelegem en Ertbrand. De grachtverdediging met een gedetacheerde reverscaponnière vinden we bij de Forten Stabroek en Sint-Katelijne-Waver (waaraan reeds na 1902 was begonnen) en in Fort 's-Gravenwezel. De Forten Kessel en Brasschaat zijn driehoekig, met een aangehechte reverscaponnière. De grachtverdediging van Fort Bornem ten slotte geschiedt vanuit koepels bovenop caponnières.

De schansen van de Buitenlinie zijn alle van éénzelfde type: vooraan is er een koepel in een wal, terwijl een betonnen gebouw met twee verdiepingen dienst doet als traditorebatterij.

De belegering

In 1914 zijn de forten en schansen wel bewapend, maar niet alle pantserkoepels zijn met beton ingegoten; de elektrische installatie en de telefoonuitrusting zijn verre van volledig.

De Duitsers komen voor de dag met een technologische verrassing: hun zwaarste belegeringsgeschut (30,5- en 42-centimeterkalibers) wordt voor het transport in lasten verdeeld en met een veldspoorweg en/of locomobielen ter plaatse gebracht.

De Duitsers vallen een sector aan gelegen tussen de Heindonkinundatie en Lier. De belegering begint met een dagenlange beschieting van de forten en schansen – een ondraaglijke kwelling voor de fortgarnizoenen. Vluchtelingen uit Luik en Namen hadden verteld wat het lot van de Maasforten was geweest en men wist dat ook het eigen fort niet tegen de beschieting bestand was.

Eerst hoort men het afvuurschot (de projectielen waren subsonisch), dan het geluid van een naderende sneltrein, vervolgens een geweldige slag. Het fort trilt secondenlang en cement treedt uit allerlei voegen. Bij een voltreffer verspreidt de schokgolf zich over de gangen en lokalen: manschappen worden omvergeworpen, deuren uit hun hengsels geslagen, stormlantaarns uitgeblazen en dan het gekerm van de gewonden... Paniek kan elk ogenblik uitbreken, de rolbrug wordt opengelaten om vluchten te voorkomen. Vele soldaten verkiezen bovenop het fort in openlucht hun lot af te wachten, liever dan het gevaar te lopen verpletterd te worden onder het beton.

In enkele dagen worden forten en schansen weerloos geschoten. Zo is de betonstructuur van Fort Sint-Katelijne-Waver op maar liefst acht plaatsen doorboord. Een na een capituleren de forten of worden ze op bevel verlaten. Zodra de forten – de ruggengraat van de verdediging – uitgeschakeld zijn, gaan de intervallen snel verloren: het begin van het einde van de weerstand van het Nationaal Reduit. Zoals bekend, verlaat het Belgisch leger de Vesting Antwerpen en verschanst het zich achter de IJzer.

Overblijfselen

Bij de belegering van 1914 werden de oudere forten van Walem en Lier zwaar beschadigd. Fort Steendorp en het Spoorwegfortje werden door hun garnizoen gedeeltelijk opgeblazen. Ook de nieuwe forten Sint-Katelijne-Waver, Koningshooikt, Kessel en Broechem kregen het erg te verduren. De schansen Schilde en Smoutakker werden opgeblazen door hun garnizoen.

Tijdens het interbellum worden de forten en schansen van de Buitenlinie op de rechteroever nog omgebouwd tot infanteriesteunpunten die verdedigd moeten worden door mitrail-

Fort Koningshooikt.

leurs. Op sommige onder hen komen er bunkers. Fort Breendonk deed in de Tweede Wereldoorlog dienst als concentratiekamp; de aarden dekking werd toen weggenomen en nu is het een nationaal monument. Na 1945 verdwenen Oorderen en Berendrecht in de havenuitbreiding, en de schans van Massenhoven in het spaarbekken van de Antwerpse Waterwerken. En op Fort Koningshooikt is er nu een motorcross-circuit...

Bibliografie

General des Ingenieur- und Pionierkorps beim General-Gouvernement in Belgien, *Denkschrift über die Ergebnisse der Beschiessung der Festungen Lüttich, Namur, Antwerpen und Maubeuge, sowie des Forts Manonviller im Jahre 1914*, Brussel, 1915.

Praktische informatie

De meeste forten zijn niet toegankelijk voor het publiek, maar er zijn uitzonderingen. Fort Liezele is een museum dat elk weekend bezocht kan worden (tel. 03 899 29 33). Fort Breendonk staat open voor het publiek (tel. 03 886 62 09). Fort Kessel kan op aanvraag bezocht worden door groepen (tel. 03 480 36 37), evenals Fort Stabroek (tel. 03 775 08 31). Andere forten gaan soms open bij speciale gelegenheden, zoals Open Monumentendag of 'vleermuizenavonden'. Van de schansen is enkel Schilde vrij te bezoeken.

Fort Breendonk.

Fort Liezele.

DE DODENGANG IN DIKSMUIDE

MICHEL AERTS • RUBEN VERBIST

Na de terugtocht uit het nationaal bolwerk, de Versterkte Positie Antwerpen, verschanste het Belgisch veldleger – 75 000 uitgeputte manschappen – zich medio oktober 1914 achter de IJzer. Van Nieuwpoort tot Boezinge maakten onze soldaten zich op om een Duitse doorbraak richting Kanaalhavens te verhinderen. De Duitsers drongen de Belgen evenwel terug tot aan de Grote Beverdijkvaart.

Op 21 oktober overschreed de vijand tussen Schoorbakke en Tervate de IJzer. De volgende dag wist majoor Lauwens evenwel de Duitsers terug te dringen met het 1ste Bataljon Karabiniers. Nadat de Duitsers nog diezelfde dag met drie bataljons hun posities in de bocht van Tervate consolideerden, startten de Belgen een tegenoffensief dat vertrok vanuit de Vicognehoeve. De tegenaanval onder leiding van majoor Henri d'Oultremont bleef op ongeveer driehonderd meter van de oever steken en kostte de Belgen honderden doden. Tegen de avond hadden de Duitsers onze troepen zeshonderd meter teruggedrongen. Bij paal 10, op zo'n achthonderd meter van de Schoorbakkebrug, timmerden de Duitsers een noodbrug en kon het 26ste Reserveregiment een bruggenhoofd vestigen op de westelijke oever van de rivier.

Aangezien tegenaanvallen de troepen van keizer Willem II niet konden verdrijven – op 24 oktober bevonden die zich reeds op twee kilometer van Diksmuide – waren drieste middelen nodig om de vijandelijke opmars een halt toe te roepen. Tussen het talud van de spoorweg Nieuwpoort-Diksmuide en de IJzerdijk werd de Noordvaart geïnundeerd. Hoewel het verder oprukken van de vijand was verhinderd, bleef deze laatste stevig verankerd in zijn bruggenhoofd op de linker-IJzeroever tussen Schoorbakke in het noorden en Oud-Stuivekenskerke in het zuiden. De meest zuidelijk gelegen Duitse voorpost, de petroleumtanks, vormde het begin van een linie met sterke posten; de linie liep over een aantal hoeves die nog boven water uitstaken, van het Château de Vicogne tot aan Stuivekenskerke. Vanuit deze uitgebrande reservoirs kon de vijand de activiteiten in de Belgische linies observeren en vanaf mei 1915 was hij in staat de Dodengang met een dodelijke precisie onder vuur te nemen.

Met het einde van de bewegingsoorlog groeven beide partijen zich in. De hoge watertafelstand en de inundatie maakten dat er niet diep gegraven kon worden. Bijgevolg moesten er met behulp van 'vaderlanderkes' loopgraven opgebouwd worden. Alleen in de IJzerdijk, die voldoende hoog lag, kon daadwerkelijk gegraven worden.

Noodzaak tot fortificatie

De eigenlijk Belgische frontlijn liep licht diagonaal van het noordwesten naar het zuidoosten, daar waar de Dodengang de loop van de IJzer volgde en van noord naar zuid gericht was – en bijgevolg op de rechterflank van het Belgisch dispositief kwam te liggen. Zodoende werd een verbindingsloopgraaf tevens een loopgraaf in de frontlinie die parallel liep met de Duitse stellingen op de rechter-IJzeroever. Bovendien beschikte de tegenstander over uitstekende posities om de Belgen te observeren en onder vuur te houden: met name de petroleumtanks en de bloemmolens (*minoterie*). Vanuit de maalderij, op nauwelijks twintig meter van de stroom, werd met mortieren en mitrailleurs gevuurd op de Belgische stellingen. De Belgische loopgraven, die in het schootsveld lagen van de bloemmolens, werden voorzien van bordjes met teksten zoals *Danger de mort – Minoterie* en *Attention – Vous êtes vus*. Hier groeide ook de legende van de Duitse scherpschutter 'Fritz'. Aan Duitse zijde was het evenmin rozengeur en maneschijn. Hun positie van de kop van de Dodengang tot halfweg het traject naar de petroleumtanks had als bijnaam *Feldwache Kugelfang*.

Vanuit de *minoterie* werd het voorste deel van de Dodengang, twee kilometer verderop, onder vuur genomen. Uiteraard bewees die positie ook haar nut als observatiepost voor de Duitse artillerie. Al die factoren eisten een hoge tol aan mensenlevens. Hier moest verandering in komen. Ook strategische overwegingen hadden hun impact. In het voorjaar van 1915 besloot de Belgische legeroverheid het aantal voorposten uit te breiden tussen Oud-Stuivekenskerke en de Reigersvliet. Dat vereiste een aanval op het Duitse bolwerk aan de petroleumtanks.

Een eerste poging in de nacht van 22 op 23 maart 1915 strandde door de aard van het terrein. Een tweede poging door het 1ste Regiment Jagers Te Voet op 9 en 10 mei 1915 werd gefnuikt door de overstroomde gebieden en de te korte dracht van de ondersteunende artillerie. Desondanks konden de Belgische troepen de tanks tot op enkele tientallen meters naderen. Ook in de twee daaropvolgende nachten boekten de Belgen geen succes. Vanaf 1917 werd het in deze sector heel wat rustiger en op 15 oktober 1918 verlieten de laatste Duitsers de stelling van de petroleumtanks.

De dodengang in Diksmuide.

Bouw van de Dodengang

Het uitbouwen van het loopgravenstelsel ging niet over één nacht ijs. Aanvankelijk was er slechts een opeenvolging van schuttersputten, uitgegraven in de oostzijde van de IJzerdijk, die uiteindelijk met elkaar verbonden, de Dodengang vormden. De bevelhebber van de 3de Divisie besloot vanaf kilometerpaal 16 een verbindingsgang (*boyau*) te laten graven, die in de onmiddellijke omgeving van de petroleumreservoirs moest eindigen en de gevechtsloopgraven verbinden. Het is deze loopgraaf die de naam Dodengang krijgt.

In een nota van 17 mei 1915 specificeerde de commandant van de 3de Divisie dat de verbindingsloopgraaf een diepte van 1,80 meter en een breedte van 1,20 meter moest bereiken. Dat zou evenwel niet gerealiseerd worden en pas na enkele jaren had de Dodengang voldoende diepgang om een relatieve veiligheid en 'comfort' te garanderen. Oorspronkelijk had de borstwering slechts een dikte van twee bakstenen en was ze zeer fragiel. Eén enkele Duitse granaat vernielde op 29 juni 1915 zes meter borstwering en beschadigde nog acht meter in de onmiddellijke omgeving. Pas 's nachts kon de bres hersteld worden; overdag werd het 'ontblote' gedeelte van de loopgraaf permanent onder dodelijk vuur gehouden.

Toch bleef de Dodengang een primitief uitgegraven greppel waarin de soldaten in kniezit zelfs nog hun hoofd moesten intrekken, omdat ze constant geviseerd werden door het goedgerichte vuur vanuit de petroleumtanks. Pas vanaf 15 juni zou de *boyau* uitgebouwd worden tot een vrij stevige verdedigingslijn die beschutting bood tot op manshoogte.

Aangezien voor de soldaten op uitkijk geen aparte niches waren voorzien, hinderden zij de circulatie van het verkeer. Het aanslepen van voorraden, het wegvoeren van gewonden en de verplaatsing van versterkingen kostten dus veel tijd en moeite. De nauwe gangen sloten een hoge bezettingsgraad uit. Aan de westzijde van de IJzerdijk liep een zogeheten terugkeerloopgraaf, voorzien van een Décauvillespoor voor het aanvoeren van voorraden; vandaar dat men ook spreekt van een ontdubbelde loopgraaf. De Dodengang was niet alleen een verbindingsloopgraaf, maar tevens een naderingsloopgraaf of *sappe*. Het oorspronkelijke idee was immers zich gestadig toe te werken naar de petroleumtanks, die in Duitse handen waren.

Ook de Duitsers voerden graafwerken uit in de IJzerdijk. In de nacht van 27 op 28 mei 1915 kwam het tot een treffen en veroverden ze de kop van de Dodengang. Belgische tegenaanvallen werden tot staan gebracht door Duits mitrailleurvuur. Om hun vorderingspogingen naar de kop van de gang te ondersteunen, bouwden de Duitsers zelfs een aantal bunkers langsheen de linker-IJzeroever; één ervan bleef bewaard tot vandaag.

Toch was de beveiliging van het loopgravencomplex nog niet optimaal: een bestorming door de vijand kon nog altijd het verlies van de positie betekenen. Op 2 oktober 1915 kreeg de Dodengang zware aanvallen te verduren. Een artilleriebeschieting sloeg diverse bressen. De Duitsers maakten hiervan gebruik en bezetten rond 10 uur 's morgens de noordelijke delen van de loopgraaf. Na een serie tegenaanvallen heroverden de Belgen om 11.30 uur hun Dodengang. Twee dagen later herhaalde hetzelfde scenario zich.

Nog diezelfde maand besliste de Belgische legerleiding de Dodengang in te korten omdat de verliezen te hoog opliepen. Op 11 oktober werd 275 meter voorbij paal 16 een dijkbreuk veroorzaakt die zorgde voor een grote waterplas tussen de respectieve stellingen – het water van de IJzer kwam immers in verbinding met de reeds bestaande inundatie. Door de inkorting van de Dodengang moesten ook de vooruitgeschoven Belgische linies naar achter verplaatst worden.

Om de Dodengang oninneembaar te maken werd overgegaan tot de bouw van de Ruiter en de Muizenval. In september 1915 startten de werkzaamheden aan de Ruiter, een opgehoogd verdedigingswerk dat flankvuur kon leveren en beide IJzeroevers onder vuur hield. Het bolwerk bestond uit twee evenwijdige loopgraven, met de bovenste als een ruiter te paard boven de andere. Schuilplaatsen waren ingebouwd. In de loop van 1916 en 1917 bouwden onze troepen de Ruiter verder uit. Het hoofd van het loopgravencomplex werd in 1917 beveiligd met de Muizenval: een bunker voorzien van schiet- en granaatgaten en voorafgegaan door een oppervlakte van ongeveer 36 vierkante meter, uitgerust met valkuilen en prikkeldraad en omringd door drie meter hoge muren van zandzakjes. Ontsnappen was voor de tegenstander vrijwel onmogelijk. In 1918 telde de Dodengang reeds negentien schuilplaatsen, waarvan twaalf in beton. De overige *abris* bestonden uit hout met daarboven een laagje beton van dertig centimeter en een laag zandzakken.

Renovatie van de site

Gezien het belang van de Dodengang voor de vaderlandse geschiedenis verbaast het niet dat in de 20ste eeuw meerdere restauratie- of renovatiepogingen werden ondernomen. De site vormde zelfs de inzet van een politieke strijd tussen Vlaams-nationalisten, belgicisten en regionale autoriteiten. Het ging daarbij niet om de vraag of het loopgravenstelsel bewaard moest worden, wél *wie* het moest doen en *hoe*. Telkens opnieuw ging het geleverde werk verloren omdat alleen de restauraties zelf werden gebudgetteerd; met fondsen voor onderhoudswerken werd geen rekening gehouden.

Sinds het midden van de jaren 1990 poogde het departement Krijgsgeschiedenis van de Koninklijke Militaire School in samenwerking met het Legermuseum de situatie te verhelpen.

Het project wordt gecoördineerd door professor Luc de Vos en kapitein Michel Aerts, die een eindverhandeling voorbereidt over de herinrichting van de site. De werken beogen de toegankelijkheid van de site en de veiligheid van de bezoekers te verzekeren. Hoewel de 11de Genie van Burcht reeds lang geleden begonnen is met de vervanging van de originele zandzakjes, zullen de 'bunkers' alsook alle elementen in hard materiaal in de mate van het mogelijke bewaard blijven.

Aangezien de site gerenoveerd wordt, en niet gerestaureerd, bestaan de gebruikte 'zandzakjes' uit versteend cement en werden de bunkers en schietgaten in prefab-materiaal opgetrokken.

Het gebouw voor de opvang van bezoekers dateerde uit de jaren 1920 en beantwoordt niet meer aan de eisen van een modern museum. Om een site met zestigduizend bezoekers per jaar dynamisch te maken, zal het Belgisch Leger, dat sinds de jaren 1990 opnieuw eigenaar is van de Dodengang, vanaf 2002 ongeveer één miljoen euro investeren. Het nieuwe bezoekerscentrum met drie verdiepingen zal hoofdzakelijk bestaan uit

De dodengang in Diksmuide.

een onthaalniveau, een niveau met een contextschets van de Eerste Wereldoorlog en een niveau met panorama in combinatie met een maquette die de site in zijn omgeving situeert. Toch is de toekomst van het project onzeker.

Bibliografie

Debaeke, S., *Het drama van de Dodengang*, Kortrijk, 1998.
Lindelauf, S., *Le Boyau de la Mort. Revue historique, situation actuelle et problématique*, onuitgegeven licentiaatsverhandeling, Koninklijke Militaire School, Brussel, 1996.

Praktische informatie

Dodengang, IJzerdijk 46, 8600 Diksmuide. tel. 051 50 53 44
http://membres.lycos.fr/aerts/index.html

In de periode van 1 april tot 30 september is de Dodengang toegankelijk van 10 tot 12.30 uur en van 13 tot 17.30 uur. Van 1 oktober tot en met 31 maart vinden enkel bezoeken plaats op aanvraag. Het laatste halfuur van de dag worden bezoekers niet meer toegelaten.

HET BRUGGENHOOFD GENT

ROBERT GILS

Reeds in 1927 stelt men voor een reduit achter de Schelde op te richten, met een bruggenhoofd in Gent (in het Frans *Tête de Pont de Gand* of TPG – een naam die bijgebleven is) dat verdedigd zou worden door twee forten. In 1931 kiest men echter voor een bunkerstelling. In 1939 wordt besloten de stelling te laten voorafgaan door een continue antitankhindernis bestaande uit cointet-elementen.

De stelling

De stelling strekt zich uit over een totale lengte van 24 kilometer, gaande van de Leiemeersen in Astene tot Kwatrecht (Wetteren) op de Schelde stroomafwaarts van Gent. De Schelde stroomopwaarts van Gent verdeelt het bruggenhoofd in twee ongelijke stukken. Het oostelijk gedeelte is heuvelachtig, met enkele hoogtes zoals Semmerzake, Munte en de Betsberg. Er worden in totaal 229 bunkers gebouwd; we vinden ze terug in twee weerstandscentra: in Munte (25 stuks) en op de Betsberg (22 stuks). Een dergelijk weerstandscentrum zou worden verdedigd door een versterkt bataljon. Voorts zijn er drie steunpunten: in Astene (acht stuks), Eke (tien stuks) en Semmerzake (twaalf stuks), die elk verdedigd zouden worden door een versterkte compagnie.

Ten slotte zijn er de courtines die de weerstandscentra en de steunpunten met elkaar verbinden. De courtine bestaat uit drie opeenvolgende linies. De tweede linie ligt op ongeveer vijf- à zeshonderd meter achter de eerste, en de derde op acht- à zestienhonderd meter achter de eerste. De eerste twee linies zouden worden bezet door de voorbataljons van het regiment, de derde door het reservebataljon.

Tussen Munte en de Schelde stroomafwaarts liggen er vóór de eerste linie nog eens zestien bunkers. Vermoedelijk gaat het om bijkomende bunkers, gebouwd om de geplande antitankhindernis te flankeren.

Bunkers

De bunkers vertonen onderling min of meer grote verschillen. De redenen hiervoor zijn te vinden in de te flankeren richtingen en de dissimulatiemogelijkheden van het terrein. Veel bunkers zijn trouwens gecamoufleerd als kleine hoeve of landelijke woning. We kunnen de bunkers wel onderverdelen in enkele grondtypes.

Het talrijkst zijn de flankerend opgestelde schootsbunkers voor één of voor twee mitrailleurs; voorts zijn er de schootsbunkers voor een mitrailleur en een antitankkanon (op wielen). Er zijn zestien commandopostbunkers (met een mitrailleur en een commandoruimte), die we in de tweede linie vinden. De invalswegen in het bruggenhoofd worden bestreken door 'tegeninvalbunkers' (*abris de contre-irruption)* voor een mitrailleur, een antitankkanon van het type kazemat en een schijnwerper. En ten slotte zijn er nog vier bunkers voor veldartillerie (75-millimeterkanonnen op wielen), die belast waren met speciale opdrachten. Op 35 bunkers vinden we een stalen pantserklok.

De totale kostprijs van de bunkerstelling bedroeg ongeveer 500 000 euro (twintig miljoen Belgische frank).

Mei 1940

In 1936 zijn de meeste bunkers klaar, maar in mei 1940 zijn er slechts een vijftienhonderd stuks cointet-elementen ter plaatse (de overige werden gebruikt op de opeenvolgende tracés van de KW-linie). Veldversterkingen en prikkeldraadversperringen zijn, ondanks de lange mobilisatieperiode, uiterst zeldzaam, als gevolg van interventies van parlementsleden die de oogsten van hun kiezers wilden sparen.

Na het opgeven van de KW-linie trekt het veldleger zich terug achter het kanaal Gent-Terneuzen en de Schelde, een terugtocht van negentig kilometer, afgelegd in drie nachtelijke etappes. Op 20 mei bezet het Belgisch leger dit nieuwe front, zeventig kilometer breed, met elf divisies in lijn en zeven in reserve. Vanaf Oudenaarde houden de Britten de Schelde. Het Bruggenhoofd Gent zelf wordt tussen beide Scheldes bezet door drie

Bunker op de Betsberg.

infanteriedivisies (het gedeelte Leie-Schelde stroomopwaarts wordt dus niét bezet).

De Belgische troepen komen uitgeput op de nieuwe stelling aan. Een groot gedeelte van de collectieve bewapening van de infanterie en vele mitrailleurgeweren zijn verloren gegaan. Veel soldaten zijn op zoek naar hun eenheid; de sleutels en de dossiers van de bunkers zijn aanvankelijk onvindbaar...

Op 20 mei veroveren de Duitsers reeds een bruggenhoofd in de sector van de 44ste Britse Infanteriedivisie bij Oudenaarde. Dezelfde dag bereiken de Duitse pantsers ook Abbeville en het Kanaal.

Op 21 en 22 mei valt de 56ste Duitse Infanteriedivisie herhaalde malen en zonder veel succes de sector van de 2de Belgische Infanteriedivisie in Kwatrecht (Wetterstraat) aan.

Op de conferentie van Ieper op 21 mei wordt besloten de Schelde op te geven. Voor de Belgen betekent dit een nieuwe opstelling achter de Leie en het Afleidingskanaal. Op 22 mei begint de terugtocht, onder dekking van eenheden, achtergelaten aan het kanaal Gent-Terneuzen en in de TPG. De divisies trekken in de nacht van 23 op 24 mei weg uit het Bruggenhoofd Gent, om zich achter het Afleidingskanaal op te stellen. Hiermee komt een einde aan de rol van het Bruggenhoofd Gent.

Huidige toestand

De pantserklokken werden reeds tijdens de Duitse bezetting weggebrand. Een vijftigtal bunkers zijn verdwenen en ieder jaar worden er nog enkele gesloopt.

Voor de bezoeker zijn de bunkers niet altijd gemakkelijk

Bunker op de Betsberg.

terug te vinden. Uitzonderingen hierop zijn die welke langs de invalswegen in de stelling gelegen zijn en de vele bunkers in Munte en op de Betsberg.

Bibliografie

De Vos, J., *Mei 1940 ten zuiden van Gent*, Gavere, 1978.
De Vos, L., *Mei 1940, van Albertkanaal tot Leie*, Kapellen, 1990.
De Fabribeckers, *La campagne de l' armée belge*, Brussel, 1978.
Oberkommando des Heeres, *Denkschrift über die belgische Landesbefestigung*, Berlijn, 1941.

BUNKERS LANGS HET ALBERTKANAAL EN DE NOORD-KEMPISCHE KANALEN

ROBERT GILS

De kanalen

Vóór de bouw van het Albertkanaal bestonden er in de Noorderkempen twee kanalen. Vooreerst het Maas-Scheldekanaal, uit 1859, dat van Antwerpen (Asiadok) over Schoten, Herentals, Dessel, Bocholt, Neerharen naar de Maas in Maastricht loopt. Van dat kanaal zijn er de aftakkingen naar Leopoldsburg (1857) en naar Hasselt (1858). De spiegelbreedte bedraagt dertig meter en de diepte 2,75 meter. Vanaf Neeroeteren loopt het kanaal ongeveer parallel met de Maas.

Het tweede, het kanaal van Turnhout (1875), loopt van Schoten over Turnhout naar Dessel. De spiegelbreedte bedraagt slechts veertien meter en de diepte twee meter.

Het Albertkanaal, dat tussen 1930 en 1939 wordt gegraven, loopt vanuit Antwerpen (Straatsburgerdok) in het tracé van het Maas-Scheldekanaal tot Herentals en gedeeltelijk in het tracé van de aftakking naar Hasselt. Van Briegden loopt het ten westen van de Enclave Maastricht en vervolgens parallel met de Maas tot voorbij het *Ile Monsin* in Luik. De spiegelbreedte bedraagt dertig meter en de diepte vijf meter.

De in deze bijdrage gebruikte benamingen voor de kanalen zijn die van het interbellum; tegenwoordig vinden we op de kaarten nieuwere benamingen.

Versterkingen

Reeds in 1927 kwam men tot de conclusie dat er een versterkt gebied Luik-Enclave Maastricht noodzakelijk was. Het zou bestaan uit een bruggenhoofd in Luik (gebaseerd op de oude forten van de rechter-Maasoever), versterkingen tussen Luik en Maastricht (o.a. een nieuw fort in Eben-Emael) en permanente versterkingen ten westen van de Enclave Maastricht. Deze Nederlandse enclave maakt dat het Belgisch leger aldaar de Maas niet kan verdedigen, terwijl de Duitse grens amper dertig kilometer verderop ligt! Een andere conclusie was dat er tussen Maaseik en Lozen bunkers moeten komen om de verkeerswegen te onderscheppen. Bij dat alles worden de Noord-Kempische kanalen beschouwd als een belangrijke hulp voor de landsverdediging.

Vanaf 1928 worden de eerste budgetten vastgelegd. In 1932 start de bouw van Fort Eben-Emael en worden ook de eerste bunkers opgetrokken. In 1930 begint het graven van het Albert-

Bunker langs het Albertkanaal.

kanaal. Het moet de Antwerpse haven verbinden met het industriebekken van Luik en loopt volledig over Belgisch grondgebied. Het wordt in de eerste plaats om economische redenen aangelegd maar het heeft ook een militaire betekenis. Het kanaal is een belangrijke hindernis die de linkerflank van de Belgische opstelling op de Maas dekt en de opstelling achter de Enclave Maastricht verdedigt. In 1936 wijst een gemengde commissie op het gevaar voor een gemotoriseerde/gemechaniseerde aanval via Noord-Brabant en op de grote rol die het Albertkanaal hierbij kan spelen. In 1940 zijn de meeste versterkingen opgeleverd.

Verdedigingsstellingen

Er zijn twee georganiseerde verdedigingsstellingen.

De stelling van de Noord-Kempische kanalen loopt achter het kanaal van Turnhout, tussen de antitankgracht van de Versterkte Stelling Antwerpen en Dessel en vervolgens achter het Maas-Scheldekanaal, tussen Dessel en Briegden. Tussen Antwerpen en Turnhout kunnen een honderdtal Duitse bunkers uit 1917 opnieuw in gebruik genomen worden. Tussen Turnhout en Dessel bestrijken 23 bunkers op de oever het wateroppervlak. Tussen Dessel en Neerharen zijn er in totaal 55 bunkers, waarvan er 37 de overgangen over het kanaal houden. Tussen Neerharen en Briegden vinden we twaalf bunkers, waarvan twee antitankbunkers en twee schietlokalen voor mitrailleur in de sluismuren te Lanaken. Het project om ook het kanaal naar Kwaadmechelen te versterken werd wegens tijdgebrek niet verwezenlijkt.

Oeverbunker langs het Albertkanaal.

Het Albertkanaal werd gegraven met het oog op zijn verdediging, zo is de zuidelijke oever altijd hoger dan de noordelijke. In totaal zijn er 148 bunkers. Om de achthonderd meter is er een flankeringsbunker, een oeverbunker die het wateroppervlak onder vuur houdt. In elk der zes sluizen zijn er in de sluismuren twee schietlokalen voor mitrailleur. Tussen Fort Eben-Emael en Briegden, achter de Enclave Maastricht, loopt het kanaal, bijna op de grens, in een zeer diepe insnijding. Hier worden elf bunkers gebouwd, waarvan er drie de bruggen van Kanne, Vroenhoven en Veldwezelt houden. In Olen is er een bruggenhoofd met zes bunkers. In de winter van 1939-1940 werden er drie verdere bruggenhoofden opgeleverd: Hasselt (vijf bunkers) met een natte antitankgracht, Genk (vier) en Diepenbeek (vijf). Het bruggenhoofd Kwaadmechelen werd niet uitgevoerd wegens tijdgebrek. In een tweede linie achter het kanaal werden er op sommige plaatsen nog enkele bunkers opgericht.

Er is ten slotte nog een vooruitgeschoven stelling achter de Maas, met twaalf bunkers. De Maasovergangen in Kotem, Stokkem en Rotem worden gehouden met telkens een bunker, die van Maaseik met twee bunkers. In de versterkte centra Maaseik en Kinrooi vinden we telkens drie bunkers, in Dilsen één bunker. Tussen Smeermaas en Neerharen werden er zowel achter de Maas als achter de vroegere aansluiting van het Maas-Scheldekanaal geen bunkers gebouwd.

Bunkertypes

De bunkers werden gebouwd tussen 1932 en 1940 en illustreren een zekere evolutie qua camouflage, waarneming, uitrusting enzovoort. Het zijn geen gestandaardiseerde modellen maar eenmalige constructies, aangepast aan de schootsrichtingen en de toegangsmogelijkheden.

We vinden veel verschillende types. De meeste zijn flankeringsbunkers voor één, twee of drie automatische wapens. Merkwaardig zijn de oeverbunkers, flankeringsbunkers, die we vooral langs het Albertkanaal terugvinden en die met hun poten in het water staan. Er zijn ook antitankbunkers voor een 47-centimeterkanon, al dan niet op wielen. De zogeheten tegeninvalbunker (*abri contre-irruption)* moet een belangrijke toegang afsluiten en is minimaal uitgerust met een mitrailleur, een antitankkanon en een schijnwerper, soms met een bijkomende pantserklok voor mitrailleurgeweer. Voorts zijn er nog commandopostbunkers, schuilbunkers enzovoort.

De operaties in mei 1940

De Noord-Kempische kanalen vormen de stelling langs de grens, die slechts zwak bezet wordt door lichte troepen, zoals wielrijdersgroepen van infanteriedivisies van tweede reserve, regimenten van het cavaleriekorps en enkele infanterieregimenten. De vooruitgeschoven stelling langs de Maas wordt bewaakt door grenswielrijders, door elementen van een regiment van het cavaleriekorps en door een wielrijdersgroep van een infanteriedivisie

Het Albertkanaal vormt de dekkingsstelling die de geallieerden de tijd moet geven het 'plan-Dijle' uit te voeren. Ze wordt tussen Antwerpen en Lixhe bezet door zeven infanteriedivisies. De 7de Infanteriedivisie verdedigt hierbij de sector Eigenbilzen-Lixhe (d.w.z. de Enclave Maastricht) op een frontbreedte van maar liefst negentien kilometer – een erg breed front, maar gelegen achter een zeer goede hindernis en ondersteund door de kanonnen van Fort Eben-Emael; de divisie stelt haar drie regimenten in lijn op maar beschikt hierdoor niet over noemenswaardige reserves. De KW-linie, tussen Antwerpen en Namen, is de Hoofdweerstandstelling waarop slag geleverd zal worden.

Op 10 mei 1940 om 4.25 uur landen negen Duitse zweefvliegtuigen bovenop Fort Eben-Emael. De verrassing is volledig en nog geen twintig minuten later is de bewapening van de verdedigingsblokken met holle ladingen uitgeschakeld en ligt het fort er weerloos bij.

Bijna op hetzelfde ogenblik landen er zweefvliegtuigen achter de Enclave Maastricht, aan de bruggen over het Albertkanaal in Veldwezelt, Vroenhoven en Kanne. Ook hier is de verrassing compleet. De Duitsers schakelen de bemanningen van de bunkers van Veldwezelt en Vroenhoven uit en veroveren de bruggen onbeschadigd; enkel in Kanne vliegt de brug in de lucht.

Duitse troepen trekken nu over de Nederlandse grens en rukken door het onverdedigde Nederlands Limburg op naar Maastricht. Een Duits commando, in Nederlandse uniformen, tracht intussen de Maastrichtse bruggen in handen te krijgen. Dat mislukt en de Nederlanders blazen de Maasbruggen tijdig op. Aan de Maas gekomen, zetten de Duitsers hun infanterie met rubberboten over om zo snel mogelijk de veroverde bruggenhoofden over het Albertkanaal te versterken. Door de actie van de Duitse *Luftwaffe* mislukken alle Belgische lokale tegenaanvallen. Belgische en geallieerde vliegtuigen trachten tevergeefs de bruggen te vernielen.

Op 11 mei trekken de tanks van de 3de Duitse Pantserdivisie over de geniebrug in Maastricht. Om 1.30 uur capituleert Fort Eben-Emael en rond het middaguur eindigt de georganiseerde weerstand bij de 7de Infanteriedivisie. Diezelfde dag ook besluit het Belgisch Groot Hoofdkwartier de dekkingstelling op te geven en zich terug te trekken op de KW-linie.

Aan de bunker van Stokkem speelt zich op 10 mei een dramatisch incident af. Vijf Nederlandse soldaten trachten de Maas over te steken. De bemanning van de bunker aldaar houdt hen voor Duitsers en opent het vuur; vier Nederlanders komen om het leven.

Huidige toestand

Van de vooruitgeschoven stelling bestaan er nog een viertal bunkers waaronder één in het centrum van Kinrooi (naast café Le Fortin). Op de Noord-Kempische kanalen zijn nog een aantal bunkers aanwezig en een fietstocht langs het jaagpad leert ze ons kennen. Tussen Briegden en Neerharen staan er nog elf van de twaalf bunkers.

Bij de verbreding van het Albertkanaal na de Tweede Wereldoorlog sneuvelen alle oeverbunkers tussen Antwerpen en Eigenbilzen. Tussen de brug van Eigenbilzen en Briegden blijven er nog vijf over, samen met vijf mitrailleurbunkers langs het spoor. Achter de Enclave Maastricht zijn enkel de bunkers op de overgangen van Kanne en Vroenhoven bewaard. In de meeste bruggenhoofden zijn er ook nog een aantal gespaard gebleven. In de sluismuren zien we nog steeds de schietkamers, maar die zijn meestal niet toegankelijk.

Bibliografie

Wijnands, P., 'De Belgische kazematten uit het interbellum', in *Vesting*, 1998/4.

De Vos, L., **Decat, F.** en **Van Duyse, D.**, 'De militaire functie van het Albertkanaal', in *Bijdragen van het Navorsings- en studiecentrum voor de geschiedenis van de Tweede Wereldoorlog*, 13, 1990, p. 5-56 en 223-226.

Een van de elf overgebleven bunkers tussen Briegden en Neerharen.

ANTWERPSE BUNKERS

ROBERT GILS

De Vesting Antwerpen beschikt over een der grootste concentraties bunkers ter wereld; ze werden gebouwd tussen 1917 en 1945.

Duitse bunkers tijdens de Eerste Wereldoorlog

Vanaf de lente 1916 houdt de Duitse inlichtingendienst een geallieerde landing in Nederland voor mogelijk. In de herfst van dat jaar besluiten de Duitsers versterkingen op te richten tegenover de Nederlandse grens (de *Hollandstellung*) en in Antwerpen de belangrijkste fronten te versterken. De bouw vangt aan in de eerst helft van 1917; Belgische burgerwerkkrachten staan daarbij onder leiding van de Duitse Genie. In totaal worden er zo'n 750 bunkers gebouwd. We vinden ze tussen de Schelde stroomafwaarts en het kanaal van Turnhout, tussen de Zenne en de Schelde stroomopwaarts en op de linker-Scheldeoever.

Voor de bouw van de bunkers worden er een elftal gestandaardiseerde modellen uit gewapend beton voorgeschreven (*Regelbauten*). Het valt op dat er weinig schootsbunkers zijn: schootsbunkers voor een mitrailleur (*Maschinengewehr Schartenstand*) en schootsbunkers voor een gerecupereerd 7,5-centimeterstuk (*Zwischenstreiche*). Het overgrote deel bestaat uit schuilbunkers voor de infanterie (*Unterstand* en *Unterstand Truppen*) en waarnemingsbunkers, twee modellen voor de infanterie (*Infanterie-Beobachtung*) en een voor de artillerie (*Artillerie-Beobachtung*). Voorts zijn er enkele commandoposten (*GBF* en *Artillerie/Infanterie-Kommandant*), magazijnen (*Magazin*) en telefooncentrales (*Zentrale Fernsprecher*). De bunkers worden ingepast in een loop-

Een van de elf overgebleven bunkers tussen Briegden en Neerharen.

gravenstelsel met prikkeldraadversperringen en batterijstellingen voor de artillerie.

Bij de wapenstilstand op 11 november 1918 zijn de geallieerden nog niet tot Antwerpen opgerukt zodat daar niet wordt gevochten. Al snel worden de loopgraven gedempt; omwonenden halen de prikkeldraad weg. Ieder jaar verdwijnt er een aantal bunkers uit het landschap.

Belgische bunkers tijdens het interbellum

De Versterkte Stelling Antwerpen vormt een scharnier waarop drie stellingen uitmonden: de Noord-Kempische kanalen, het Albertkanaal en de KW-linie.

Vanaf 1934 worden de 27 Antwerpse forten en schansen van de vroegere Buitenlinie, gelegen op de rechter-Scheldeoever, omgebouwd tot infanteriesteunpunten en ingericht om vanaf de mobilisatie bezet en verdedigd te worden door een wederopgeroepen mitrailleurcompagnie.

Op de meeste forten worden in koepelopeningen achteraan twee torenbunkers *(abris-tourelles)* gebouwd en vooraan twee elementaire bunkers *(abris élémentaires)*. Op de meeste schansen komen er vooraan twee gekoppelde bunkers *(abris conjugués)*. Om diverse redenen wordt nogal eens afgeweken van deze regel; sommige forten zijn ook uitgerust met een ander model bunkers.

Tussen het kanaal van Turnhout en het Albertkanaal hadden de Duitsers in 1917 geen bunkers gebouwd. Om dat tekort aan te vullen worden er tussen 1935 en 1936 achttien zogeheten intervalbunkers gebouwd, allemaal flankeringsbunkers.

In 1938-1940 wordt een antitankgracht gegraven tussen de Schelde stroomafwaarts en het Albertkanaal (de toenmalige Hoofdweerstandsstelling). De gracht is dertig kilometer lang, ze loopt ter hoogte van de Buitenlinie en heeft een spiegelbreedte van achttien meter en een diepte van twee meter.

De antitankgracht vertoont een getenailleerd tracé. De stukken ervan worden aan de inspringende hoeken onder vuur gehouden met mitrailleurs, opgesteld ofwel in de traditorebatterijen of in bunkers op de forten en schansen, ofwel in sluisbunkers, gebouwd op de waterkeringen, ofwel in flankeringsbunkers op de inspringende hoeken. De dode hoek vóór een sluisbunker wordt onder vuur gehouden door een dochterbunker (van hetzelfde type als een flankeringsbunker).

Wegens het hoogteverschil is de antitankgracht verdeeld in zestien panden, gescheiden door waterkeringen. Onder de gracht lopen er duikers en in de gracht liggen er weg- of spoorwegovergangen, aarden dammen voorzien van een waterleiding die afgesloten kunnen worden door vaste en mobiele antitankhindernissen. De oeververbindingen tussen de aarden wegen worden verzekerd door 33 wegneembare militaire bruggen van vijf ton.

In de winter van 1939-1940 wordt de verdediging van de antitankgracht vervolledigd door de bouw van een vijftigtal meer achterwaarts gelegen mitrailleurbunkers van het type KW-linie. Ook in die periode wordt de KW-linie uitgebouwd. Tussen het Albertkanaal en Lier komen er achttien bunkers, die beschermd worden door de de Kleine Nete-inundatie. Het gedeelte tussen Lier en Fort Koningshooikt wordt georganiseerd zoals de eigenlijke KW-linie. De stelling bestaat hier uit een continue antitankhindernis, met railveld in Lier en voorts een antitankmuur van aaneengeregen cointet-elementen.

Tijdens de mobilisatie in 1939 worden in de Versterkte Stelling Antwerpen de nodige veldwerken uitgevoerd.

Op 10 mei 1940 staan er tussen de Schelde stroomafwaarts en het Albertkanaal drie infanteriedivisies opgesteld, terwijl forten en schansen worden verdedigd door de wederopgeroepen mitrailleurcompagnies. Na de terugtocht van het leger op de KW-linie op 14 mei wordt de sector Albertkanaal-Lier bezet door een vierde infanteriedivisie.

Ten gevolge van de doorbraak van de Duitsers bij Sedan wordt reeds op 15 mei besloten de KW-linie op te geven en de Versterkte Stelling Antwerpen te ontruimen. De troepen, die de eigenlijke KW-linie bezetten, trekken zich op 16 mei terug, de troepen in Antwerpen pas de volgende avond. Op 16 mei worden de stellingen gebombardeerd en zijn er artillerieduels, terwijl de Duitse troepen contact zoeken. Bij een actie van de 225ste Duitse Infanteriedivisie sneuvelt een Duitse regimentscommandant, wat de ijver van de Duitsers tempert.

Op 17 mei om 20 uur moeten de infanteriedivisies, beschermd door hun achterhoedes en door de forten, het contact afbreken; om 23.30 uur volgen dan de achterhoedes en de fortengarnizoenen. Maar rond 20 uur zijn er een aantal Duitse aanvallen. Fort Schoten en Fort Brasschaat komen met succes tussenbeide, maar Maria-ter-Heide wordt ingenomen. Met veel moeite maken de infanteriedivisies zich los en overschrijden de Schelde door de tunnels, over de geniebruggen in Hoboken en Hemiksem en over de spoorwegbrug van Temse. In Schans Drijhoek biedt de 7de Mitrailleurcompagnie, onder het bevel van kapitein Henry de la Lindy, heel de nacht verzet; in de ochtend van 18 mei capituleert ze bij gebrek aan munitie. Rond 8 uur overschrijden Duitse troepen het Albertkanaal in Merksem en een halfuur later bereiken ze de Scheldetunnels.

Duitse bunkers tijdens de Tweede Wereldoorlog

Van de ongeveer tweehonderd bunkers die de Duitsers tijdens de bezetting in Antwerpen bouwen, is zeventig procent van de categorie 'veldversterkingen' uit aarde en hout, maar ook uit baksteen en betonsteen met zelfs een zwakke bedekking uit gewapend beton. We vinden naast schootsbunkers en een aantal onderkomens ook veel schuilbunkers tegen luchtaanvallen.

Voorts worden er 43 bunkers van de categorie 'versterkte veldversterkingen' opgetrokken, waarbij gebruik wordt gemaakt van gewapend beton met een geringe wanddikte. De *tobruks*, voor een licht wapen zoals een mitrailleur, behoren tot deze categorie. Ten slotte zijn er negentien bunkers van de categorie 'permanente versterking', met betondikten tot 3,50 meter: de *Regelbauten*.

Wanneer er in de zomer van 1942 ernstig werk wordt gemaakt van de *Atlantikwall*, komen de Vlaamse kust en de Scheldemonding (Walcheren inbegrepen) in de sector van het 89ste Duits Legerkorps te liggen, met hoofdkwartier in Antwerpen.

De Duitsers willen Antwerpen zélf verdedigen aan de rand van de toenmalige agglomeratie, dat wil zeggen: ter hoogte van de vroegere Veiligheidsomwalling. In de winter van 1943-1944 beginnen ze met het graven van een antitankgracht ter hoogte van de Brialmontforten, door de Antwerpenaren 'den Dnjepr' genoemd. De gracht is slechts acht tot twaalf meter breed en drie à 3,5 meter diep. Ze vertoont een gebroken, onregelmatig tracé en vervult geen waterbouwkundige functie. In het noorden sluit de antitankgracht bij Ekeren aan op het verlegde Schijn en het inundatiegebied in de polders. De Brialmontforten kunnen als gesloten infanteriesteunpunten gebruikt worden, wat nog steeds te zien is op Fort Merksem en Fort 7. In september 1944 zal enkel de noordelijke sector, tot aan het Albertkanaal, zo goed als afgewerkt zijn. Er zijn antitankhindernissen aan de doorgangen, voorts loopgraven, draadhindernissen en mijnenvelden en een groot aantal bunkers, meestal in veldversterking. Na de oorlog verdwijnt de gracht in de stadsuitbreiding.

Op het Vlaams Hoofd en aan de Kruisschanssluis (nu Van Cauwelaertsluis) worden er steunpunten opgericht, voorzien van talrijke bunkers. In het havengebied komen nog een groot aantal bunkers en schuilplaatsen. Ook de Grote Omwalling wordt in staat van verdediging gebracht. Alle doorgangen worden afgesloten door hindernissen en mijnen en op de wallen worden er loopgraven gegraven en een aantal bunkers gebouwd.

Het hoofdkwartier van het 89ste Duits Legerkorps installeert zich in het Park Den Brandt, waar meer dan vijftig bunkers gebouwd worden; merkwaardig zijn de twee commandobunkers: *SK1 Stand für Generalkommando in ständige Ausbau*. Op het Wilrijkseplein moeten vijf nieuwe bunkers instaan voor de transmissies van het hoofdkwartier. Het Stadspark wordt ingericht voor het hoofdkwartier van de divisie die Antwerpen zelf moet verdedigen (een twaalftal schuilplaatsen, waaronder drie in permanente versterking).

Naarmate voor de Duitsers de bedreiging vanuit de lucht toeneemt, bouwen ze op de locaties die ze in gebruik genomen hebben, meer en meer luchtbeschermingsbunkers. Uit vrees voor commandoacties of aanslagen van het verzet worden kazernes, werkplaatsen en depots voorzien van een lokale verdediging, onder meer met schootsbunkers.

Bij de bevrijding van Antwerpen hebben de Duitse troepen er maar een zeer geringe gevechtswaarde. De twee Duitse infanteriedivisies die voor de verdediging van Antwerpen waren aangeduid, zullen niet op tijd aankomen om deel te nemen aan de gevechten.

In de voormiddag van 4 september 1944 worden, met de hulp van het verzet, de bruggen in Boom en Walem bij verrassing ingenomen door elementen van de 11de Britse Pantserdivisie. Aan de Grote Omwalling bieden de Duitsers weerstand. Enkel op de Jan van Rijswijcklaan en op de Grote Steenweg zijn er gevechten. De geallieerden dringen de stad binnen; in de vooravond vallen het Stadspark en de *Kommandantur* op de Meir. Intussen trachten de Duitsers de haveninstallaties te vernielen. Ze zullen er, dankzij de actie van het verzet en het stadspersoneel, slechts gedeeltelijk in slagen.

De overgrote meerderheid van de Duitse bunkers verdwijnt al zeer snel. Het afbreken van bunkers uit metselwerk is trouwens geen al te zware karwei. De verdere uitbreiding van stad en haven overbouwt zelfs de locaties. Toch zijn er een aantal bunkers bewaard: in het Stadspark (bedolven), in Den Brandt, op het voormalige Wilrijkseplein (bedolven), aan de Royersluis en de Van Cauwelaertsluis, in Merksem, op het vliegveld... Ze liggen goed verscholen en zijn meestal vergeten.

Bunker in het park Den Brandt in Wilrijk.

Bibliografie

Biermann, E., 'Deutsche Grenzsicherungen gegenüber Holland im Weltkriege', in *Vierteljahresheft für Pioniere*, 2, 1937.
De Hasque, *De antitankgracht te Antwerpen (met vier wandelingen)*, Simon Stevinstichting, 1990.

Praktische informatie

Wie een goed idee wil krijgen van de Belgische bunkers uit het interbellum, maakt het best een wandeling langs de Antitankgracht, tussen Oelegem en de Schans van Schilde, in een bosrijk gebied. Bij een wandeling langs de Antitankgracht tussen Schans Smoutakker en Fort Stabroek, in de polder, krijgt men naast die van de Antitankgracht, ook een hele reeks Duitse bunkers uit de Eerste Wereldoorlog te zien. In het Park Den Brandt ten slotte staan enkele indrukwekkende Duitse bunkers uit de Tweede Wereldoorlog, die men op aanvraag kan bezichtigen (Adres: Beukenlaan 12, 2020 Antwerpen, tel. 03 825 19 18).

DE KW-LINIE TUSSEN KONINGSHOOIKT EN WAVER

JULIEN CANNAERTS

Voorgeschiedenis

In 1939 ontstaat de idee een verdedigingsstelling op te richten tussen Antwerpen (Fort **K**oningshooikt) en **W**aver: de zogenoemde KW-linie. Ze zou dienen als Opvangstelling, achter de Dekkingsstelling die toen achter het Albertkanaal en de Maas was voorzien. Ze werd vanaf de vierde dag na de mobilisatie gebouwd door twaalf werkliedenbataljons bestaande uit gemobiliseerde dienstplichtigen.

Deze eenheden zouden aan de hand van een reglement en de bijbehorende plannen vier verschillende types bunkers bouwen. De materialen lagen klaar in een aantal depots. Vijf ploegen van veertig man moesten elk een bunker kunnen optrekken in zes dagen, terwijl vier ploegen van vijftien man ondertussen hindernissen aanlegden. Per compagnie zou men zo binnen vijftien dagen tien bunkers voor mitrailleur of commandopost bouwen en vijf kilometer hindernis van het normale type. Later stapt men af van de idee om werkliedenbataljons in te zetten en begint men, door middel van lastenboeken en aanbestedingen, burgerfirma's aan het werk te zetten. De 4de Directie Genie en Versterkingen wordt opgericht om er toezicht op te houden.

In het Belgisch Staatsblad verschijnen regelmatig koninklijke besluiten voor onteigeningen op het grondgebied van Haacht, Werchter, Tildonk, Keerbergen enzovoort. Later wordt men zich blijkbaar bewust van het gevaar dat het vermelden van gemeenten meebrengt om de verdedigingslinies te lokaliseren en beperkt men de omschrijvingen tot de term 'onroerende goederen, gelegen in de provincie...'.

Wanneer het in 1940 vaststaat dat de geallieerden bij een Duitse inval in België slechts tot aan de Dijle zouden oprukken, verandert de KW-linie van Opvangstelling in Hoofdweerstandsstelling van de verdediging.

Beschrijving

Bij een bunkerlinie zoals de KW-linie vormen de permanente werken (antitankhindernissen, bunkers...) als het ware de ruggengraat van de verdediging. Het veldleger zal de bunkerlinie bezetten en verdedigen en hiertoe allerlei veldwerken aanleggen (prikkeldraadhindernissen, loopgraven enzovoort).

De KW-linie

Tussen Massenhoven en Lier – De inundaties van de Grote en de Kleine Nete vormen een zeer goede hindernis zowel voor de infanterie als voor de pantsers (die in mei 1940 maximaal negentig centimeter waadvermogen hebben). In die zone volstaat dus één enkele rij bunkers voor mitrailleurs, met ertussen en eromheen loopgraven voor de fuseliers.

Tussen Lier en Fort Koningshooikt – Hier bestaat de antitankhindernis uit een railveld bij Lier en aaneengesloten cointet-elementen. De mitrailleurs staan opgesteld in twee opeenvolgende bunkerlinies op minder dan vijfhonderd meter achter elkaar. De hindernis wordt onder mitrailleurvuur gehouden vanaf de eerste bunkerlinie. Nog verder naar achter zijn er rond wegenknooppunten 'antitankcentra' aangelegd, waarbij de in bunkers geplaatste mitrailleurs de in veldwerken geplaatste en zeer mobiele 4,7-centimeter-antitankkanonnen kunnen dekken. De overige infanterie zit in de loopgraven, voorzien van de nodige prikkeldraadversperringen. De veldartillerie staat opgesteld om de vijand reeds ver vóór de linie onder vuur te nemen. De forten van Koningshooikt en Lier en de schans van Tallaart zijn als infanteriesteunpunten ingericht. Dan komt de eigenlijke KW-linie met zijn verschillende delen.

Tussen Fort Koningshooikt en de Dijle – Hier bestaat de antitankhindernis voornamelijk uit cointet-elementen, met ten noorden van Keerbergen zo'n vijfhonderd meter viervlaksgestellen en tussen Keerbergen en de Dijle een zone van ongeveer vijfhonderd meter met railveld. Ook hier zijn er twee bunkerlinies en antitankcentra (o.a. in Onze-Lieve-Vrouw-Waver, Peulis, ten oosten van Bonheiden en Rijmenam). De zone wordt verder in de diepte beschermd door het Bruggenhoofd Mechelen (TPM – *Tête de pont Malines*) met 21 bunkers tussen de Nete bij Walem en de Dijle bij Muizen.

De Dijle tot aan Hansbrug – De Dijle zelf vormt de antitankhindernis en wordt ondersteund door twee bunkerlinies.

De antitankmuur en -gracht in Haacht – De antitankmuur tussen Hansbrug en Lipseveld vormt tevens de begrenzing van inundaties van de Dijle. De antitankhindernis (muur en inundatie) beschouwt men blijkbaar als zeer goed want ze wordt slechts met één linie bunkers verdedigd. Voorts is er ook nog een antitankcentrum rond Haacht.

Tussen Lipseveld en het kanaal Mechelen-Leuven – Weer het klassieke patroon: antitankhindernis (cointet), twee bunkerlinies en een antitankcentrum (Wespelaar).

Kanaal Mechelen-Leuven van de sluis van Tildonk tot Wijgmaal – Het kanaal zelf vormt een goede antitankhindernis zodat één bunkerlinie (van het zware type) volstaat. Een rij kleine, dunwandige bunkertjes voor lichte geweermitrailleurs op de zuidelijke kanaaloever en een klein antitankcentrum rond het gehucht Doren vullen dit deel aan.

Wijgmaal-Leuven-Heverlee – Als antitankhindernis krijgen we een combinatie van alle mogelijke natuurlijke en kunstmatige middelen: de Dijle, de spoorwegbermen en -uitgravingen met hun steile hellingen, cointet-elementen, railvelden, lichte en zware viervlaksgestellen. Er is slechts één bunkerlinie ten oosten en ten zuiden en enkele grote antitankcentra ten westen van Leuven.

Heverlee-Waver – De Dijle, kronkelend door het heuvelige landschap en aangevuld met grote inundaties, vormt de antitankhindernis die (vooral in de buurt van Waver) vervolledigd

De antitankmuur en -gracht in Haacht.

wordt met cointet-elementen en viervlaksgestellen. Er is één linie bunkers en enkel in de buurt van Waver zijn er antitankcentra.

Het telefoonnet
Op anderhalve tot drie kilometer achter de verdedigingslinie en ongeveer drie kilometer verderop loopt telkens een telefoonkabel evenwijdig aan de linie. Ongeveer om de vier kilometer is er een dwarsverbindingskabel tussen de voorste en de achterste telefoonkabel. Op de knooppunten staat steeds een vrij grote bunker die gebruikt kan worden als telefooncentrale of als commandobunker.

Zowel op de langs- als op de dwarskabels staan connectiebunkers. Op bepaalde plaatsen zijn er ook verbindingen met het burgertelefoonnet. Alle telefoonbunkers tussen Lier en Waver werden gebouwd, maar de kabels op het deel Leuven-Waver werden nooit gelegd.

Verlenging naar Namen
Oorspronkelijk was er een verdedigingslinie gepland van Ottignies bij Waver via Gembloers en Rhisnes naar Namen. Op 2 februari 1940, wanneer de linie reeds voorzien is van cointet-elementen en viervlaksgestellen, heeft de legerleiding andere ideeën terzake en wordt een nieuw tracé uitgestippeld, dat nadien overigens nog enkele wijzigingen ondergaat. Uiteindelijk zal de verbinding vanuit Leuven niet naar Waver lopen, maar naar Namen. Bunkers worden langs de nieuwe linie niet gebouwd. Als na de Duitse inval het Franse leger te hulp komt, plaatst het zich op de oorspronkelijke lijn Waver-Namen.

Beschrijving van de diverse antitankhindernissen

Cointet-elementen
Deze uit profielstaal opgebouwde hekkens werden genoemd naar hun uitvinder, de Franse generaal De Cointet de Fillain. Hun uitzicht was de oorzaak van de bijnaam voor de KW-linie: 'IJzeren Muur'. De elementen zijn 2,7 meter breed, 2,5 meter hoog en 3,35 meter lang; hun gewicht bedraagt 1280 kilogram (kostprijs in september 1939: 2800 Belgische frank). Onder de voorzijde zijn twee vaste rollen aangebracht en aan de staart één richtbare rol. Ze worden aan elkaar gekoppeld en in een zigzagvorm geplaatst. Op de vooruitspringende punten en bij wegdoorgangen worden ze vastgemaakt aan betonnen en met metaal versterkte meerpalen.

Viervlaksgestellen
Deze metalen driezijdige piramides, ook wel tetraëders genoemd, bestaan in twee uitvoeringen: (1) type B of 'licht' is opgebouwd uit een vierkante buis op een onderstel met U-profiel

en weegt ongeveer 190 kilogram; (2) type A of 'zwaar' is een nagenoeg identieke constructie, maar opgevuld met beton en uitgerust met een vasthechtingsplaat waardoor er verschillende aan elkaar gekoppeld kunnen worden (gewicht ongeveer 470 kilogram).

Railvelden
Railvelden bestaan uit vijf rijen spoorwegrails op 75 centimeter tot één meter uit elkaar, twee meter diep in de grond gedreven en er afwisselend 80 centimeter en 1,2 meter boven uitstekend. Het geheel wordt dan nog gevolgd door prikkeldraadversperringen tegen een eventueel samen oprukkende infanterie.

Antitankgracht – antitankmuur
Het wegenknooppunt Haacht moest extra beveiligd worden. Men opteert er voor een antitankmuur met een voorliggende gracht en een bijkomende inundatie van ongeveer zevenhonderd hectare.

Beschrijving van de bunkers

Buiten de bovenvermelde grote telefoon- en commandobunkers en de kleine connectiebunkers die niet bewapend waren, zijn er natuurlijk de eigenlijke gevechtsbunkers waarin meestal twee, soms ook één of drie mitrailleurs opgesteld stonden.

Bouw
Er zijn zowel bunkers met één als met twee schietgaten, wat snel duidelijk maakt dat er geen 'standaard'-bunker bestond. Bepaalde elementen zijn echter wel bijna standaard. De mitrailleurs waren opgesteld in een binnenruimte van twee bij twee meter; in één muur zaten het schietgat met de mitrailleuropstelling (Chardome-affuit) en een kijksleuf. Tegen de andere wanden waren er schappen, granaatwerpopeningen en verluchtingspijpen.

Het betreden van de bunker gebeurde via een sas, de buitendeur was een traliedeur met erachter een stalen plaat. De binnendeur bestond uit een eiken kader met een metalen bekleding. In het middenvlak van de deur waren schuinstaande metalen plaatjes aangebracht (zoals bij zonneblinden). Aan de binnenzijde was de deur eveneens afgedekt met een stalen plaat. Alle bunkers, behalve die met één mitrailleur, waren voorzien van een nooduitgang.

De naar de vijand gerichte muren waren in gewapend beton van 1,3 meter dik, de overige waren één meter dik. Het dak was gegoten op een verloren bekisting van gegalvaniseerde golfplaten, die tevens dienst deden als schrikplaat.

De bunkers waren bestand tegen stelselmatige beschieting door een 150-millimeterhouwitser.

Camouflage
De buitenzijde van de bunkers werd aangepast aan de omgeving. Sommige werden gewoon in camouflagekleuren geschilderd, andere kregen eerst een 'eitjes'-laag om de vormen te breken. Soms bestond de schildering uit pseudo-deuren en -ramen (met gordijntjes en al...). Een andere manier om een bunker te verbergen was er een huisje, stal of schuurtje in metselwerk of betonnen platen omheen te bouwen en het geheel af te werken met een pannendak.

Personeel
Per bunker met twee schietopeningen was er een sectiechef (meestal een sergeant) en voor elke mitrailleur een stukoverste (meestal een korporaal), een schutter en een lader. De rest van de sectie bleef buiten de bunker in de nabijgelegen loopgraven die een pelotonssteunpunt vormden om de lokale verdediging te verzekeren.

Bewapening
De standaardmitrailleur was de zware Maxim op sledeaffuit, die met zijn eigen zware affuit (mitrailleur 26,5 kg – affuit 32 kg) op het Chardome-affuit van de bunker bevestigd werd. Andere in het Belgisch leger gebruikte mitrailleurs konden op de een of andere manier bevestigd worden.

De KW-linie tijdens de Tweede Wereldoorlog

Na het doorbreken van de Dekkingsstelling bij Maastricht wordt op 14 mei 1940 de Hoofdweerstandsstelling, de KW-linie, verdedigd – met de Belgen tussen Antwerpen en Leuven, de Britten van Leuven tot en met Waver en de Fransen verderop tot Namen.

In de Belgische sector voeren de Duitsers aftastende verkenningen uit en zijn er kleine schermutselingen. Het velddagboek van de 56ste Duitse Infanteriedivisie vermeldt dat het Belgisch artillerievuur 'onaangenaam' is en dat het vuren vanuit de bunkers bij Mol-ter-Nete, Emblem en Lier lang oponthoud op de Nete-oever verhindert. Op de toren van de Remy-fabrieken in Wijgmaal, de grens van de Belgische en de Britse sector, zitten waarnemers van beide legers en zijn er eveneens schermutselingen. Aanvankelijk zijn in de Britse sector de sleutels van de bunkers zoek en wanneer de Britten er dan toch in kunnen, blijkt dat ze hun Vickers-mitrailleurs niet op de Belgische Chardome-affuiten kunnen plaatsen... De Britse divisie doet hier op een bepaald ogenblik zelfs een tegenaanval om de Duitsers uit Leuven te verdrijven.

Reeds op 16 mei komt het bevel de KW-linie op te geven en achter de Schelde terug te trekken: de Duitsers hadden een doorbraak geforceerd bij Sedan.

Op last van de bezetter moeten de bunkers dichtgemaakt worden. Sommige onderdelen worden weggenomen door de bezetter, de plaatselijke bevolking of het gemeentebestuur. In de loop van de oorlog zullen de Duitsers de cointet-elementen opnieuw gebruiken op de Franse kusten, onder andere rond de zware Lindemann-batterij (drie 40,6-centimeterkanonnen) in Sangatte bij Calais.

Een anekdote in dat verband. Begin 1944 hebben Engelse duikers, in het kader van de voorbereiding van de landing, de door de Duitsers op de Franse kust hergebruikte cointet-elementen en andere hindernissen opgemeten. Terug in Groot-Brittannië werden aan de hand van die gegevens enkele nieuwe exemplaren gebouwd en getest door er Engelse tanks tegenaan te laten rijden. De tanks reden zich klem, de cointet-elementen hielden stand.

Rond het verbindingsdok nabij de Londenstraat in Antwerpen zijn nu nog steeds een aantal voorkanten van cointet-elementen te zien, die er tijdens de oorlog werden geplaatst nadat – volgens de roddelpraatjes – een auto met (dronken?) Duitse officieren het water in dook.

De KW-linie vandaag

Met het Koninklijk Besluit nr. 1350 van 3 november 1952 werd het grootste deel van de KW-linie gedeklasseerd. Sommige terreinen, met de bunkers erop, werden weer verkocht aan de oorspronkelijke eigenaars; andere gingen over van 'Landsverdediging' naar 'Domeinen'.

En dan daalt de stilte letterlijk en figuurlijk over het terrein. Sommige bunkers worden gebruikt als berging, stal, speelterrein... Slechts enkele verdwijnen helemaal, meestal door er een grote put naast te graven en ze daarin te laten schuiven; andere worden effectief afgebroken. Enkele jaren geleden, toen de aannemers de geschikte technische middelen en de eigenaars de nodige financiën bezaten, begon een ware afbraakgolf. Bij de werken voor de HST in de buurt van Leuven verdwenen er vijf en rond Sint-Katelijne-Waver vier.

Gelukkig bestaan er in de streek enkele initiatieven tot behoud van bunkers. Ter gelegenheid van de Open Monumentendag 2001 stelde Guy Verstrepen uit Duffel de fraai gecamoufleerde bunker bij zijn huis open, met medewerking van de Simon Stevinstichting en enkele verzamelaars – overigens met overweldigend succes. De gemeente Sint-Katelijne-Waver keurde de aankoop goed van een bunker in Onze-Lieve-Vrouw-Waver; ook daar zal met de hulp van de Simon Stevinstichting een minimuseum groeien.

Bibliografie

Pied, R., *Wavre 'centre antichar' et les défenses environnantes sur la ligne K.W.*, Wavre, 1989.

Casteels, R. en **Vandegoor, G.**, *1940 in de regio Haacht. De Belgische eenheden op de KW-stelling*, Haacht, 2002.

HET DOMEIN RAVERSIJDE EN DE ATLANTIKWALL IN OOSTENDE

ALEKS DESEYNE

Batterij Aachen (1914-1918) en aanvullingen (1940-1944)

De batterij *Aachen* is het werk van het Duitse Marinekorps, een eenheid die instond voor de verdediging van de Vlaamse kust tijdens de Eerste Wereldoorlog. De batterij is de enige nog resterende getuigenis van de kustverdediging die in totaal uit 35 zware batterijen bestond.

Het bezoek vangt aan nabij Villa Bastien. Daar staan enkele opmerkelijke stukken opgesteld: zeemijnen uit de Eerste en de Tweede Wereldoorlog en een Brits duikbootkanon uit 1916-1917 dat in 1993 uit de Noordzee werd opgevist en in opmerkelijk goede staat verkeert.

Onder het afdak bevindt zich een Duitse torpedo (Tweede Wereldoorlog), door de Ontmijningsdienst van de Belgische Zeemacht gerecupereerd uit de lanceerbuis van de motortorpedoboot S220 (*4. Flott.*) die vóór Oostende zonk in de nacht van 1 op 2 maart 1945 tijdens een treffen met de Britse *destroyer Seymour*. De torpedoboot moest vanuit Nederland zorgen voor de bevoorrading van Franse havens die nog in Duitse handen waren.

In de buurt van Villa Bastien stond vóór 1915 het groot geleidelicht van Raversijde. Het werd in 1915 door de Duitsers omvergetrokken omdat het een richtpunt kon betekenen voor vijandelijke waarnemers; het werd nadien niet heropgericht.

Via een gemetselde open loopgraaf uit 1942 komen we aan de linkse observatiebunker van de batterij (1915). De observatieruimte is ingericht zoals ze tijdens de Tweede Wereldoorlog werd gebruikt door waarnemers van de *Heeresbatterie Hannover* in Leffinge. Een reconstructietekening toont de batterij zoals ze in 1915-1916 werd uitgebouwd: vier stukken scheepsgeschut met stalen bepantsering, twee observatieposten en de nodige accommodaties. In één van de kamers werd een communicatie- en rekencentrum opnieuw ingericht. Via een trap bereiken we de voorzijde van de bunker. De zware supplementaire luifel werd pas in 1917 aangebracht om de kostbare meetapparatuur te beschermen.

We vervolgen onze weg via twee geschutsbeddingen die tijdens de Tweede Wereldoorlog dichtgemetseld werden bij het aanleggen van een bakstenen loopgraaf.

In twee goedbewaarde geschutsbeddingen kunnen we duidelijk de plaats zien van een 15-centimeterscheepskanon (ontmanteld en als schroot verkocht in 1923); links en rechts bevinden zich kleine munitieruimtes, van waaruit de projectielen en de hulzen met behulp van een kleine lift naar boven werden gebracht. Eén van de geschutsbeddingen werd in 1915 op de plaats van het Noorse Chalet van koning Leopold II geïnstalleerd. Het Chalet, gebouwd in 1904, werd in december 1914 door de Duitsers in brand gestoken. De bomvrije schuilplaats is volledig gerestaureerd. Een natuurgetrouwe evocatie toont de manschappen van het Marinekorps (in een wit, blauw of veldgrijs uniform) die het einde van een geallieerde beschieting afwachten.

De rechtse observatiebunker sluit het bezoek aan de batterij *Aachen* af. De constructie werd tijdens de Tweede Wereldoorlog vergroot met een nieuwe observatieruimte en voorzien van luchtafweergeschut (Bofors 40 millimeter). Veel dergelijke stukken – van Zweedse herkomst – werden in 1940 in Noorwegen, Nederland en Frankrijk (Duinkerke) door de Duitsers buitgemaakt en opgesteld aan de *Atlantikwall*, de verdedigingslinie die zich uitstrekte van Noorwegen tot de Spaanse grens over een afstand van nagenoeg 5300 kilometer. Het lag in de bedoeling een aaneengesloten muur te realiseren, die een geallieerde invasie van het continent moest tegenhouden. De bouw ervan vereiste een enorme inzet van mensen en materiaal, maar een muur zoals Hitler het zich had voorgesteld is het nooit geworden.

Onmiddellijk aansluitend volgt een wandeling doorheen de stellingen van het Steunpunt Bensberg met personeelsverblijven en accommodaties (een voorraadbunker en een zeldzame toiletbunker) uit de Tweede Wereldoorlog. Veel bunkers dragen de naam van een componist (Händel, Mozart, Bach, Millöcker, Haydn). Die namen werden gegeven door manschappen van een *Pionierstab* die hier was gelegerd. Alle constructies zijn met elkaar verbonden door open of deels overdekte verbindingsgangen. Eén personeelsbunker werd volledig gerestaureerd. Binnenin is de bunker met authentiek meubilair en materiaal ingericht, zoals hij door een afdeling geniesoldaten (*Pionieren*) werd betrokken. In deze kleine ruimte verbleven zes tot twaalf manschappen. Het is betaaldag en we zien een soldaat die zijn soldij heeft ontvangen van de betaalmeester.

In een andere bunker wordt hulde gebracht aan de ontmijners die in 1945 de kuststrook opnieuw toegankelijk maakten. Daarnaast staat een zoeklicht van zestig centimeter diameter.

De bunker Millöcker werd ingericht als eerstehulppost. Hier konden eenvoudige zorgen verstrekt worden, zwaardere gevallen werden uiteraard doorverwezen naar het militair ziekenhuis in Oostende. Er werden ook soldaten uit de omgeving verzorgd, zoals de *Luftwaffe*-soldaat van het nabijgelegen vliegveld die door een officier-geneesheer wordt onderzocht.

De wandeling gaat verder via de *Barbara Brunnen*, een vrijwel onbeschadigde Duitse fontein uit de Eerste Wereldoorlog, gebouwd nabij de (nu verdwenen) manschappenverblijven van batterij *Aachen*.

Personeelsbunker nr. 15 werd ingericht zoals de Duitsers hem in september 1944 verlieten; binnen zien we Canadese militairen op zoek naar souvenirs. Nabij de bunker staat een 2-centimeter-luchtafweergeschut opgesteld. Een lange onderaardse gang, met verscheidene schuttersposten die naar de Zeedijk georiënteerd zijn, leidt ons naar de stellingen van batterij *Saltzwedel Neu*.

Batterij Saltzwedel Neu

Deze batterij, genoemd naar een Duits U-bootcommandant uit de Eerste Wereldoorlog, werd vanaf de zomer 1941 op het domein van prins Karel uitgebouwd door de Duitse *Kriegsmarine*. Aanvankelijk bedoeld als bescherming en verdediging van de Oostendse haven, werd de batterij vanaf eind 1942 ingeschakeld in de *Atlantikwall*.

De omgeving van de flankeringsbunker vormt de uiterst rechtse grens van de batterij. In de bunker zelf (type R612) is een Duits 7,7-centimeter-antitankkanon PAK40 opgesteld, dat de haveningang van Oostende rechtstreeks onder vuur kon nemen. Het geschut kon ook buiten opgesteld worden, zowel zee- als landwaarts.

De meeste constructies zijn onderling verbonden door open of overdekte gangen. Op regelmatige afstanden zijn er nooduitgangen, die oorspronkelijk met een betonplaat waren afgedekt. Op enkele plaatsen zijn ook opstellingen voor lichte wapens uitgebouwd. De gangen zijn opgetrokken in baksteen of betonsteen. In een lichte constructie verbleven de manschappen die het nabije luchtafweergeschut bedienden. In deze bedding was een 2-centimetergeschut opgesteld (*FLAK28 Oerlikon*).

Alle constructies werden tijdens de Tweede Wereldoorlog door open of overdekte loopgraven verbonden.

De dienstgebouwen verkeren in uiterst slechte toestand en zijn niet toegankelijk voor het publiek. Vlak ernaast bevindt zich de oorspronkelijke ingang van de batterij, geflankeerd door een wachtlokaal voor de onderofficier met dienst en een wachthuisje van een type dat op veel plaatsen langs de Atlantikwall werd gebruikt.

In de duinen werd een vlakte geëffend die de Duitsers als appèlplaats gebruikten. Nu zijn er een aantal typische strandhindernissen opgesteld. De verdediging van het strand was primordiaal in de kustverdediging – vooral wanneer de vijandelijke actie vanuit zee verwacht werd, zoals tijdens de Tweede Wereldoorlog. De aanleg van de strandverdediging (of beter: strandversperring) liep parallel met de uitbouw van de Atlantikwall: aanvankelijk, vanaf 1942, op een bescheiden manier en na de aankomst van veldmaarschalk Erwin Rommel op een nooit geziene schaal.

Typische strandversperringen waren:
- zeemijnen, soms met afstandsbediening zoals de bodemmijn of *reguläre Mine* die aan de Villa Bastien tentoongesteld is;
- stalen netten, meestal in de nabijheid van havens, bedoeld om vijandelijke duikboten tegen te houden;
- boomstammen, uitgerust met mijnen, zaagtanden of bommen, bedoeld om landingsboten uit te schakelen;
- cointet-elementen, ook 'Belgische poort' geheten. Deze grote stalen constructies werden opgesteld om landingsboten en naderende tanks te hinderen. Oorspronkelijk werden ze in 1939 gebruikt langs de Maginot-linie in Frankrijk en op de Belgische KW-linie. Het tentoongestelde element werd onlangs op het strand van De Panne gevonden;
- *Nussknacker-Mine* of notenkraker-mijn, bestaande uit een zware betonblok met ruimte voor een lading (mijnen, bommen of explosieven) die door de druk van een kantelende spoorstaaf tot ontploffing werd gebracht;
- allerlei hindernissen in metaal of beton: Friese ruiters, Tsjechische egels, spoorstaven, betonnen piramides, driehoeken...
- op veel plaatsen werd bovendien nog een antitankmuur gebouwd om de toegang tot de dijk te versperren;
- uiteraard kwamen prikkeldraadversperringen ook veelvuldig voor.

De batterij *Saltzwedel Neu* bestond aanvankelijk uit vier stukken veldgeschut. Het betrof buitgemaakte Belgische kanonnen van 120 millimeter die werden opgesteld in ronde open beddingen. De stukken werden in april 1944 vervangen door duikbootkanonnen van 10,5 centimeter die in bunkers van het type R671 waren opgesteld. Beide kanonnen staan nu opnieuw in hun oorspronkelijke opstelling.

Ieder geschut had een zeer beperkte voorraad munitie binnen handbereik. De grote voorraden munitie werden bewaard

Open stelling met 2-centimeterluchtafweer FLAK38.

in meer naar achter gelegen bunkers. Daar werden de 120-millimetergranaten en hulzen afzonderlijk bewaard. De 10,5-centimetermunitie werd kant en klaar geleverd en bewaard in zinken containers. Een munitiebunker werd volledig gevuld met dergelijke containers.

Het centrum van de batterij was de vuurleidingspost. Ze was uitgerust met een observatieruimte (gekenmerkt door de brede horizontale kijkgleuf), een kaartenkamer, het verblijf van de commandant, een telefooncentrale en onderkomens voor de manschappen. De rechtse troepenkamer toont hoe benepen de soldaten er leefden; typerend voor de Duitse marine is het gebruik van smalle hangbedden. Bovenop de bunker is een zware afstandsmeter (vier meter) geïnstalleerd.

Sommige stellingen werden in de zomer van 1944 nog verbouwd om er licht afweergeschut (FLAK) op te stellen. Deze werkzaamheden getuigen van de zenuwachtigheid na de invasie in Normandië. Eén van dergelijke inderhaast opgetrokken constructies draagt de datum 4.8.1944. De naar het binnenland gerichte observatie- en geschutstelling moest bij mogelijke aanvallers een solide indruk wekken; in werkelijkheid gaat het om baksteen met een laagje cementpleister. Er staat een 3,7-centimeter-antitankkanon PAK36 opgesteld dat het achterland onder vuur moest nemen.

Voorraden werden bewaard in lichte constructies, waarvan er één opnieuw werd ingericht. Rechts werden lichte munitie en gasbeschermingstoestellen opgeslagen, links hebben Canadese bevrijders de overgebleven mondvoorraden ontdekt.

De soldaten leefden overdag in houten barakken (kort na de oorlog gesloopt), maar brachten de nacht door in zware personeelsbunkers. Dergelijke bunkers boden onderdak aan dertig manschappen en drie onderofficieren. Met authentiek materiaal wordt hun leefwereld weer opgeroepen. Er zijn foto's tentoongesteld, met aandacht voor het bezoek van veldmaarschalk Rommel in december 1943. Ook de persoonlijke onderscheidingen van luitenant Reinhold Saltzwedel (naar wie de batterij genoemd werd) zijn er tentoongesteld.

De wandeling eindigt met een ingewikkeld net van overdekte verbindingsgangen. Bovenop een personeelsbunker is een groot zoeklicht (150 centimeter) met bijbehorende generator opgesteld.

Dankzij de bevoorrechte ligging op het Koninklijk Domein zijn de batterijen *Aachen* en *Saltzwedel Neu* grotendeels bewaard gebleven. De beslistheid van de koninklijke familie, en zeker van prins Karel, ten aanzien van de slopingswoede aan de Belgische kust in de jaren 1960, resulteerde in de conservatie van dit uitzonderlijk geheel. De waarde ervan wordt nog vergroot door de nauwkeurige restauratie die ongetwijfeld een schoolvoorbeeld genoemd mag worden. De herinrichting met zorgvuldig gekozen collectiestukken laat op de bezoeker een onvergetelijke indruk na. Terecht mag het Openluchtmuseum Atlantikwall in Raversijde tot één van de meest toonaangevende fortificatiemusea in Europa gerekend worden.

Bibliografie

Deseyne, A., *Raversijde 1914-1918. Batterij Aachen*, Brugge, 1993.

Deseyne, A., *Geschiedenis van het Koninklijk Domein Raversijde*, Brugge, 1993.

Jacobs, M., *Raversijde 1940-1944. De Atlantikwall. Batterij Saltzwedel neu/Tirpitz*, Brugge, 1995.

Sakkers, H. en **Houterman, J.N.**, *Atlantikwall in Zeeland en Vlaanderen, gedurende opbouw en strijd 1942-1944*, Middelburg, 1990.

Praktische informatie

Openluchtmuseum *Atlantikwall*, Provinciaal Domein Raversijde, Duinenstraat 147, 8400 Oostende, tel: 059 70 22 85 – fax 059 51 45 03. E-mail: domein.raversijde@west-vlaanderen.be

Het museum is open van 1 april tot en met 11 november, dagelijks tussen 14 en 17 uur, en van 1 juli tot en met 31 augustus tussen 10 en 18 uur.

VESTINGBOUWKUNDIGE WOORDENLIJST

- amorce: aanzet in een *mijnstelsel,* van waaruit bij *belegering* een mijngang gegraven kan worden.
- barrière: reeks versterkingen die een grens afsluiten.
- bastion of bolwerk (boulevard): flankeringsorgaan bestaande uit een vijfhoekige uitbouw van de *wal,* met *flanken* en *faces.*
- batterij: opstelling van enkele vuurmonden die op eenzelfde doel vuren.
- bedekte weg: weg aan de buitenzijde van de gracht van een versterking, aan de veldzijde gedekt door het *glacis.*
- beer: stenen afsluiting tussen 2 grachtpanden.
- belegering: aanval op een versterking.
- bomvrij: schuilplaats die niet door vijandelijke bombardementen vernield kan worden.
- borstwering: (1) aarden ophoging die de verdediger vooraan beschermt; (2) kantelen + perloenen die verdedigers op de wallen vooraan beschermen.
- bres: opening in een muur of wal, gemaakt door artillerievuur of een mijn met het oog op de doorgang van de aanvaller.
- bresschieten: artillerievuur dat tot doel heeft een bres te schieten in een muur of omwalling.
- brisantprojectiel: met een brisante springstof gevuld projectiel dat een grotere uitwerking heeft dan het *buskruitprojectiel.*
- bruggenhoofd: terreingedeelte in eigen hand, aan gene zijde van een hindernis gelegen.
- buitenwerk: versterking met open *keel,* in de *hoofdgracht* gelegen.
- bunker: kleine gevechtsopstelling, onderkomen enzovoort, meestal uit (gewapend) beton vervaardigd.
- buskruitprojectiel: projectiel met buskruit gevuld.
- caponnière: een *flankeringsorgaan* dat vóór de *wal* en in de *gracht* gelegen is.
- citadel: zelfstandig vestingwerk binnen of tegen een *vesting* gelegen, dienend als *reduit* en/of als dwangburcht.
- cointet-element: verplaatsbaar antitankhek.
- contrescarp: grachtboord aan de veldzijde.
- courtine of gordijnwal: gedeelte van een versterking gelegen tussen twee *bastions,* torens, *caponnières* of *steunpunten.*

- couvre-face: verdedigingswerk dat voor de *face* van een bastion ligt en het metselwerk van het bastion moet beschermen tegen artillerievuur.
- enfileren: het in de lengterichting onder vuur nemen van een doel of terreinstrook.
- escarp: grachtboord aan de vestingzijde.
- ezelsrug: scherp gedeelte bovenop de *beer* dat dient te vermijden dat iemand erover kan klauteren.
- face: zijde van een versterking in de richting van de aanvaller gelegen.
- flank: zijde van een versterking van waaruit flankeervuur afgegeven wordt.
- flankeren: het terzijde onder vuur nemen van een deel van het eigen vestingwerk, van een terreingedeelte of van een vijandelijk doel.
- fort: gesloten versterking, kleiner dan een *vesting*, met eigen garnizoen maar zonder burgerbevolking.
- fortengordel: gordel van *forten* en *schansen* rond een versterking.
- front: vestinggedeelte tussen twee *saillanten*.
- galerij: ondergrondse gang.
- gebastioneerd stelsel: vestingbouwkundig systeem waarbij *bastions* worden toegepast.
- gekazematteerd: opgesteld in een *kazemat*.
- getenailleerd stelsel (tenaillesysteem): vestingbouwkundig systeem bestaande uit lange aaneengeregen stukken *gracht* of *wal* waarvan de inspringende hoeken groter dan 90° zijn.
- geschut met getrokken loop: artilleriestukken met trekken in de loop, waardoor de reikwijdte vergroot en de *spreiding* verkleint.
- glacis: aarden helling, die de *bedekte weg* aan de veldzijde dekt.
- glad geschut: artilleriestukken zonder trekken in de loop.
- gracht: al dan niet met water gevulde uitgraving die als hindernis dienst doet.
- Hall Keep: voorloper of jonge variant van de donjon.
- hoofdfront: *front* aan de voorzijde van een versterking.
- hoornwerk: vooruitgeschoven buitenwerk dat de vijand op afstand moet houden en de eigenlijke fortificaties beschermt.
- inundatie: onder water gezet terreingedeelte.
- kapel: kruispunt van gangen in een mijnstelsel.
- kat: boven de wal uitstekende opstelling voor geschut.
- kazemat: (1) ondergrondse kamer, meestal voor de opstelling van een wapen; (2) versterkte en overdekte schuilplaats (bunker), ingericht voor de opstelling van een wapen.
- keel: achterzijde van een versterking.
- keelfront: *front* aan de achterzijde van een versterking.
- koffer: flankeringsinrichting van de *gracht*, gelegen aan de veldzijde ervan, meestal in een *saillant*.
- Lediaanse steen: zachte witte en geelbruine kalkzandsteen,

gevonden in groeven ten westen van Brussel.

- loopgrachtkat: hoge infanterieopstelling gebouwd door de aanvaller, voor het *enfileren* van de *bedekte weg*.
- loopgraaf: doorgaande uitgraving als gevechts- of verbindingsgang voor troepen.
- lunet: *voorwerk* met twee *faces* en twee *flanken*.
- merloen: open ruimte tussen twee kantelen.
- mezekouw (*machicoulis*): werpgaten aangebracht net onder de borstwering.
- monnik: (1) torenvormig gebouw, geplaatst bovenop de *ezelsrug* van een *beer*, om het oversteken van de gracht door de vijand onmogelijk te maken; (2) kleine, massieve, ronde toren op de stenen waterkering in een vestinggracht die het onmogelijk moet maken daarover te passeren.
- mijn: explosieve lading gebruikt in de *mijnenoorlog*.
- mijnenoorlog: ondergrondse oorlog bij een *belegering*.
- mijnstelsel: ondergronds permanent netwerk van gangen enzovoort, om een *mijnenoorlog* te voeren.
- omwalling: gesloten *wal* rond een object.
- ouvragefort: fort gekenmerkt door een ondergrondse kazerne en bovengrondse verspreide verdedigingsblokken.
- pantserbatterij: batterij opgesteld in een kazemat waarvan het voorste gedeelte voorzien is van een pantsering.
- pantserfort: fort met *pantserkoepels*.
- pantserklok: stalen klok voor waarneming en/of mitrailleurgeweer.
- pantserkoepel: draaibare gepantserde opstelling voor geschut.
- polygonaal: vestingbouwkundig systeem waarbij de *grachten* geflankeerd worden vanuit *caponnières* en/of *koffers*.
- ravelijn: drie- of vijfhoekig *buitenwerk*.
- redoute: kleine veldschans.
- reduit: zelfstandig verdedigingswerk dat dienst doet als laatste wijkplaats.
- remise: schuilplaats voor een artilleriestuk op de *wal*.
- retranchement: inwendige verschansing.
- reversbatterij: *batterij* die naar achteren vuurt, in de rug van de vijand.
- reverscaponnière: *caponnière* waarvan de schietgaten naar achter gericht zijn.
- reveteren: bekleden.
- rondeel: ronde of halfronde toren die uit een vestingmuur is uitgebouwd.
- saillant: naar de veldzijde uitstekende hoek van een versterking.
- samengestelde caponnière: *caponnière* die zowel hoofd- als zijfront *flankeert*.
- sappe: naderingsloopgraaf of ondergrondse gang met als doel de vijandelijk posities te ondermijnen
- schans: gesloten versterking, kleiner dan een *fort*, meestal zonder eigen garnizoen.

- spervesting: vesting die een verplichte doorgang afsluit.
- stelling: min of meer zelfstandig stelsel van verdedigende opstellingen.
- steunpunt: geconcentreerde verdedigingsopstelling van troepen.
- tegenmijngang: tijdens een belegering gegraven gang om een vijandelijke mijngang te onderscheppen.
- tobruk: betonnen open bunker (voor lichte wapens) van Italiaans-Duitse origine, genoemd naar de Lybische stad Tobruk.
- traditorebatterij: *batterij* die in de flank of de rug van de vijand vuurt.
- traverse: aarden ophoging die vijandelijke projectielen moet onderscheppen.
- vaubanse aanval: belegeringsmethode gekenmerkt door een langzame maar systematische nadering van de versterking door middel van veldwerken, wat in de meeste gevallen tot een capitulatie leidde.
- veiligheidsomwalling: omwalling die een verrassingsaanval moet kunnen afweren.
- verschanst kamp: legerplaats beschermd door versterkingen.
- vesting: versterking waarin ook een burgerbevolking woont.
- viervlaksgestel: antitankhindernis in de vorm van een metalen driezijdige piramide.
- voorwerk: versterking met open *keel*, vóór de *hoofdgracht* gelegen.
- wal: van een *borstwering* voorziene, al dan niet beklede aarden ophoging rond een versterking.
- weergang: vooruitspringende, erkerachtige gang onder de borstwering, waar de verdediger een maximale beschutting geniet en zodoende de vijand ongestoord kan bestoken.
- zijfront: *front* tussen het *hoofd*- en het *keelfront*.

Bibliografie

Faucherre, N., *Places Fortes, bastion du pouvoir*, Paris, 1996.

Henrard, M.P., 'L'artillerie en Belgique depuis son origine jusqu'au règne d'Albert et d'Isabelle', in *Annales de l'Académie d'Archéologie de Belgique*, XXI, 1865, p. 134-328.

Van den Heuvel, C., *Papiere Bolwercken, De introductie van de Italiaanse stede- en vestingbouw in de Nederlanden (1540-1609) en het gebruik van tekeningen*, Alphen aan den Rijn, 1991.

REGISTER VAN PERSOONSNAMEN

REGISTER VAN PLAATSNAMEN

REGISTER VAN BURCHT- EN FORTNAMEN EN ANDERE VERSTERKINGEN

AUTEURSLIJST

Michel Aerts
Officier bij de Belgische krijgsmacht. Is verantwoordelijk voor de herinrichting van de site Dodengang.

Marc Beyaert
Historicus, hoofd documentatiecentrum Koninklijke Militaire School, restaureerde de Dulle Griet.

Julien Cannaerts
Bestuurslid Simon Stevinstichting, amateur-onderzoeker met als specialisatie bunkers.

Hugo Casaer
Burgemeester gemeente Beersel, verantwoordelijk voor de restauratie van het kasteel van Beersel.

Kjell Corens
Mediëvist, gespecialiseerd in Brabantse geschiedenis, vlaggenkunde en heraldiek. Bestuurslid van de vzw Red De Maagdentoren. Medewerker van het project *Huizen in torens, over de Zichemse Maagdentoren en andere donjons.*

Johan Declercq
Vorser in de historische geografie en de vestingbouwkunde, voorzitter van het Genootschap voor Geschiedenis en Vestingbouwkunde Ieper.

Lode Declercq
Bouwhistoricus en restaurateur, opdrachthouder bouwhistorisch onderzoek Kasteel van Horst.

Stéphane Demeter
Historicus, attaché Dienst Monumenten en Landschappen van het Brussels Hoofdstedelijk Gewest.

Aleks Deseyne
Conservator Domein Raversijde.

Philippe Despriet
Uitgever en auteur en tevens werkzaam voor de Archeologische stichting voor Zuid-West-Vlaanderen.

Frans Doperé
Zelfstandig onderzoeker in middeleeuwse architectuur. Domein: middeleeuwse bouwwerven, steenhouwtechnieken, castellologie (burchtenonderzoek), in het bijzonder donjons.

Robert Gils
Voorzitter van het dagelijks bestuur van de Simon Stevinstichting, die de geschiedenis van de vestingbouw onderzoekt.

Daniël Jannes
Officier bij de Belgische krijgsmacht. Schreef een licentiaatsverhandeling over de 19de-eeuwse fortengordel van Diest.

Marie Christine Laleman
Archeologe, adviseur bij de dienst stadsarcheologie stad Gent.

Marc Lodewijckx
Hoofddocent aan de Afdeling Archeologie van de KULeuven. Domein: historische archeologie van West-Europa vanaf de Bronstijd tot en met het industriële tijdperk (industriële archeologie).

Piet Lombaerde
Hoogleraar aan het Hoger Instituut voor Architectuurwetenschappen Henry van de Velde (Associatie Universiteit Antwerpen). Werkzaam in het domein geschiedenis van de architectuur, stedenbouw en vestingbouw (in het bijzonder de 16de en 17de eeuw).

Johnny de Meulemeester
Hoofddocent Middeleeuwse Archeologie, Vakgroep Archeologie en Oude Geschiedenis van Europa (RUG). Maakt deel uit van het 'comité permanent' van Château Gaillard (Colloques européens d'études castellologiques) en leidt archeologische onderzoeksprojecten in binnen- en buitenland.

Edward de Maesschalck
Historicus en programma-adviseur Canvas.

Pieter Martens
Ingenieur-architect werkzaam binnen de vakgroep Architectuurgeschiedenis van de KULeuven. Verleent zijn medewerking aan een FWO-onderzoeksproject over militaire architectuur in de Lage Landen dat zich toespitst op de overgangsperiode van middeleeuwse naar moderne vestingbouw (16de en vroege 17de eeuw).

Jos Notermans
Medewerker Stichting Menno van Coehoorn (Maastricht e.o.). Verricht vrijwillig werk betreffende de instandhouding van het militaire erfgoed. Actief in diverse stichtingen en organisaties die zich bezig houden met de bestudering van stadsgeschiedenis met de nadruk op de vestingbouw en de krijgsgeschiedenis.

Etienne Rooms
Doceert krijgsgeschiedenis aan de Koninklijke Militaire School, werkt mee aan het project *Architecture from the Habsburg-Valois conflict zone. Tradition and innovation in military architectural practice in the Low Counties (16th – 17th centuries).*

Marc Ryckaert
Historicus en medewerker provincie West-Vlaanderen.

Frank Ryon
Freelance historicus, tewerkgesteld bij het stadsbestuur van Oostende.

Paul E.M. Stockman
Studeerde geschiedenis in Leiden en is gespecialiseerd in de regionale geschiedenis van Zeeland en in vestingbouw. Hij is voorzitter van de monumentencommissie van de Oudheidkundige Kring De Vier Ambachten in Hulst en correspondent van de stichting Menno van Coehoorn.

Aimé Stroobants
Conservator-archivaris Stedelijke Musea Dendermonde.

William Ubregts
Archeoloog en kunsthistoricus, verricht zelfstandig onderzoek in het domein van de castellologie, in het bijzonder over donjons.

Johan Veeckman
Stadsarcheoloog Antwerpen, vooral actief in de middeleeuwse en postmiddeleeuwse archeologie.

Ruben Verbist
Historicus, repetitor aan de Koninklijke Militaire School. Domein: sociaal-economische geschiedenis van de Nieuwe Tijd, militaire geschiedenis en geschiedenis van de luchtoorlogen.

Luc de Vos
Doceert militaire geschiedenis aan de Koninklijke Militaire School en internationale betrekkingen aan de KULeuven.

Lode Wils
Emeritus, doceerde nieuwste geschiedenis aan de KULeuven.